知识产权经典译丛
国家知识产权局专利局复审和无效审理部◎组织编译

初创企业知识产权战略：
实用指南

[德] 斯蒂凡·戈尔科斯基（Stefan Golkowsky）◎主编
中国专利代理（香港）有限公司◎组织翻译

知识产权出版社
全国百佳图书出版单位
—北京—

Original German language edition：

Stefan Golkowsky（Editor）：IP – Strategien für Start – ups. Grundlagen，Aufbau und Umsetzung von Schutzrechten. 1. Auflage 2020.（ISBN：978 – 3 – 7910 – 4729 – 4）originally published by Schaeffer – Poeschel Verlag für Wirtschaft，Steuern und Recht GmbH Stuttgart，Germany.

© 2020 Schäffer-Poeschel Verlag für Wirtschaft · Steuern · Recht GmbH

图书在版编目（CIP）数据

初创企业知识产权战略：实用指南/（德）斯蒂凡·戈尔科斯基（Stefan Golkowsky）主编；中国专利代理（香港）有限公司组织翻译. —北京：知识产权出版社，2024.1
ISBN 978 – 7 – 5130 – 8919 – 7

Ⅰ.①初… Ⅱ.①斯… ②中… Ⅲ.①企业—知识产权—研究 Ⅳ.①D913.04

中国国家版本馆 CIP 数据核字（2023）第 184527 号

内容提要

本书采用易于理解的写作风格和使用说明性案例研究，概述了创业背景下知识产权的基本知识，并为创始人及其顾问制定成功的知识产权战略，包括建立专利组合、合同起草、融资、尽职调查和资产管理等提供指导，例举了初创企业知识产权战略的"最佳实践"，提供了如何保护知识产权和如何避免侵犯第三方权利、如何发挥知识产权在评估和融资业务中的作用的实用建议，以及未能适当保护知识产权的法律后果和陷阱的审查，为初创企业顺利度过创业高风险期以及创造和保护好自身价值给出了实用、中肯的建议。

责任编辑：卢海鹰 王祝兰	责任校对：王 岩
封面设计：杨杨工作室·张 冀	责任印制：刘译文

知识产权经典译丛

国家知识产权局专利局复审和无效审理部组织编译

初创企业知识产权战略：实用指南

［德］斯蒂凡·戈尔科斯基（Stefan Golkowsky）◎主编
中国专利代理（香港）有限公司◎组织翻译

出版发行：	知识产权出版社有限责任公司	网　　址：	http：//www.ipph.cn
社　　址：	北京市海淀区气象路 50 号院	邮　　编：	100081
责编电话：	010 – 82000860 转 8555	责编邮箱：	wzl_ipph@163.com
发行电话：	010 – 82000860 转 8101/8102	发行传真：	010 – 82000893/82005070/82000270
印　　刷：	三河市国英印务有限公司	经　　销：	新华书店、各大网上书店及相关专业书店
开　　本：	720mm×1000mm　1/16	印　　张：	16
版　　次：	2024 年 1 月第 1 版	印　　次：	2024 年 1 月第 1 次印刷
字　　数：	300 千字	定　　价：	118.00 元
ISBN 978 – 7 – 5130 – 8919 – 7			
京权图字：01 – 2023 – 2085			

出版权专有　　侵权必究

如有印装质量问题，本社负责调换。

《知识产权经典译丛》
编审委员会

主　任　申长雨

副主任　廖　涛

编　审　陈　伟　刘　超

编　委　（按姓名笔画为序）

　　　　　丁秀华　马　昊　王丽颖　王润贵
　　　　　卢海鹰　冯　涛　任晓兰　刘　铭
　　　　　汤腊冬　许静华　李亚林　李新芝
　　　　　杨克非　吴通义　张　曦　赵博华
　　　　　徐清平　黄　颖　温丽萍　路剑锋
　　　　　樊晓东

总　序

当今世界，经济全球化不断深入，知识经济方兴未艾，创新已然成为引领经济发展和推动社会进步的重要力量，发挥着越来越关键的作用。知识产权作为激励创新的基本保障，发展的重要资源和竞争力的核心要素，受到各方越来越多的重视。

现代知识产权制度发端于西方，迄今已有几百年的历史。在这几百年的发展历程中，西方不仅构筑了坚实的理论基础，也积累了丰富的实践经验。与国外相比，知识产权制度在我国则起步较晚，直到改革开放以后才得以正式建立。尽管过去三十多年，我国知识产权事业取得了举世公认的巨大成就，已成为一个名副其实的知识产权大国。但必须清醒地看到，无论是在知识产权理论构建上，还是在实践探索上，我们与发达国家相比都存在不小的差距，需要我们为之继续付出不懈的努力和探索。

长期以来，党中央、国务院高度重视知识产权工作，特别是党的十八大以来，更是将知识产权工作提到了前所未有的高度，作出了一系列重大部署，确立了全新的发展目标。强调要让知识产权制度成为激励创新的基本保障，要深入实施知识产权战略，加强知识产权运用和保护，加快建设知识产权强国。结合近年来的实践和探索，我们也凝练提出了"中国特色、世界水平"的知识产权强国建设目标定位，明确了"点线面结合、局省市联动、国内外统筹"的知识产权强国建设总体思路，奋力开启了知识产权强国建设的新征程。当然，我们也深刻地认识到，建设知识产权强国对我们而言不是一件简单的事情，它既是一个理论创新，也是一个实践创新，需要秉持开放态度，积极借鉴国外成功经验和做法，实现自身更好更快的发展。

自 2011 年起，国家知识产权局专利复审委员会*携手知识产权出版社，每年有计划地从国外遴选一批知识产权经典著作，组织翻译出版了《知识产权经典译丛》。这些译著中既有涉及知识产权工作者所关注和研究的法律和理论问题，也有各个国家知识产权方面的实践经验总结，包括知识产权案

---

* 编者说明：根据 2018 年 11 月国家知识产权局机构改革方案，专利复审委员会更名为专利局复审和无效审理部。

件的经典判例等，具有很高的参考价值。这项工作的开展，为我们学习借鉴各国知识产权的经验做法，了解知识产权的发展历程，提供了有力支撑，受到了业界的广泛好评。如今，我们进入了建设知识产权强国新的发展阶段，这一工作的现实意义更加凸显。衷心希望专利复审委员会和知识产权出版社强强合作，各展所长，继续把这项工作做下去，并争取做得越来越好，使知识产权经典著作的翻译更加全面、更加深入、更加系统，也更有针对性、时效性和可借鉴性，促进我国的知识产权理论研究与实践探索，为知识产权强国建设作出新的更大的贡献。

当然，在翻译介绍国外知识产权经典著作的同时，也希望能够将我们国家在知识产权领域的理论研究成果和实践探索经验及时翻译推介出去，促进双向交流，努力为世界知识产权制度的发展与进步作出我们的贡献，让世界知识产权领域有越来越多的中国声音，这也是我们建设知识产权强国一个题中应有之意。

2015 年 11 月

原版序

作为本书作者，虽然我们来自不同的专业学科，但我们的工作都涉及"知识产权"这个话题。在编写本书时，通过合著者的观点来重新审视我们各自的观点是非常有趣的，也希望本书的读者能通过这种方式深入了解知识产权的各个方面。这种多维视角也定会对初创企业创始人及他们的顾问有所帮助，使大家能更好地理解具有不同利益关注点的合作伙伴，从而为其初创企业的发展带来优势。

在企业（尤其是初创企业）业务的初始阶段，**知识产权**往往没有得到足够的重视，进而削弱创始人的地位，所以知识产权或专利在初创企业可以被视为创始人和投资者的**人寿保险**。我们力求做到两点：一是让读者更清楚地**认识到知识产权**可以是初创企业非常重要的**工具**；二是尽可能明确地提供给读者一套知识产权行动指南。在此宗旨下，我们希望能提供实用的知识产权知识，以便您能充满自信地向不同的合作伙伴展示您企业的知识产权现状！

作者团队的成员均具有成功陪伴多家初创企业成长的经验。作者团队以跨专业学科的方式组成，可以**从多维角度**审视**知识产权**的各个方面。作者团队非常国际化（各成员活跃在中国、美国、英国、丹麦和德国的知识产权领域），但由于各国的规定不尽相同，本书无法涵盖各司法管辖区的每一个规定细节。本书展示的典型案例主要参考了欧洲的规定，特别是德国的规定。

本书共由 **10 章**组成，分别由不同的作者撰写。如下粗略的章节提纲可作为本书的阅读指南。

第 1~3 章由专利律师撰写，主要涉及**知识产权**，尤其是专利的特征和战略可能性：

第 1 章比较全面地论述了专利、商标、外观设计、域名、著作权和秘密技术保护的**基础知识**。

在此基础上，**第 2 章**通过实例描述了**知识产权组合的战略结构**。

第 3 章讨论了德国**雇员发明法**的重要性及其对初创企业的相关性和应用，并简要概述了类似规定在其他司法管辖区的情况。在许多尽职调查实践中，作者发现初创企业的专利权归属通常有两处不甚明确，一是不清楚究竟谁拥有涉案专利的发明权，二是不清楚登记在册的专利权人是如何获得专利权的。

第 4 章和第 5 章为初创企业**创始人的经验分享**：

第 4 章从美因河畔法兰克福大学的生物物理学教授的角度，讲述**与大学的管理部门打交道的经验**以及从该大学衍生出 Diamontech GmbH 的成功历程。

第 5 章从**初创企业系列创始人**的角度向读者进一步展示了初创企业创始人的视野。第 5 章的作者现在担任 Diamontech AG 的首席执行官（chief executive officer，CEO）。

第 6～10 章从**不同顾问**的角度介绍了知识产权战略布局方面的知识：

第 6 章涉及为初创企业**起草合同**的要点，并着重阐述了知识产权相关的问题。在企业启动阶段存在增资和退出（出售、首次公开募股）的情况下，合同的起草、公司知识产权的分配以及不受第三方权利的影响至关重要。该章作者将与读者分享自己的长期从业经验和若干从经济角度来看非常成功的资本退出案例。

第 7 章的作者曾以 Siemens Technology Accelerator GmbH 首席执行官的身份见证并参与了许多初创企业的成长过程，他将向读者介绍**商业模式**与初创企业重点知识产权之间的关系。

在**第 8 章**，作者将从**经济**角度审视**初创企业生命周期**中对知识产权的要求。由于该章两位作者分别在美国和欧洲从事过教学工作，该章还详述了美国和欧洲之间的相关差异，尤其是美国与德国的差异。

第 9 章解释了如何从**管理咨询**或**审计公司**的角度评估初创企业，并介绍了知识产权的示例性估值方法。

最后，**第 10 章从活跃于国内外的风险投资人**的角度探讨了知识产权的保护。

通过阅读上述章节，我可以得出一个清晰的**结论**。在本书的准备工作以及与合著者的详细讨论中，我从实践里获得的许多见解得到了证实。此外，我也学习到不少新知识，或者说，我在读完本书后能够从更多不同的角度去看待问题。总之，我认为以下原则对于初创企业的知识产权战略至关重要：

- 初创企业必须有一个**明确的重点**，无论是**内容**还是**领域**。如果可能的话，该内容或领域需要通过适当且性价比较高的知识产权予以保护，这样商业模式就不会被第三方轻易复制。因此，知识产权实际上相当于**创始人和投资者的人寿保险**。在知识产权方面，必须特别注意在法律框架下行事，例如要遵守雇员发明法或关注大学发明的法律背景。

- 除了获得符合预期商业模式的知识产权，还有很重要的一点，就是要确定初创企业或其被许可人能够完全实施其商业模式，即"**自由实施**"（freedom－to－operate，FTO）必须可行。要**记住**：企业自身拥有的专利仅仅是"禁止权"；**初创企业可禁止竞争对手实施其专利，但这并不意味着初创企业本身可以使用自己的专利**（竞争对手可能持有更先进或更早获得的专利权；请参阅第2.3.1节关于"网球"的示例）。

- 最后，重要的是要**向投资者清楚地说明**自己的**知识产权情况**（"行善，谈之"）。初创企业应考虑利益相关方的**具体关注点**或技术背景：例如，**并购律师**与**专利律师**本质上都在寻找法律陷阱，但二者的关注点却不尽相同，而**经济学家**就更不一样了。同样，**风险资本家**和**审计公司**之间的关注点也存在差异。不同的国家和地区的关注点也是如此。

为便于阅读，还请各位读者注意：

本书中引用的文献都被收录在本书文后参考文献清单中。文后同时还附有相关关键词的索引。正文前面是本书所用的缩略语表。此外，本书还尝试通过章节之间的链接来阐明各个章节之间的关系，并利用参考定义或引文来避免冗余和内容的重复。

在此，我要感谢西门子公司的**奥利弗·普法芬泽勒**（Oliver Pfaffenzeller）博士，他对中国的知识产权非常熟悉，感谢他为本书提供的概念性建议和出色的组织工作；以及我的同事**大卫·魏斯**（David Weiß）先生和**马努埃尔·于特**（Manuel F. Juette）博士，感谢他们完成初次校对和更正。我们还要特别感谢**西尔克·多曼**（Silke Domann）女士以及德国Schäffer－Poeschel出版社的**安德莉亚·鲁普**（Andrea Rupp）女士在编辑工作上给予的支持。

本书作者希望通过从不同的角度讨论知识产权这个话题，让读者有一个全面的认知，从而避免创业时的一些根本性错误；这样一来，企业在面临资本退出时，就能有效减少在"知识产权尽职调查"上所花费的时间，并尽量避免可能出现的问题！

斯蒂凡·戈尔科斯基[*]

2021年11月

---

[*] 斯蒂凡·戈尔科斯基博士：珀帆宁（PFENNING）律师事务所柏林总部的专利律师；Diamontech AG柏林总部创始监事会成员。

中文版序

随着我国开始全面实施"大众创业、万众创新"政策,"双创"环境日趋完善,越来越多的企业骨干和科技人员走上了自主创业之路。在知识产权知识的普及下,创业者们也逐渐意识到:只有在拥有自主创新能力的同时,对自身的创新成果加以合理保护与利用,才能行得更远、走得更稳。

我国的初创企业身处绝佳的发展机遇期,但与此同时,也面临着知识产权创造、运用、保护和管理等不同层面的诸多挑战。创业之初,企业资源有限,创始人经验不足,企业在专利、商标、著作权等一系列相关法律体系乃至知识产权的资本化运作方式方面都遇到一定的专业壁垒,知识产权保护究竟应从何时开始?知识产权管理又该自何处入手?

2022年10月13日,国家知识产权局与工业和信息化部共同印发《关于知识产权助力专精特新中小企业创新发展的若干措施》,力求全方位加强知识产权的保护与运用,护航企业创新发展。该文件中特别提及要提升知识产权信息服务与传播利用水平,提升中小企业知识产权信息获取的便利度和可及性——这也正是我们翻译本书的目的所在:为有需要的企业提供便捷、系统、详细的知识产权参考指南,帮助企业从无到有、化被动为主动,制定符合企业目标规划的知识产权战略,建立多方位、立体化的知识产权管理体系。

本书各章节的作者是来自不同学科背景及业务领域的专家,视角丰富而多元:在基础知识层面,有专利律师对知识产权基本类型及应用的介绍;在企业规划层面,有知识产权主管从企业商业模式角度对知识产权战略的审视;在融资层面,有商学院教授以风险投资视角对知识产权意义的阐释;在法务层面,亦有法律专家对知识产权相关合同起草要点的经验分享……这些视角彼此相异,却又息息相关,以立体的方式向读者展现如何合理制定企业知识产权战略,将知识产权管理与企业的业务和创新工作紧密结合、与技术开发和无形资产的资本化运作紧密结合,从而降低创业风险和不确定性,推动创新成果实现价值最大化。本书可以说是一部面向初创企业、凝练了理论知识与成功经验的实用指南,大到企业战略的制定,小到如何与员工签订职务发明归属权合同,囊括了企业知识产权管理从宏观到微观的各个层面,从而帮助初创企业在如下三个层次做好知识产权管理工作：防止侵害他人知识产权，避免陷入法律纠纷，实现企业的合法合规经营；利用自身知识产权开发独特的商业模式，在激烈的市场竞争中寻求突破、谋求发展；通过制定良好的知识产权战略，不断增强企业的核心竞争力，实现稳定、可持续发展。

中国专利代理（香港）有限公司（以下简称"港专"）是中国国际贸易促进委员会为中外企业提供知识产权服务的重要窗口。自1984年成立以来，伴随着中国知识产权制度的建立和发展，港专不断实现自我超越，而今已经发展成为国际上规模最大的专业知识产权服务机构之一，在国际和国内多个评价机制中连续多年被评选为中国优秀事务所，并为中国知识产权制度的建立和发展作出了重要贡献。在全面建设中国式现代化国家、全面推进中华民族伟大复兴的进程中，港专愿一如既往地倾尽所能，奉献港专智慧、贡献港专力量。

港专荣幸接受作者和知识产权出版社的共同邀请，发挥自身专业特长，将本书译成中文，既是希望能给国内的初创企业与创业者们带来一些参考与借鉴，为企业的健康发展尽一份绵薄之力，也是我们对即将迎来的《中华人民共和国专利法》颁布四十周年和港专成立四十周年的一份献礼与明志。

而作为一个在行业里耕耘了三十年的"知识产权人"，我有幸亲历了中国知识产权事业蓬勃发展的景况，更加期待与全体港专人一起，见证与培育中国企业科技创新的萌芽破土与茁壮成长，共同装点创新型国家百花齐放的春色盎然。

是以为序。

中国专利代理（香港）有限公司

总经理 吴玉和

2023年9月30日

原书贡献者名单

丹尼尔·布鲁格曼博士：金东资本基金投资合伙人，Diamontech AG 柏林总部创始监事会成员。

鲁道夫·弗赖塔格博士：西门子下属子公司 Siemens Technology Accelerator GmbH 首席执行官。

雷纳·吉斯博士：法学博士，律师，担任多家股份公司的监事会主席。

斯蒂凡·戈尔科斯基博士：珀帆宁律师事务所柏林总部专利律师，Diamontech AG 柏林总部创始监事会成员。

马努埃尔·于特博士：珀帆宁律师事务所柏林总部专利律师。

阿什坎·卡兰塔里博士：特许注册会计师（ACCA），毕马威会计师事务所交易咨询合伙人、风险投资服务活动负责人。

彼得·卡格：专利律师，西门子公司柏林专利部前负责人。

克里斯蒂娜·鲁宾斯基博士：哥本哈根商学院教授。

托斯滕·鲁宾斯基：Diamontech AG 首席执行官。

沃纳·曼泰莱博士：法兰克福大学生物物理学教授，Diamontech AG 首席科学官。

乌韦·施瑞克：专利律师，西门子公司柏林分部知识产权主管。

克里斯托夫·维比格：哥本哈根商学院职员。

莱夫·齐尔兹：毕马威国际全球交易咨询主管。

中文版贡献者名单

中国专利代理（香港）有限公司：
吴玉和总经理
德国代表处首席代表邓明博士
熊延峰副总经理
深圳代表处王丹青主任

港专京诚知识产权服务有限公司翻译团队：
申请部奚薇副经理
申请部李梦洁、刘希妍、刘畅、颜昱晔
内外事业部王璞

缩略语表

AI	Artificial intelligence（人工智能）
ArbnErfG	German Employee Inventions Act（德国雇员发明法）
BGB	German Civil Code（德国民法典）
BGH	German Federal Court of Justice（德国联邦最高法院）
DPMA	German Patent and Trademark Office（德国专利商标局）
EBIT	Earnings before interest and taxes（息税前利润）
EPC	European Patent Convention（《欧洲专利公约》）
EPO	European Patent Office（欧洲专利局）
EUIPO	European Union Intellectual Property Office（欧盟知识产权局）
FRAND	Fair, reasonable and non-discriminatory（公平、合理、非歧视）
FTO	Freedom to operate（自由实施）
IAS	International Accounting Standards（国际会计准则）
IFRS	International Financial Reporting Standards（国际财务报告准则）
IGE	[Swiss] Federal Institute of Intellectual Property [（瑞士）联邦知识产权局]
IP	Intellectual property（知识产权）
IPO	Initial public offering（首次公开募股）
M&A	Mergers and acquisitions（并购）
medtech	Medical technology（医疗技术）
NDA	Non-disclosure agreement（保密协议）
OIN	Open Invention Network（开源发明网络）
OSS	Open source software（开源软件）
PCT	Patent Cooperation Treaty（《专利合作条约》）
PPH	Patent Prosecution Highway（专利审查高速路）
R&D	Research and development（研发）

ROI	Return on investment（投资回报率）
SEO	Search engine optimization（搜索引擎优化）
TRL	Technology readiness level（技术成熟度等级）
USPTO	United States Patent and Trademark Office（美国专利商标局）
VR	Virtual reality（虚拟现实）
WIPO	World Intellectual Property Organization（世界知识产权组织）

目　　录

1　初创企业的知识产权基础 ……………………………………… 1
1.1　引　言 ………………………………………………………… 1
1.2　知识产权类型 …………………………………………………… 2
1.2.1　知识产权的主要类别 ……………………………………… 2
1.2.2　专　利 ……………………………………………………… 3
1.2.3　实用新型 …………………………………………………… 4
1.2.4　外观设计 …………………………………………………… 5
1.2.5　商　标 ……………………………………………………… 5
1.2.6　著作权 ……………………………………………………… 6
1.3　保护自己知识产权的方法 ……………………………………… 7
1.3.1　清点库存：看看已经拥有什么 …………………………… 7
1.3.2　商业模式是什么样的？…………………………………… 8
1.3.3　知识产权可以保护什么？………………………………… 9
1.3.4　保护应针对谁和针对哪些行为？………………………… 12
1.3.5　资源与顾问 ………………………………………………… 13
1.3.6　时间进度、融资轮次、资本退出 ………………………… 17
1.3.7　区域性保护策略 …………………………………………… 19
1.3.8　员工、自由职业者、合作伙伴 …………………………… 21
1.4　避免侵犯第三方知识产权的方法 ……………………………… 22
1.5　使用第三方专利作为信息源 …………………………………… 24

2　初创企业知识产权战略的基础与构建 ………………………… 26
2.1　引　言 ………………………………………………………… 26
2.2　基本战略问题 …………………………………………………… 26
2.2.1　初创企业在知识产权方面必须注意什么？……………… 26
2.2.2　企业可以追求哪些知识产权战略目标？………………… 27
2.2.3　保障劳动成果有哪些重要的方面？……………………… 29

2.2.4　具体来说，应如何确保自由实施？ ………………………… 30
　　2.2.5　要点回顾：对企业创始人来说知识产权最重要的
　　　　　三个方面 …………………………………………………… 31
2.3　针对知识产权存在哪些误区？ ……………………………………… 31
　　2.3.1　专利产品能否顺利上市？ ………………………………… 31
　　2.3.2　知识产权保护的主要陷阱（医疗领域为例） …………… 32
　　2.3.3　通过"知识产权尽职调查"发现薄弱环节 ……………… 32
2.4　"影标"（SceneMark）平台 – 案例分析 ………………………… 33
2.5　为医疗技术初创企业"糖光"（SugarLight）
　　制定知识产权保护战略 …………………………………………… 34
　　2.5.1　库存和技术杠杆 …………………………………………… 34
　　2.5.2　基本战略定位 ……………………………………………… 35
　　2.5.3　专利申请的区域分布、申请途径和审查过程中的
　　　　　一般策略 …………………………………………………… 36
　　2.5.4　值得考虑的专利保护对象 ………………………………… 37
　　2.5.5　知识产权保护类型 ………………………………………… 38
　　2.5.6　在合同谈判中争取企业利益 ……………………………… 38
　　2.5.7　专利工作的原则 …………………………………………… 39
　　2.5.8　知识产权管理原则 ………………………………………… 39

3　发明人法的基本原则及其与初创企业的关联 ……………………… 41
3.1　引　言 ………………………………………………………………… 41
3.2　德国雇员发明法 ……………………………………………………… 42
　　3.2.1　简　介 ……………………………………………………… 42
　　3.2.2　适用范围 …………………………………………………… 43
　　3.2.3　职务发明和自由发明 ……………………………………… 45
　　3.2.4　满足职务发明转让要求的奖酬 …………………………… 52
　　3.2.5　制订合同的自由度及其限制 ……………………………… 57
　　3.2.6　关于在大学作出发明的特殊情况 ………………………… 58
　　3.2.7　仲　裁 ……………………………………………………… 59
3.3　员工发明在其他国家的法律状况 …………………………………… 59
　　3.3.1　概　述 ……………………………………………………… 59
　　3.3.2　美　国 ……………………………………………………… 60
　　3.3.3　英　国 ……………………………………………………… 60
　　3.3.4　法　国 ……………………………………………………… 61

3.3.5　中　国 …………………………………………… 61
　　3.3.6　印　度 …………………………………………… 61
　　3.3.7　日　本 …………………………………………… 61
　　3.3.8　韩　国 …………………………………………… 62
3.4　附件——通信模板/表格示例（针对德国） …………… 62
　　3.4.1　发明报告表 ………………………………………… 62
　　3.4.2　发明报告的接收确认 ……………………………… 64
　　3.4.3　职务发明的放弃
　　　　　（德国雇员发明法第6条第2款；第8条） ……… 65
　　3.4.4　在国外放弃发明权，但保留发明使用权
　　　　　（德国雇员发明法第14条第2款和第3款） ……… 66
　　3.4.5　放弃知识产权申请但保留使用权的意向通知
　　　　　（德国雇员发明法第16条第1款和第3款） ……… 67

4　大学的专利申请及其衍生企业 ……………………………… 68
4.1　引　言 ……………………………………………………… 68
4.2　大学专利组合的发展 …………………………………… 68
　　4.2.1　初期情况 …………………………………………… 68
　　4.2.2　Innovectis GmbH 的成立 ………………………… 69
　　4.2.3　实施：从发明报告到专利 ………………………… 70
4.3　大学专利申请和论文发表：二者是否相矛盾？ ……… 70
　　4.3.1　"大学论文发表冲动" …………………………… 70
　　4.3.2　专利申请与发表论文 ……………………………… 71
4.4　学位论文和学术论文 …………………………………… 72
4.5　会议讲座和海报 ………………………………………… 73
4.6　用"屋顶专利"代替"围墙专利" …………………… 73
4.7　与工业合作伙伴签订合同 ……………………………… 74
　　4.7.1　外包的多种选择 …………………………………… 74
　　4.7.2　与科学家签订咨询合同 …………………………… 74
　　4.7.3　大学与企业签订合作协议 ………………………… 74
4.8　大学研发项目的"资金缺口" ………………………… 75
　　4.8.1　筹　款 ……………………………………………… 75
　　4.8.2　不同资助者的对比 ………………………………… 76
　　4.8.3　"泪之谷" ………………………………………… 77
4.9　初创企业的成立 ………………………………………… 78

- 4.9.1 对于工业企业的期望 ·· 78
- 4.9.2 成立过程中的挑战 ·· 78
- 4.9.3 大学行政部门扮演的角色 ···································· 79
- 4.10 致 谢 ··· 80

5 知识产权帮助初创企业在各轮融资中吸引投资者 ········ 81
- 5.1 引 言 ··· 81
- 5.2 初创企业的定义 ··· 82
- 5.3 融资形式 ·· 83
- 5.4 案例研究——"糖光" ··· 84
- 5.5 通过知识产权保护实现风险最小化 ····························· 85
  - 5.5.1 产品需求("产品－市场匹配") ························ 86
  - 5.5.2 产品质量 ·· 87
  - 5.5.3 团 队 ·· 88
  - 5.5.4 分 销 ·· 88
  - 5.5.5 市场规模 ·· 89
  - 5.5.6 资 金 ·· 89
  - 5.5.7 竞 争 ·· 90
  - 5.5.8 "不公平优势" ·· 90
- 5.6 初创企业的知识产权管理 ·· 91
- 5.7 总 结 ··· 93

6 以知识产权为重点的初创企业合同起草 ······················ 94
- 6.1 引 言 ··· 94
- 6.2 初创企业获取/使用知识产权 ···································· 95
  - 6.2.1 初始阶段 ·· 95
  - 6.2.2 购买/许可的界线 ·· 95
  - 6.2.3 购买合同 ·· 96
  - 6.2.4 许可协议 ·· 100
  - 6.2.5 研发合同 ·· 102
  - 6.2.6 与自由职业者的合同 ·· 104
  - 6.2.7 职务发明 ·· 105
- 6.3 与投资者的投资协议 ··· 108
  - 6.3.1 对初创企业股东的担保 ······································ 108
  - 6.3.2 投资协议条款 ··· 109
- 6.4 企业出售（资本退出） ··· 111

	6.4.1	企业买方的知识产权尽职调查	111
	6.4.2	企业收购协议中的担保条款	112

7 用价值驱动的知识产权战略保护未来业务 114
7.1 引　言 114
7.2 电动滑板车案例研究 115
7.3 什么是价值驱动的知识产权战略? 117
7.3.1 以独特客户受益价值为目标的业务 118
7.3.2 对未来商业模式进行优先级排序 119
7.3.3 作为价值驱动的商业战略一部分的知识产权战略 121
7.4 实践中的价值驱动的知识产权战略 124
7.4.1 用"商业模式画布"描述商业模式 124
7.4.2 用系统的方法确保自由实施并防止模仿 129
7.4.3 示例和实践中的注意事项 131
7.5 价值驱动的知识产权战略在组织中的实施 133
7.5.1 价值驱动的知识产权战略和发明驱动的知识产权战略之间的差异 133
7.5.2 建立价值驱动的知识产权战略的方法 136
7.6 总　结 137

8 初创企业生命周期中的知识产权管理 140
8.1 引　言 140
8.2 生命周期模型和企业合规性 141
8.2.1 企业生命周期模型 142
8.2.2 构思(孵化)阶段 143
8.2.3 商业化阶段 143
8.2.4 成长阶段 143
8.2.5 初创企业的合规性 144
8.3 构思阶段的知识产权挑战 145
8.3.1 信息的权衡 145
8.3.2 专利申请的权衡 146
8.3.3 资源的权衡 147
8.3.4 时机的权衡 147
8.3.5 构思阶段的公共机构 148
8.4 商业化过程中的知识产权挑战 149
8.4.1 咨询服务的权衡 149

8.4.2 专利注册的权衡 ... 150
8.4.3 保护范围的权衡 ... 150
8.4.4 权利实施的权衡 ... 151
8.4.5 合 作 ... 152
8.5 成长阶段的知识产权挑战 ... 153
8.5.1 创始人蓝图 ... 153
8.5.2 知识产权管理的法律环境——普通法和大陆法 ... 154
8.5.3 知识产权和雇员 ... 154
8.5.4 国际知识产权管理 ... 155
8.6 结束语 ... 156

9 关于初创企业估值：重点关注无形资产，尤其是知识产权 ... 159
9.1 引 言 ... 159
9.2 估值对象的比例分配 ... 161
9.3 知识产权作为无形资产估值的参考框架 ... 161
9.4 评估理由及决定专利价值的因素 ... 163
9.4.1 法定指标 ... 164
9.4.2 专利战略与目的 ... 164
9.4.3 专利实施 ... 165
9.5 专利评估手段 ... 165
9.5.1 以市场为导向的手段 ... 165
9.5.2 以净现值为导向的手段 ... 165
9.5.3 以成本为导向的手段 ... 167
9.6 无形财产权的会计处理 ... 168
9.6.1 根据国家和国际标准对无形资产进行资本化 ... 168
9.6.2 无形资产研究成本与开发成本的会计差异 ... 170
9.6.3 无形资产的后续计量 ... 171
9.7 总 结 ... 172

10 从知识产权到首次公开募股——投资者视角下的知识产权 ... 174
10.1 引 言 ... 174
10.2 如何为初创企业融资 ... 175
10.2.1 什么是风险投资？ ... 176
10.2.2 美国风险投资情况速览 ... 178
10.2.3 欧洲风险投资市场与美国、亚洲风险投资市场的比较 ... 178

10.2.4　企业的融资阶段 …………………………………………… 180
　　10.2.5　将专利作为融资工具 ……………………………………… 181
10.3　投资者视角下的知识产权战略 ……………………………………… 182
　　10.3.1　将知识产权战略整合到商业计划中 ……………………… 183
　　10.3.2　购者自慎——投资推介中的知识产权 …………………… 185
　　10.3.3　投资者视角的知识产权战略问题 ………………………… 186
　　10.3.4　评估——知识产权的影响 ………………………………… 188
10.4　知识产权战略：正面案例和负面案例 ……………………………… 190
10.5　风险投资资助进入海外市场——全球知识产权保护 ……………… 192
10.6　总结和结束语 ………………………………………………………… 193
参考文献 ……………………………………………………………………… 195
索　　引 ……………………………………………………………………… 205
各章摘要及关键词 …………………………………………………………… 224
译后记 ………………………………………………………………………… 228

1

初创企业的知识产权基础

乌韦·施瑞克（Uwe Schriek）／马努埃尔·于特（Manuel F. Juette）／
斯蒂凡·戈尔科斯基（Stefan Golkowsky）[*]

1.1 引　言

没有专利我们可以做好初创企业吗？

为什么初创企业要从根本上关注其自身的知识产权？

我们确定：

并非所有初创企业的成功都百分之百地依赖知识产权保护，但对知识产权处理不当则百分之百会导致许多初创企业的失败！

知识产权对一个初创企业的重要性取决于许多因素，本章将对此进行更详细的讨论。有一点是肯定的：投资者们会想知道知识产权是不是其将要投资的初创企业优先考虑的事项。他们会确定初创企业是否将尽其所能通过良好且可持续的知识产权工作来确保其自身经济价值，从而使投资风险降至最低。

以下列举的是初创企业可能会陷入的困境：

• 初创企业所使用的技术受第三方专利保护。

• 虽初创企业已获得使用第三方专利的许可，但许可条款不利，或者专利权人一旦破产可能威胁到专利许可。

• 初创企业虽开发了新技术，但却未能对其进行保护，而经济实力雄厚

---

[*] 乌韦·施瑞克，专利律师，西门子公司柏林分部知识产权主管；马努埃尔·于特博士和斯蒂凡·戈尔科斯基博士均为珀帆宁（PFENNING）律师事务所柏林总部的专利律师。

的竞争对手能够绕开初创企业生产相关产品并将产品投放市场。
- 初创企业的名称或其产品名称是第三方已注册或保护的商标。
- 初创企业提供的服务需要使用某些数据,而这些数据却不便使用(由于他人的著作权、数据保护权等)。

为了避免以上问题,您需及早展开行动,采取必要或至少有效的知识产权保护措施。

1.2 知识产权类型

接下来先让我们来看看知识产权有哪些保护类型、它们分别保护的对象及其相关注意事项。随后我们要探讨的是:
- 保护自身知识产权的可能性;
- 如何避免侵犯他人的知识产权。

这部分内容适用于对知识产权涉猎较少的读者。下面我们先以外行可以理解的方式介绍知识产权的基础知识。本章旨在让读者对知识产权保护增强认知感、提高警醒度。如果您认为您的公司需要采取具体的知识产权保护措施,我们还建议您就具体情况咨询专利律师:专利律师不仅具备相应的专业技术知识(在许多国家,包括欧洲国家,专利律师取得其资质的前提是先取得技术学位),也知晓相关法律规定和法律途径。当然,要提供全面的咨询意见,该专利律师还必须了解您企业的商业模式是如何运作的。

1.2.1 知识产权的主要类别

本书主要讨论与商业企业相关的知识产权子集——也被称为"工业产权"。典型的工业产权包括发明专利、实用新型、外观设计和商标。著作权通常不被视为工业产权,但考虑到本书的撰写目的,也将其视为工业产权讨论,不过只涉及某些对初创企业特别重要的著作权和计算机软件问题。

表1.1展示了最重要的知识产权类型。对此,下面将以欧洲知识产权和欧洲国家(具体以德国为例)知识产权为例加以说明。第1.3.7节将会介绍如何把保护范围扩展到其他国家(在欧洲内部或外部),还将介绍如何针对特定区域制定知识产权保护战略。

表 1.1 主要知识产权类型

知识产权类型	发明	实用新型	外观设计	商标	著作权
保护范围	保护技术发明	保护技术发明	保护外观	保护名称、图形等	保护艺术作品，包括软件
申请保护方式	向知识产权局申请	向知识产权局申请	向知识产权局申请	向知识产权局申请	受法律保护，无须登记注册
审查形式	实质审查	仅形式审查	仅形式审查	实质审查	
保护期限	保护期限 20 年	保护期限 10 年	保护期限 25 年	可无限延长	在最后一位合著者去世后 70 年到期
可申请的欧洲国家或地区	可向欧洲专利局或各国专利局申请	向某些国家专利局申请	向欧盟知识产权局或各国专利局申请	向欧盟知识产权局或各国专利局申请	

1.2.2 专 利❶

《欧洲专利公约》相关规定如下：

第 52 条

（1）所有技术领域，对具备新颖性、创造性和适于工业应用的任何发明，应当授予欧洲专利。……

第 54 条

（1）若发明不构成现有技术，则应当认为其具备新颖性。

（2）现有技术应被认为包括，在欧洲专利申请的申请日之前，公众通过书面或口头描述、使用或任何其他方式而知晓的任何技术。……

第 56 条

（1）对本领域技术人员而言，若发明相对于现有技术非显而易见，则该发明应当被视为具备创造性。……

德国专利法第 1 条第 1 款和其他诸多欧洲国家的专利法相应条款与上述条款的文字几乎一字不差。专利保护新技术发明，例如新产品或产品的改进，以及新工艺。受保护的范围通过专利权利要求的文字来限定。

---

❶ 德国一般将专利视为发明，实用新型和外观设计虽为工业产权，但不归为专利一类，因此本书中的"专利"仅指发明专利。而在中国，发明、实用新型和外观设计统一被归为专利大类。——译者注

要获得专利，必须首先向专利局❶提交专利申请，并由专利局进行审查。审查员在审查专利申请时将发明与现有技术（其形式为专利、技术文章和其他公众知晓的信息）进行比较。申请人可以向任何国家的专利局提交申请以获得该国的专利保护。或者，如需在《欧洲专利公约》成员国获得专利保护，也可以向欧洲专利局提交欧洲专利申请，从而获得欧盟所有成员国和其他一些国家（包括英国、瑞士、挪威和土耳其在内）的专利保护。需要注意的是，向欧洲专利局申请欧洲专利并非必然会获得单一的国际保护权，而应被理解为一条统一途径，即通过一个申请能在多个国家按其各自法律规定获得专利授权。当然，批准单一的欧盟专利，使其能在所有欧盟国家生效，一直是多国长期努力的目标，尽管仍存在一些障碍，但实现这一目标的法规可能会在不久的将来生效。

在德国，从电子申请、审查到授予专利权的官方费用最低为390欧元；欧洲专利局为4745欧元。授予专利权后，每年需支付相应的续展费。在德国，从第3个专利年起需缴纳年费，从70欧元起，逐年增加，最长保护期为20年，例如第10个专利年的年费为350欧元，第20个专利年的专利年费为1940欧元。对获得授权的欧洲专利，年费应支付给该专利生效的各个国家，即支付给这些国家的专利局。

1.2.3 实用新型

在一些国家（如西班牙、意大利、韩国、奥地利、中国、日本和德国），实用新型在某种意义上属于"小型专利"（在德国电子申请费：30欧元），也可保护技术发明。在德国，专利在所有技术领域可保护的发明，除了方法，实用新型也都可以，即实用新型适用于保护具体客体。要获得实用新型授权，也须向专利局提出申请，但仅需通过形式审查——与专利不同，该形式审查通常不涉及实质内容，也不要求列出具体的发明人姓名，通过之后即可注册，提供即时保护。实用新型的获取和维护成本低于专利，但其有效期通过缴纳年金（3年后210欧元、6年后350欧元、8年后530欧元）最多只能维持10年。此外，只有当实用新型面临竞争者的法律诉讼或无效挑战时，其保护范围的有效性才会获得专利局或法院的审查。在上述情况发生之前，实用新型权利人及其竞争者对实用新型权利有效性如何都可能面临一定程度的不确定性。当然，通过请求德国专利商标局针对实用新型进行检索可以降低这种不确定性。德国

---

❶ 除用于特定国家或地区相关机构名称外，本书中"专利局"或"知识产权局"泛指一个国家或地区的专利和/或商标法定授权机构。——译者注

实用新型申请递交之后，任何人（特别是竞争对手）都有权利随时（不受时间限制）请求德国专利商标局对实用新型进行检索。

1.2.4 外观设计

欧盟《共同体外观设计保护条例》（Community Design Regulation，CDR）相关规定如下：

第 3 条

（a）根据《共同体外观设计保护条例》，外观设计是指，尤其是由线条、轮廓、颜色、形状、表面结构和/或者由材料本身装饰特征形成的整体或部分产品外观。……

第 4 条

1. 只有当外观设计具备新颖性，并具备独特性时才能作为共同体外观设计受到保护。……

第 6 条

1. 如果一个外观设计对具备知识的用户所产生的整体印象，不同于公众已知外观设计对该用户产生的整体印象，则应认为它具备独特性……

2. 在评判独特性时，应考虑到设计人员开发该外观设计时所拥有的自由度。

外观设计权，例如欧盟的共同体外观设计和其他国家类似的权利，旨在保护表现在客体外观上的特性。与现行欧洲专利的形式不同，共同体外观设计是一种单一权利，即它在欧盟所有成员国都享受相同的保护（请注意，不能再通过申请共同体外观设计来获得英国的外观设计保护）。申请注册外观设计须提交符合形式要求的图片，接受知识产权局的形式审查。与实用新型一样，对外观设计是否满足保护条件的审查也要在发生争议时才进行。维持外观设计保护的费用也相对便宜：在德国递交一件德国外观设计电子申请的官方申请费为 60 欧元，在欧盟知识产权局注册和公布一件共同体外观设计的费用为 350 欧元。在这两种情况下，从第 6 年起，每 5 年缴纳一次续展费，从 90 欧元起逐次递增到 180 欧元。

1.2.5 商　标

《欧盟商标条例》（European Union Trade Mark Regulation，EUTMR）相关规定如下：

第 4 条

欧盟商标可以由任何标记特别是文字标记构成，其中包括名称、图案、字母、数字、颜色、商品形状或商品包装，或声音，而这些标记能够满足以下条件：

（a）将一个企业的商品或服务与其他企业的商品或服务区别开来；

（b）主管部门和公众能够根据该欧盟商标的注册情况，清楚和精准地确定注册商标提供给商标所有人的保护内容。

对相关群体的人来说，受保护的商标标记能够让其识别相关商品或服务来源于特定企业。在大多数情况下，商标的表现形式为图形，但也可扩展到名称，而不限于特定的图形表示。此外，商标还可以保护声音标记、商品形状或包装形状以及其他可感知的形式。商标申请提交后，欧盟知识产权局（请注意，不能再通过申请欧盟商标获得在英国的商标保护）或各国国家知识产权局（例如德国专利商标局）在进行注册之前需要审查申请是否具备注册商标的基本条件，即申请注册的商标是否适合公众将其当作商品或服务的来源标志。商标注册保护相对比较便宜：欧盟商标电子申请的官方费用为 850 欧元；每 10 年续展一次，费用为 850 欧元（相比之下，德国商标的申请费为 290 欧元，续展费为 750 欧元）。

1.2.6 著作权

欧盟第 2009/24/EC 号指令要求所有成员国以国家著作权法保护计算机程序。以此相对应，以德国为例，德国著作权法（UrhG）相关规定如下：

第 69a 条第 3 款

计算机程序是作者智力创作的结果，从这个意义上讲，计算机程序如果构成独特作品，则受到著作权保护。不得采用其他标准，特别是质量或美学标准来确定其可保护性。

原则上，著作权法保护的是艺术成果，但这种保护也可延伸到软件，因为软件表现形式是程序代码，即源代码。为获得保护，申请人无须申请或交存自己的源代码，但在发生争议时，必须证明权利人自己创作了该代码或对该代码拥有使用权；在争议代码为副本的情况下，则需证明副本直接从具有法律效力的正本复制而成。著作权法保护不了计算机程序背后的创意和原理 [参见德国著作权法第 69a 条第 2 款]，然而，在许多情况下，可以通过专利法来保护创意和原理的应用。

1.3 保护自己知识产权的方法

下述场景对于任何初创企业来说都会是一场噩梦：经过大力研发过程后刚刚将一个产品成功投放市场，结果却发现竞争对手推出了一个非常相似的产品；或者是一家您从未听说过的国外公司很快采用您开发出的方案，并推出您的产品的复制品。

由此我们可以更准确地判断初创企业的状态好还是不好。如果初创企业及时考虑过知识产权保护的各种方案，在许多情况下就能轻松地借助自己所拥有的知识产权制止仿造侵权行为，或至少也能为上述场景做好准备，并且清楚自己手中的底牌。

下面，我们将介绍如何为您的创新方案获得最佳保护。

1.3.1 清点库存：看看已经拥有什么

初创企业的资源自然是稀缺的。因此，在考虑可以保护什么之前，企业有必要盘点一下自身所拥有的法律资产。也许企业已拥有很多资产，不需要额外支出即可使用这些资产。

成立初创企业的想法通常酝酿已久。创始人往往早就活跃于初创企业的专业领域，并积累了一定的职业经验和想法。很多初创企业孵化于大学或研究机构，因此极有可能以前就基于研发成果申请过专利，而之前的研发工作又正是初创企业的基础。创始人必须清楚大学或研究机构是否允许他们将所获专利带去其企业或至少允许他们使用这些发明。当他们的研究活动产生商机并衍生出新公司时，一方面，许多大学都会乐享其成，很多时候创始人可以因此从大学获得一定支持。另一方面，大学或是希望参与企业的经营，或是希望从企业营收中受益，所以我们可以想见，创始人要在企业经营中使用专利，要么得支付许可费，要么就不得不从大学购买专利。本书的第4章将详细讨论相关主题。

对于初创企业，如果条件允许，强烈建议尽量收购知识产权以便自由使用。企业应尽量避免向大学支付费用（如许可费）或与大学分享企业创收后的利润；如果在这两个方面难以做到完全避免，则应尽量让其便于投资者管理。

如果创始人在作为前公司雇员工作时产生了创新构思，即便没有申请相关专利，也应该对此倍加谨慎。在此情况下，应该依据相关法律查核清楚创始人的创新构思和相关技术发明是否属于前雇主（参见第3章）。如果是这样，创始人必须在初创企业"一飞冲天"之前与原雇主寻求法律方案解决问题。

也许创始人在初创企业成立之前就探索性地编写过软件。在这种情况下，软件的著作权很可能归属于创始人，可填入资产负债表的贷方。可考虑将此软件在公证处进行保存。这虽非必要，但不失为一种经济有效的证据保存方式。

许多情况下，在开源软件框架内开发软件可能具有经济意义，因为它可显著减少软件开发时间，可使用现有的强大软件库。但由此产生的软件却很难保护，因为在开源软件框架下开发的软件必须向公众开放，以符合开源项目的利益要求。不过，如果产品中将自己开发的软件与开源软件充分分离，或产品根本就未使用开源软件，就有方法保护好自己的编程成果，避免开源许可的所谓"著佐权"（copyleft）效应。

也许创始人已经注册了一个域名。这是不需成本即可完成的事，除了直接拥有域名，还可以为以后的商标注册确保良好的起点。例如，可以保护未来公司的名称或未来产品的名称。

也许创始人已经拥有了自己的商业秘密，据此准备开展业务。根据欧盟第2016/943号指令，在采取适当措施（另见第1.3.5.4节）的情况下，此类秘密受国家法律保护。这种保护有利于应对这样一个情况：商业秘密被非法披露给第三方后，第三方将其用于商业目的。这种保护不适用的情况是：第三方独立研发出商业秘密，并将其用于商业目的。

创始人对自己的知识产权进行初步盘点有助于认识现有资产和不足，并形成知识产权战略布局的起点。

1.3.2 商业模式是什么样的？

初创企业的创始人们很可能都知道一个构思甚至一个技术方案还不能代表一种商业模式。按照相关定义的说法，商业模式描述公司的运作逻辑，特别是其产生利润的具体方式和方法（Morris et al., 2012）。"从根本上说，对商业模式的描述应该有助于理解、分析和转换公司成功或失败的关键因素。"

特别要研究"企业成功的关键因素"，看其能否被初创企业利用或专用。在企业发展过程中，创始人转化、变换商业模式或添加另一个商业模式并不罕见。因此，应从一开始就明确哪些商业模式是可替代的，以便也考虑对替代模式尽可能进行保护。毕竟起始或经营条件不同的竞争对手也可能以变换的商业模式尝试与初创企业进行竞争。

在某些情况下，值得将商业模式与初创企业可保护的内容相适配：如果可以通过知识产权的"权利要求"圈住一块保护区，随后便可在此区域内"挖金"，而这在某些情况下可能比与许多竞争对手在相同区域内一起挖掘更有可能获得成功。

成功的一个关键因素是商业模式的可扩展性,即企业以良好的运营成本提高效率和增加收入的能力。这点受到许多投资者的追捧,理应得到深思熟虑的知识产权战略的支持。

让我们假设,您想要建立一个提供在线食品订购和配送服务的商业模式。这不是一个全新的想法,您可能很难为您的初创企业找到可以获得保护的方面。但您可以考虑询问发来订单的顾客其家庭规模和家庭成员年龄,并根据订单计算并注明配送的"适用期限",即该订单包含多少卡路里或能够维持多久的供应。您还可以考虑食物的保质期,并估计在保质期之前是否可以合理食用。这样的计算可以为您的企业提供一个独特的卖点。您可以尝试通过发明专利(确定数据的方式)或外观设计(例如将相关计算结果的显示装置设计成交通信号灯模式,如果消费者购买过多,结果就会变成红灯)获得对知识产权的保护。

最后,您还应该问自己,是否想用同样的商业模式进入不同国家或地区。在大多数情况下,通过知识产权获得的保护限于一定国家或地区,即必须在相关国家或地区分别支付专利申请费及相关费用。一方面,为有利于企业规模扩展,应尽可能以同质化的方式构建商业模型,使之在多个国家或地区以相同方式运作。另一方面,由于不同国家或地区法律和社会条件不尽相同,实现同质化困难重重,因此初创企业的商业模式有必要针对不同区域进行调整。创始人需要仔细权衡企业应在哪些国家、在多少个国家谋求知识产权保护,以及是否有必要专门针对具体国家调整保护策略。本书第1.3.7节"区域性保护策略"中会有更详细的讨论。

本书第2章将通过更多实例详述不同的商业模式对选择保护策略产生的影响。

1.3.3 知识产权可以保护什么?

1.3.3.1 可申请专利的发明创造

在下面的清单中,您将找到可能被授予专利权的项目或发明创造。尽管该清单内容不完整,且所列项目有相互重叠的地方,但能让您从中对可能获得专利的内容有一个大致的了解。实际授予专利的条件要复杂得多,对此有专利法详解,本书有限的章节无法面面俱到。如果您想要对您的发明创造进行更可靠的评估或详细说明,建议您与专利律师对具体个案进行详细讨论。

在某些情况下,有些项目本身无法获得保护,但通常可以与其他要件一起组合成可受保护的发明创造——软件发明尤其如此。尽管根据《欧洲专利公约》和国家专利法,计算机程序本身不受保护,但包含技术特征的应用程序或计算机可实施过程可以获得专利保护（参见《欧洲专利公约》第 52 条第 1 款 c 项和第 2 款）。

实施客体：
- 机械结构
- 电气和电子电路
- 由已知组件构成的新装置
- 测量电路
- 控制电路
- 数据采集装置
- 图像生成和语音处理装置
- 数据存储装置
- 数据传输和通信设备
- 材料、合金
- 活性成分、药物、分子

程序/方法：
- 具有由已知步骤构成的新序列的方法
- 制造程序
- 对已知设备或新设备操作的新程序
- 测量程序
- 控制方法
- 收集、确定、分析或处理数据的方法（在一定条件下）
- 数据的存储、输出、显示或传输/发送的方法（在一定条件下）

下面的新应用软件是为了展示如何选择有效的知识产权保护方案的案例（可将其设想为商业模式基础）：

案例 1-1

软件/计算机可实施的方法

在计算机运行过程中，排列在图形用户界面上的各种图标根据可选优先级别重新排列。为此计算机会在特定时间段内记录并确认各个程序使用了多少处理器容量，然后根据所需容量的顺序让图标重新排列，使之距"开始"（start）或"主页"（home）按钮由近及远地排列。

如果将其正确描述，上述方法原则上具有可专利性。但在进一步的专利审查中，专利局将会检索是否有对比文献已在先公开了相同或相似的方法（审查该方法的新颖性和创造性）。

1 初创企业的知识产权基础

案例 1-2

人工智能

在审查可专利性时，能否确定专利法意义上的所谓"技术贡献"起着重要作用。很多与人工智能应用相关的专利申请会遇到这种情况。引述欧洲专利局关于人工智能的审查指南：

"人工智能和机器学习在各个技术领域都有应用。例如，在心脏监测设备中使用神经网络来识别不规则的心跳就作出了技术贡献。而根据低级特征（例如图像的边缘或像素属性）将数字图像、视频、音频及语音信号进行分类，又是分类算法的进一步典型技术应用形式。……如果分类方法服务于技术目的，而且生成训练数据集和训练分类器的步骤支持实现该技术目的，这些步骤也能有贡献发明的技术特征。"（欧洲专利局审查指南 2019 年版）。

涉及人工智能的专利申请的数量越来越多，来自中国的申请数量也急剧增加。

1.3.3.2 保护选项的识别

识别出新的可保护的知识产权可能会比较困难，特别是在创新商业模式和初创企业的工作流程都高度灵活的情况下。

在经典的"瀑布式"产品开发过程中，成熟公司的产品创新流程比较规范，同时也受到严格的限制：针对每个产品都会分析其当前状态，识别潜在客户需求，有针对性地开发研究和解决技术问题或添加附加产品功能，因此可以相对容易地确定哪些技术改进具备可专利性；将新产品直接与现有产品进行比较，在技术改进中寻找出可保护的发明，通常会是行之有效的途径。

然而对于初创企业全新的产品和服务来说，不可能适用成熟公司的创新流程。不过，这也为初创企业提供了根据自身条件和保护需求确定和调整创新路径的可能性。当然这需要企业的创始人在努力创新和寻求知识产权保护方面拥有丰富的经验。

以下问题有助于确定可受保护的构思：
- 谁是产品的客户/购买者/用户？
- 需考虑几个潜在客户群？
- 客户或不同的客户群体从产品中获得了哪些益处或优势？
- 通过哪些（尤其是技术）措施实现了产品的益处或优势？
- 产品优势是通过单一措施还是通过多个共同作用的措施实现的？
- 部分措施是否能实现部分产品优势？

- 新方法是否解决老问题？
- 所解决的技术/非技术问题是否不曾出现过或不曾为人所知？
- 解决技术问题的一项或多项措施是否具有技术属性？
- 若一项或多项措施无法实行，是否会妨碍客户有效地使用产品？
- 是否有其他可能的解决问题方案？是否可通过修改个别措施来解决问题？

确定商业思想及制定知识产权保护策略的实例将在第2章中详细讲述。

1.3.4 保护应针对谁和针对哪些行为？

要回答这个问题，让我们先来看看一个商业模式如何良好运作，并分析在此运作情况下初创企业的竞争对手、合作伙伴及潜在用户。

在大多数情况下，知识产权赋予权利人禁止第三方使用相关知识产权或者允许第三方在支付许可费条件下使用相关知识产权的权利。

根据德国专利法第9条，专利赋予其专利权人的权利是：①禁止第三方制造、提供、流通或使用受专利保护的产品，或为这些目的进口或拥有专利产品；②禁止第三方使用受专利保护的方法，或者在第三方知道或在特定显而易见情况下清楚未经专利权人同意禁止使用该方法的情况下，禁止第三方提供使用该方法（在该法有效范围内）的机会；③禁止第三方提供、流通或使用通过受专利保护的方法直接生产的产品，或者禁止第三方为上述目的进口或拥有该产品。

然而，要想利用好知识产权，说起来容易做起来难。例如在基于互联网或云的服务领域，对专利保护可能存在这样一个陷阱：终端用户只执行专利权利要求中的某些程序步骤，而其他步骤由供应商、平台运营商或数据库运营商执行。只有通过巧妙地撰写专利申请，才能确保让授权专利中的全部步骤归属于正确的公司或个人。

另一个潜在的问题是，并非所有方法步骤都能落入专利保护范围之内。如果能及时预料到此类情况，则能通过对被保护特征的合理选择和撰写来避免这一问题。

在评估专利保护内容时，以下规则至关重要：

（1）所保护的内容由授权专利的权利要求书确定。

（2）权利要求包含的特征越少（"限定"越少），保护范围就越广。

（3）相同或不同类别的"独立权利要求"（如装置权利要求、方法权利要求等）同样值得关注。

（4）在大多数技术领域，全球范围都存在类似的保护方案。
（5）但在特定国家也存在保护限制，特别是在以下两方面：
①借助计算机可实施的发明；
②医疗方法。

考虑到以上专利评估规则，初创企业还应尽早明确打算在哪些国家寻求和依靠专利保护。专利具有地域性，其保护作用只限于授予专利权的国家。这一点会在第1.3.7节给出更详细的阐述。

1.3.5 资源与顾问

1.3.5.1 预　算

尽管我们很难全面有效地预估投入知识产权保护的合理金额或资金占比，但初创企业仍应尽早将购买和开发知识产权的费用纳入预算。创新行业的大公司通常将知识产权预算按照一定百分比与总的研发支出挂钩。与之相比，初创企业的知识产权预算则主要取决于技术持续性、产品多样化程度、产品成熟程度和周边环境等因素，因而存在很大的个体差异。

资金需用于递交新专利申请（如支付官方费用和专利律师费），还须用于相关的专利审批程序，即专利局对该申请进行的审查程序。在审查程序中，专利局会对检索到的现有技术文件进行分析，将其与所涉发明进行对比；审查员和申请人会针对二者的区别特征展开讨论，并就申请专利的发明是否具备新颖性和创造性交换意见。

尽量减少专利申请数量，但让每一件申请包含多个发明构思，这一申请策略可能会有一定好处。然而专利局并不喜欢这种策略，因而常常会以缺乏"单一性"为由驳回专利申请。一个好的专利律师会利用好这一策略，即会在后续程序中根据需要将一件申请分成几件可以各自进入审查程序的"分案申请"。虽然在提交分案时必须向专利局另外支付分案费，但从时间上来说，分案已比原申请时间有所推迟。若初创企业计划进行融资或考虑资本退出（另见第1.3.6节），上述申请策略或许会更符合初创企业的财务规划；采用上述申请策略，可能还有助于专业的投资人基于已有专利申请进行全面的专利布局。

1.3.5.2 专利律师

向欧洲专利局、美国专利商标局、英国知识产权局（United Kingdom Intellectual Property Office, UKIPO）或德国专利商标局递交专利申请并在这些专利局参与审查程序，形式上可由发明人或获得授权的企业的内部人员完成。但是，聘请经验丰富的专利律师完成相应工作会带来多方面的好处：专利律师能够填补法律保护方面的空白，并通过正确撰写权利要求来实现尽可能大的专利保护范围。由于专利保护范围既取决于发明本身，也取决于权利要求的撰写，因此专业地撰写权利要求大有裨益。即使是一个极具创造性的发明，也必须通过文字来进行完美的诠释——发明本身并不能为自己争得权利。

但请记住：专利律师通常并不了解您的公司，他只是通过您的介绍了解了您公司的发明、潜力和风险、成功和挑战等方面的情况。您需要花费一些时间，让专利律师随时掌握最新讯息，并让其参与到相关工作之中，使其能够根据具体情况为您的公司实现专利保护的最大化。

1.3.5.3 专利研讨会

在经营一家初创企业的时候，很少会有哪怕半天的闲暇！员工们通常没有时间（或不会优先腾出时间）来检查是否有新的研发成果适合申请专利。发掘有价值的创意常常并非易事。

因此，偶尔安排半个下午（或更多时间）举办专利研讨会是颇具意义且行之有效之举。要想发掘过去几天或几周出现的好创意和/或勾画解决今后问题的初步构思，有几种常用的方法，例如广泛收集、讨论新的构想，加以质量对比和优化，最后优选出值得申请专利的创意。

还有一种行之有效的方法，即邀请独立人士参与创意的收集和评估，也可让其主持研讨会。此人可以是公司负责创新的经理、外部顾问或经验丰富的专利律师等。

组织研讨会的方法很多，这些已知的方法可有效地用于探索和评估新创意。在此建议研讨会以团队协作为基础，充分发挥出大家的能动性。下面具体介绍一些相关方法。

由于此类研讨会的重点不是解决技术问题，而是寻找可获得保护的对象，因此需要对常见的研讨会模式作适当改变。这样既可以将注意力集中在已经制定的问题解决方案上，也可以集中在未来的挑战上。毕竟，具体的问题解决方案可以获得保护，尚处于构思阶段的技术方案同样可以。

产生一个好的创意通常从分析产品或服务的特征开始，直至相关特征得到客户认可或体现出价值。此外，还有另一种出发点，即分析竞争对手在相关领域的专利：这些专利带来什么不同？有何创造性？为何能获得保护？

"SAILS"法

初创企业可用"SAILS"（下列五个类别的缩写）法来检验自己发掘出来的创意，看其是否符合以下类别：

- 标准（Standards，是否制定了新标准或符合现有标准？）

1 初创企业的知识产权基础

- 系统架构（Architecture of System，是否涉及整体结构？）
- 组件集成（Integration of Components，在新的开发过程中，现有单元是否会被组合到其他单元中去？）
- 组件的链接（Linkages of Components，单元是否会以新的方式被链接/耦合？）
- 替换（Substitutions，单元是否被替换？）

通过在研讨会上讨论上述问题，您就可以更好地确定保护对象。

钻石结构研讨会

关于研讨会的模式，您可以采用图 1.1 所示的钻石结构。

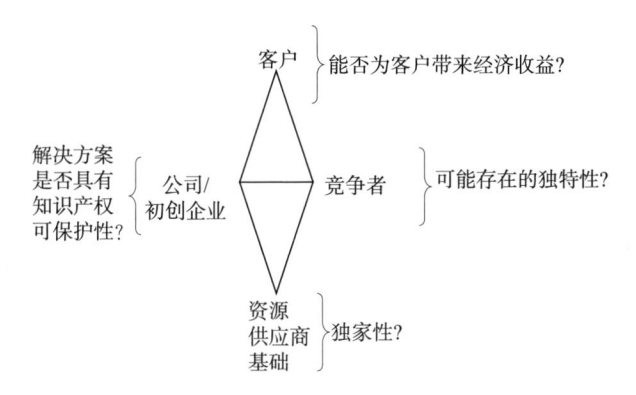

图 1.1　钻石结构

层次模型法

在很多情况下，初创企业可以基于以下的层次模型分析和寻求可保护对象（自下而上）：

- 数字服务
- 数据分析
- 连接性
- 传感器/执行器
- 产品

针对物理产品（硬件）发明的处理通常是最简单的，因此位处最底层。至于位于倒数第二层的**传感器或执行器**，仍然可以通过常规方式妥善处理——该处理方式也适用于倒数第三层的**连接性**。**连接性**涉及数据的准备和传输或通信，其中，诸如通信协议、发送和接收过程以及数据传输路径等均可发挥作用。

对位居上层的**数据分析**和**数字服务**，要识别出可申请专利的技术发明最为困难。从整体过程可抽离出多个部分过程或者多个方面（对此须适当界定和定义）。这一识别过程需要对专利审查员的审查方法有丰富的应对经验。即使您认为您已经能够识别可申请专利的构思，专利律师仍可进一步尝试寻找替代方案，概括具体步骤并找出许多应在申请中披露的信息（此类信息适用于在审查过程中根据审查员要求对保护范围作进一步具体限缩）。

在**数据分析**方面，可考虑申请专利的有：人工智能方法、以数据分析为目的将数据结构化的方法、为进行分析提供适当数据的方法等。

提供**数字服务**时可能出现的问题是，为了提供数字服务需要与客户进行密集交互，这意味着整个过程只有在双方的合作下才能实现。因此，往往可以考虑将供应商所执行的流程步骤与客户所执行的流程步骤分别进行保护。

在"敏捷开发"❶ 模式下识别出"Scrum 流程"❷中的创意

在成熟公司的研发过程中，通常设有多个里程碑，每到达一个里程碑就意味着必须完成某些任务，包括解决能否保护相关创意的问题。

初创企业通常没有这样的既定流程。例如，许多初创企业遵循"敏捷开发"的工作方法，依靠团队的自我组织，以"冲刺"❸的方式安排研发工作。员工面临巨大的时间压力，无暇顾及不直接服务于研发目标的事情。

要想确定可保护的发明，管理层需要为此创造讨论空间。理想情况下，可以在"冲刺"结束时讨论如何实现目标。此外，还有一种做法值得尝试：在"冲刺阶段"给某一员工戴上一顶"知识产权帽"，以此象征该员工正在寻找可以保护的发明。

1.3.5.4 商业秘密

在某些情况下，如果不能立即从产品或服务中识别出需要加以保护的技术，则应进行保密处理，暂不提交知识产权申请。首先要确定有价值的"秘

---

❶ 敏捷开发（agile development）：一种以人为核心、迭代、循序渐进的开发方法。在敏捷开发中，软件项目被切分成多个子项目，各个子项目的成果都经过测试，具备集成和可运行的特征。简言之，就是把一个大项目分为多个相互联系但也可独立运行的小项目并分别完成，在此过程中软件一直处于可使用状态。——译者注

❷ Scrum：一种敏捷开发框架。通常由产品负责人获取用户需求，生成带有优先级的产品需求列表，在每个迭代周期开始时召开迭代计划会，从产品需求列表中挑选出本迭代期要实现的功能，得到一个冲刺（sprint）列表。接下来，团队会进入一个 1～4 周的冲刺（迭代）期，进行项目的开发、测试、文档编写等工作并召开每日例会，了解工作进展及问题。在冲刺（迭代）期的最后，会召开项目评审会和回顾会。——译者注

❸ 冲刺：在 Scrum 框架下一次迭代开发的时间周期，一般最多以 30 天为一个周期。——译者注

密"是什么，然后确保其保密性，也就是积极采取措施防止该技术泄露。这样才有了所谓的"商业秘密"。

此外，根据 2016 年 6 月 8 日欧洲议会和理事会《关于保护秘密技术和秘密商业信息（商业秘密）免遭非法获取、使用和披露的（EU）第 2016/943 号指令》及其相关的国家实施法规（参见参考文献目录），也可将某项技术正式登记为商业秘密加以保护。这样一来，以后主张商业秘密保护权时也有据可查。

从技术保密的目的考虑，在此建议初创企业使用自己专属的 IT 网络，就保密问题对员工进行培训（并对此记录在案）。只有采取这样的措施，才能更好地追踪非法"泄露"商业秘密，禁止第三方使用商业秘密。该措施对其他情形也行之有效，例如针对合作伙伴或离职员工"顺走"商业秘密的情形。

1.3.6 时间进度、融资轮次、资本退出

专利局审查专利申请的时间进度之慢往往令初创企业生畏：从递交专利申请到专利授权可能需要数年时间。

但这也有好处：在支付了专利申请的初始费用之后，很长时间没有动静，但在这段时间里**所有权利都因递交申请而获得预定**，为此没有任何附加成本。

> **提示**
> 对于初创企业来说重要的是，专利申请方面的进展与正常业务安排保持同步。

基本上，大多数初创企业都关心如何在尽早预定权利的同时尽可能将相关费用推迟到未来支付。有多个途径可以实现这一目的，例如《专利合作条约》（参见当前版本，WIPO，2019a）下的集中式国际申请程序。在此程序中，申请人在提交申请后先由唯一的中央局发布关于可保护性的初步意见；先花费几千欧元就可以"购买"至少 30 个月的时间，然后可以选择申请进入各指定国，委托相应的专利律师处理申请，提交相关文件。

如果只想获得德国专利，可以向德国专利商标局递交专利申请。对申请的实质审查请求最多可以推迟 7 年提出，在此期间申请人只需支付年费，7 年后才开始实质审查。当然，长时间推迟实质审查也有弊端，毕竟在过渡期内尚不清楚申请能否授权或保护范围如何。

尽可能长时间地延迟审查程序有一点好处，即允许申请人在申请最初公开范围内有较长时间去修改权利要求；如果技术方案本身仍然有变，还可在申请

最初公开范围内修改权利要求,这一点在实践中也具有重要意义。

此外,在实质审查过程中,您还可以一边就自己的申请与专利局交换意见,一边密切关注竞争对手的产品,然后在适当的时候针对竞争对手的产品"量身定制"您自己的权利要求(依然在申请最初公开范围内),这可能就更"令人兴奋"了。

与上述修改权利要求的做法同理,提交"分案申请"也是一个特别合适的方法。在大多数国家,申请人可在审查过程中基于未授权的专利申请提出分案(需支付额外费用),由此申请人可拥有两个专利申请,一个(母案)可以快速获得专利授权,而另一个(分案)则还得经过专利局审查程序。通过母案的快速授权节省了时间,通过分案申请可对应母案的权利要求进一步修改权利要求,最终以此获得两件不同的专利。

通过利用上述分案申请程序,初创企业可以在相当长的一段时间内占据主动权,甚至于直到资本退出,企业的投资者/买家仍然可以根据需要充分利用修改权利要求的可能性。

如果初创企业能够及时证明其已获得专利保护,也许会对将要进行的融资过程大有益处。为此,可向例如欧洲专利局或德国专利商标局免费提出加速审查请求。专利律师与专利局的密切合作通常会对加速审查有所帮助,例如,专利律师可与专利审查员进行电话交流或见面交流,而不是单纯靠信函往来。

在某些情况下还可以根据需要进一步加快审查程序。例如,美国专利商标局提供了一种所谓的"优先审查"(Track-One)程序,尽管此程序需要额外付费,但可以在大约1年内获得美国专利授权(USPTO, 2019)。

专利审查高速路提供了更多加速审查的可能性,特别是针对专利申请在多个国家或地区同时进行审查(如一项发明需要在美国、欧洲和中国都受到保护)的情况。专利审查高速路的目的在于减少相关专利局的整体工作量,即某些专利局会至少部分采用其他专利局的审查结果,以此加快专利授权过程,并有助于在不同国家或地区一致获得专利保护。

不同的国家或地区参与了不同的专利审查高速路协议。您可以在世界知识产权组织的网页上找到所有专利审查高速路协议的概览(WIPO, 2019b)。最广为人知的是 IP5 专利审查高速路。这里所谓的 IP5,其成员是欧洲专利局、日本特许厅(Japanese Patent Office, JPO)、韩国知识产权局(Korean Intellectual Property Office, KIPO)、中国国家知识产权局和美国专利商标局。在此值得一提的是,中国国家知识产权局与德国专利商标局之间的专利审查高速路双边协议也执行良好。

1.3.7 区域性保护策略

包括专利在内的知识产权只能在提出申请或获得授权的国家获得保护。通常情况下，专利权可在特定的国家或地区授权生效，但也存在区域范围内有效的国际协议，专利授权后即在整个相关区域生效，例如正在筹备之中的欧洲统一专利系统就是如此（当前的《欧洲专利公约》旨在集中审查和授权过程，授权的专利分别在各成员国生效，该各成员国不一定是欧盟成员国）。

> **重要提示**
>
> 在世界上的某个国家（或地区）专利局（例如德国专利商标局）首次提交专利申请，则其申请日被视为在世界范围内提交该申请的日期；如果在该申请日之后12个月内在德国或者其他国家再基于该申请递交新申请，则原申请日会被公认为在后申请的申请日。因此，必须在首次申请后的几个月（在极端情况下，临近12个月的期限）内决定是否要在更多国家或地区申请专利！

根据专利法规定，在后续的专利实施中，专利权人有权禁止第三方从事以下活动（以德国专利法为例）：

德国专利法第9条

专利效力是，只有专利权人有权在适用法律的范围内使用该专利发明。未经专利权人同意，禁止任何第三方：

1. 制造、提供、流通或使用受专利保护的产品，或为这些目的进口或拥有该产品；

2. 使用受专利保护的方法，或者，如果第三方明知或显而易见未经专利权人同意而使用该专利方法的情况下，在本法所定义的使用范围内使用该专利方法；

3. 提供、流通或使用通过受专利保护的方法直接获得的产品，或为这些目的进口或拥有该产品。

这意味着如果您拥有德国专利，您不仅可以在德国禁止他人使用侵权产品，还可以禁止侵权产品从国外进口到德国，或禁止侵权产品在德国生产并从德国出口。

应该在哪些国家获得专利，取决于公司的预算、目标市场以及潜在竞争对手从事生产经营活动的国家。然而，这并不一定意味着要在所有符合条件的国家都谋求专利保护。如果尽可能多保护一些重要市场，留给竞争对手的剩余市场就只有较少的潜在份额，这样就可以在"规模经济"的情况下保证自己的竞争优势。

就专利而言，以下方面对于企业制定特定地区的保护策略十分重要：

（1）全球性的保护没有必要。根据企业及其产品情况，有选择地覆盖地理范围（"足迹"）更有实际意义。企业应该在申请每件专利之前认真考虑这一问题。

（2）专利允许专利权人禁止第三方生产和销售产品。因此，在潜在的"制造国"或"消费国"拥有专利权通常就足够了。

（3）对于技术复杂的产品，通常只需要在少数几个国家（例如德国、美国和中国）获得保护就可以阻止竞争对手进入世界市场。

（4）申请和维持专利的成本因国家而异（例如在美国，获得授权的过程较为昂贵，但维持专利权的费用相对便宜）。

（5）被侵权的情况下专利权的实施（在德国相对便宜，在美国大多数情况下较为昂贵）。

官方要求同样非常重要，而且经常被大众忽略：

（1）针对在本国完成的发明，包括美国、中国、印度、意大利、西班牙在内的许多国家都要求专利申请必须先在本国提交。对此，世界知识产权组织提供了一个很好的概述（WIPO，2019c）。

（2）一些国家规定了通用的"申请义务"——参见德国雇员发明法（第3章）；俄罗斯法律规定新申请必须在俄罗斯提交。

（3）集团公司内的跨国联合开发可能存在问题，解决此问题的途径是申请"外国申请许可"（Foreign Filling License），即通过向外国申请专利保密审查。请务必遵守相关规定，否则迟早会被第三方"揪到小辫子"。

上面就专利的讨论同样适用于其他类型的知识产权，尽管这些知识产权的成本通常比专利低得多。更多相关概述详见德国专利商标局网站（商标参见：DPMA，2019a；外观设计参见：DPMA，2019b）。

如上所述，如果需要对发明寻求国际保护，可以首先在一个国家（或欧洲专利局）提交发明专利或实用新型申请，然后在12个月的优先权有效期内，通过在一个或多个其他国家针对同一发明提交"后续申请"来扩大专利保护的地域范围。这种优先权也适用于在国内或向欧盟知识产权局提交的外观设计和商标申请，只是其优先权有效期较短（通常只有6个月）。

如果需要在许多国家/地区获得保护，过程可能会非常烦琐且昂贵。一种更为简单高效的常用机制是将申请以"捆绑"的形式先提交给一个中央机构统一审查,由此可加快在各相关成员国获得保护。对专利保护而言,这种机制被称为提交专利的国际申请,是通过《专利合作条约》来实现的(已在上文的时间进度部分提及)。与提交专利的国际申请类似,外观设计和商标可分别通过海牙体系和马德里体系进行国际注册。

1.3.8 员工、自由职业者、合作伙伴

初创企业通常缺乏资源,时间紧,任务重,一些领域的相关经验也很少。为了降低成本,固定雇员的数量通常保持在最低限度。因此,通常需仰仗自由职业者、发展合作伙伴以及"商业天使"[参见 Business Angels Netzwerk Deutschland e. V. (BAND) (2020)]来完成某些任务。

> **但要注意**
> 这导致了对知识产权保护的两个重要要求:
> ● 初创企业必须及时跟进处理可保护的工作成果,并鼓励外部合作伙伴交流相关可保护成果。
> ● 初创企业必须确保自己对所有工作成果具有支配和使用权,且拥有由此产生的相关知识产权。
> 这两点适用于研发合作,适用于开发或调整产品时签订的开发和供应合同,也适用于与自由职业者的合作。

案例 1-3

一家初创企业生产用于暖气系统的温度传感器(该传感器通过无线电连接)。对于无线电连接,该企业委托合作伙伴设计和制造带有发射和接收装置的"专用集成电路"(Application-Specific Integrated Circuit, ASIC),但没有签订书面合同。在这种情况下,合作伙伴既可以提供工作成果和专用集成电路,但也可以自由处置成果并利用已开发的组件与其他传感器制造商合作。由于初创企业一次性支付了相关研发费用,因此合作伙伴甚至可以以较低的价格将该装置出售给初创企业的竞争对手。

这家初创企业如果当初将"对全部或部分开发项目进行知识产权保护"写入合同,就有机会至少在一段时间内独享获得该装置的权利了。

雇用自由职业者也会出现类似的问题。如果没有特别约定,他们所有的创造性构思都可能是他们的个人财产,他们可以就这些构思申请专利或实用新型。这些人通常对手头的技术问题富有洞察力,能够为申请专利和授予他人技

术许可创造很好的起始条件。以合同的方式规范与自由职业者之间的合作，约定好与发明相关的知识产权的权属关系，这其实并非难事，只是需要您及时去考虑这些问题。

如果邀请外部人员进行合作，例如在研讨会上共同讨论解决问题的方案以及可能申请专利的发明，则存在双重危险：

（1）原则上，会议讨论的每一个构思都会为公司以外的人员（公众）所知。因此，相当于将该构思正式公开，因此已不能基于该构思申请专利。

（2）外部人员对问题解决方案的贡献从法律上讲并非归属于初创企业。只有方案的提出者可以申请或转让相关发明（例如，通过转让获取转让费）。

以上两个问题均可以通过签署简单的合同得到解决：①可签署保密协议；②可签署合作协议；或者也可以同时签署两个协议，双管齐下。

初创企业长期雇员的创意通常归属于他们的雇主，企业只需记住相关的法律条款和违反这些条款可能引发的后果即可。在德国，雇员作为发明人是有权利获得报酬的，这一规定尤其值得一提。初创企业应尽早与其职务发明人就每项发明签署合同，使得发明人与此相关的现有权利对投资者也公开透明。第3章中将会对此给出更详细的解释。

1.4 避免侵犯第三方知识产权的方法

2017年，全球注册专利超过300万件（WIPO，2019d），对此，在各国开展商业活动的企业还需谨慎对待，以免侵犯他人的知识产权。幸运的是，很多专利局和第三方提供的各种互联网平台都有专利申请和授权专利的公开信息，并按照技术领域进行了非常精细的专利分类，便于公众在线查询。

当然，让公司做到知悉自身经营领域内所有已授权专利的情况是个很高的要求，但从法律上讲，不能以无法满足过高要求作为不侵权的借口。所有公司都有法律义务以应有的谨慎态度监测其活动领域的专利。

为此，您可以自己进行定期检索，也可以让服务商为您提供检索结果——然后还需让本公司的知情员工来研究检索到的知识产权。在许多情况下，第三方的专利保护根本不涉及您相关的技术方案，评估第三方的知识产权是否会对您产生影响也就自然轻而易举。

在有些很难作出评估的情况下，只有专利律师才能解释权利要求，并有把握确定哪些技术方案落入权利要求的保护范围，哪些技术方案在保护范围之外。

只有在确定了产品适销的途径后，才能合理、详细地进行此类分析。届时，投资者也将对技术可行性和不侵犯第三方权利的法律确定性进行评估，随后作出投资决定。

下面提供一种以适中的成本处理第三方知识产权事务的方式：

通过"互联网警报"（EPO，2019b），您可以定期查看自己经营领域的技术创新新闻，并且根据您的检索，您还能了解到相关领域已公开的专利申请和已公开的专利。

> **注意**
> 至少从原则上来说，专利申请会在首次提交日的 18 个月后由某专利局公开，在公开日之前，第三方是看不到这些申请的。这给了申请人一段实施或进一步开发相关发明的周转时间。在公开之前，即使是在技术文章中，申请人通常都不会将申请内容告知公众。

此外，实现某些阶段性研发目标后，即可委托专人进行专利检索，以便了解这一研发阶段的专利保护概况。根据产品的复杂程度，您可能会检索到几个甚至几十个需要您分析的专利文件。

事实证明，瑞士专利局（Swiss Patent Office）提供的检索服务性价比较高。"ip-search"是一家隶属于瑞士联邦知识产权局的公司（IGE，2019），客户可以定制检索范围、分析深度和检索条件，并按照事前约定的工作量付费。通过这样的检索，可以得到一个标准化的、有质量保证的结果，从而使风险管理更好把握，也更容易向投资者做好相关说明和解释。

原则上，在软件开发领域检索第三方知识产权尤其困难。由于涉及软件发明的专利申请的撰写方式通常比较抽象，企业通常很难识别自己的方法步骤是否落入某件专利的保护范围。

因此，全面彻底的检索不可强求，但企业可以采取适当应对策略：首先应该清楚软件开发的哪些环节不仅成本高昂而且解决了问题，同时其所解决的问题很有可能就是相同或相邻技术领域的竞争对手正必须解决或者已经解决的问题，然后需要仔细查明相关专利是否已经存在。如果上述解决问题的方案还涉及数据传输接口或通信接口，则意味着企业必须遵守一定的边界条件或标准——这可能加大企业日后修改软件规避侵权所面临的困难，进而增加侵权风险。

> **记住**
>
> 一旦确定第三方拥有重要专利，则需采取应对措施：或者在可能的情况下获得专利许可，或者修改自己的产品以进行专利规避。正因如此，专利律师在撰写权利要求时通常会尝试用宽泛的术语描述相关特征，尽可能扩大保护范围，让规避专利侵权变得更加困难。而专利局在审查过程中会避免专利保护范围过于宽泛的情况。无论如何，当研发内容触及其他专利的保护范围时，企业应请专利律师帮助解读相关专利的保护范围并寻找应对办法。

即便使用开源软件也无法绕开专利问题。如果将开源软件描述为"免费使用"，其免费程度也是有限的，因为其中涉及的用户是在互惠基础上对其著作权提供了许可。而当软件的解决方案落入第三方专利保护范围时，第三方却没有义务让他人自由使用其专利。

出于上述原因，有开源软件用户达成协议（例如，谷歌、IBM、微软等共同设立了开源发明网络），将其专利集中起来以供共同使用，并抵御潜在的专利诉讼风险（OIN，2019）。

1.5 使用第三方专利作为信息源

专利申请和专利之所以要公开，部分原因是它们旨在为社会提供创新信息。由于专利出版物通常可在网络上免费获得，因此它们可以而且应该被用作信息来源。例如，我们可以从专利出版物中查阅到以下信息：

- 针对特定问题存在哪些解决方案（也许可以免费获得这些解决方案）。
- 哪些公司/参与者找到了解决方案（可争取成为它们的合作伙伴，或者避免成为它们的竞争对手）。
- 哪些发明人参与了解决方案的研发（可考虑招聘此类人才）。

工业知识产权的存在是为了实现一种社会功能：授予创新者以垄断权，以此奖励对技术开发的投入，从而促进创新。另外，第三方可在有限的专利保护期内通过付费获得使用专利的许可，保护期过后，该发明对所有人免费开放。通常，申请日后最迟18个月内，所有人都可获取受保护的新发明的信息。

此外，知识产权制度还确保了发明人获得奖励并且根据其个人意愿向公众公布其姓名。这属于发明人的人格权。

工业知识产权不仅具有上述社会功能，同时也是商业竞争中不可或缺的战略工具。越了解知识产权的用途，越有利于技术创新。

2

初创企业知识产权战略的基础与构建

乌韦·施瑞克（Uwe Schriek）

2.1 引 言

本章将展示如何把第 1 章介绍过的工具和策略正确应用到实践当中，并以企业的长期战略来指导这种应用。第 2.2 节首先会介绍基本的战略问题，第 2.3 节再对一些重点问题进行具体、详细的说明。第 2.4 节主要以一家公司为例，探讨了可以加以保护的方案和可能的商业模式。第 2.5 节将基于医疗技术公司"糖光"（SugarLight）的案例，描述整体战略的制定：在启动阶段，首先要确定公司的知识产权杠杆，并将知识产权的初始存量记录在案，其中既包括创始人的构想，也包括公司购入或获得实施许可的知识产权。重要的是，初创企业自身要尽可能将更多的权利握在手中，也可选择对专有技术（尤其是未来销售的产品中那些非显而易见的部分）进行严格保密。此外，企业还应开展自由实施检索，以便未来的产品能够以最大的确定性进入市场，不受第三方权利的约束。

2.2 基本战略问题

2.2.1 初创企业在知识产权方面必须注意什么？

拥有工业知识产权的最大意义在于，让创新企业以专利、商标或外观设计等形式保护其劳动成果，从而在一定时期内垄断享用其创新成果，并通过市场独占期回收企业在创新过程中投入的成本。初创企业应好好利用这一机会，在创新中发展壮大。通常，初创企业的优势很少，既没有庞大的分销网络，也缺乏客户忠诚度或强大的资本保障，等等。因此，特别建议初创企业对创新成果进行知识产权保护，从而垄断地享用创新成果，提升企业在竞争中的地位。

初创企业跟其他公司一样，必须注意不能侵犯第三方的专利。然而问题就复杂在这里：初创企业可能会在不知情的情况下侵犯他人专利，比如，初创企业实施的发明构思也是第三方独立开发出来的构思，并已被第三方申请了专利。在先专利可以禁止专利侵权人实施其相关发明构思，即便该侵权人同样也是独立开发出了这一构思。因此，企业应适当谨慎地对新开发的产品和流程——至少是相关核心发明构思——进行审查，确保其不受第三方知识产权保护，即确保自己的自由实施。

2.2.2 企业可以追求哪些知识产权战略目标？

比方说，快速、低成本地获取专利权可以是某个企业唯一追求的目标。这种情况适用于科研机构等本身没有任何生产设施且通常不从事商业活动的主体。一件专利获得授权传递了这样的信息：发明人产生了新构思或开发出了某种十分新颖的、尚不为公众所知的东西，作为回报，其有权得到发明人的荣誉。

除了单纯在专利数量上的积累，还存在多种多样的知识产权目标。知识产权目标需要与企业战略相匹配。针对初创企业的各种优先战略，以下段落列举了相应的知识产权目标。

获取**声誉**便是一项合理的专利工作目标。获得专利授权常常被视为创新实力的证明。比如，不少专利局就会定期公布在过去一年中专利申请量或公开量最大的公司的名单。

产品或服务的排他性意味着可以通过禁止权防止第三方复制（1:1复制）或采用相关技术构思。以何种尺度来禁止第三方从事商业活动，取决于授权专利的最终权利要求。这也解释了在撰写专利申请时，专利律师为何总会尽可能宽泛地描述发明内容，即尽量使用宽泛的表述方式。首先要考虑保护基本思路，其次考虑具体的技术方案。排他性通常可以通过良好的知识产权布局来实现，但在某些情况下也可通过有效的保密措施来实现，使得第三方无法从产品或服务中（通过反向工程等方式）识别出涉密的技术方案。

获得第三方技术需要具备谈判实力，而这种实力来自企业自己拥有让第三方（包括竞争对手）感兴趣的知识产权。企业不仅可以让自己的知识产权发挥其禁止权的效力，还可以将自己的知识产权用作"技术货币"，与第三方公司交换权利，从而获得对自身有价值的第三方技术。

自由实施可以通过有效的专利清理工作来实现，即利用检索尽早发现他人专利权障碍，并在费用适当的情况下采取措施进行系统性的规避。但第三方的专利申请通常在提交后 18 个月才会公布，才能被公众所知，仅因如此就已不可能完全排除侵权风险。实现自由实施还有其他特殊方式，比如，当一家企业拥有强大的专利地位时，第三方公司可能会因害怕报复而不敢起诉，或甘愿就许可交换进行谈判。

企业可**收取许可费**或获得其他许可知识产权的回报。初创企业可以通过知识产权的对外许可有规律地创收，这无疑有利于改善年轻公司的财务状况。与许可知识产权收取许可费不同，也可通过协商获得其他许可回报，比如，在被许可方是供应商的情况下，许可回报也可以是有利的供应条件或供应价格。在授予他人许可时，初创企业应优先考虑不触及自身业务的许可（即"非核心"许可）。比方说，电灯开关制造商可以向电焊用品制造商许可一种用于开关触点的新型耐烧触点材料，这样，电灯开关制造商也不会因此而损害到自身的业务。

还有一种有趣的战略目标：可以**将知识产权作为银行贷款或者投资的担保物**。尽管以此为目的很难客观地对知识产权进行评估，但目前已经有人开发出了一些公认的估值方法，例如，有的方法可从纳税的角度出发，确保公司集团内部的知识产权交易公平、透明且价格合理。（出于纳税方面的原因，这些交易必须经得起所谓的"第三方比较"，即相关交易条件必须同与公司集团之外的公司交易条件一致。）

在很多情况下，实现较高的知识产权战略目标对初创企业来说极为重要，这也意味着**当资本退出时**——比如公司要转让或上市时——**对知识产权状况能有良好的评估**。资本退出时，公司的估值应尽可能高一些，而获得良好估值的一个方面便是良好的知识产权状况——对潜在的投资者来说，这一点必须是公开透明且经得起检验的。良好的知识产权状况包括但不限于以下几个方面：

● 拥有专利和专利申请：防止自身的产品被人复制，并确保企业可以在业务经营中发挥其通过知识产权所获得的垄断竞争优势。

● 进行了自由实施分析：提供了一定程度的确定性，即确定不侵犯他人知识产权，且不会因专利纠纷延迟或阻止市场进入。

● 与合作伙伴签订有可靠的合同：以合同明确知识产权的权属关系（最好是相关知识产权属于初创企业）。

● 知识产权归属的确定性：知识产权确实属于初创企业，既不属于创始人个人或孵化该初创企业的科研机构，也不属于合作伙伴或尚享有部分发明权的发明人（例如初创企业的员工）。

> **提示**
> 知识产权的评估有多种不同的方式（取决于不同的视角），本书还会多次讨论到这个问题，比如在：
> - 第3章：从雇员发明法的角度看知识产权。
> - 第9章：从咨询/审计公司的角度看知识产权。
> - 第10章：风险投资人视角下的知识产权。

2.2.3 保障劳动成果有哪些重要的方面？

必须对专利的**保护范围**进行**优化**（即要垄断"最小的可销售单元"）；此外，还应保护**可能的规避方案**；最后，还应尽量长时间地保持修改保护范围的灵活性（例如通过分案申请），以便能较轻松地应对可能出现的问题和不断变化的形势。

在撰写专利权利要求书时，可以要求保护不同类别（如保护装置或保护方法），也可以不同类别都一起保护。关键是要知道，例如对某种测量设备来说，制造商或进口商可能会因为装备权利要求而造成侵权，但大概率不会因方法权利要求造成直接侵权，因为测量方法只有顾客才会使用。究竟该针对用于机动车辆的导航仪进行保护，还是对具有（内置）导航仪的机动车辆进行保护，您也需慎重考虑。两种选择相比，后者比前者更难对导航仪制造商发起攻击，因为导航仪制造商既没有制造带有导航仪的车辆，也没有将其投入市场（但在后一情况下能够以所谓的间接专利侵权为由起诉导航仪制造商）。

应把每项发明**专利权**清晰地**记录在案**（咨询公司可能会有此要求）。因此，及时整理好每项发明的进展情况并达成共识非常重要。

应致力于实现**全球最大范围保护**，至少要在**主要市场**（例如美国、欧盟、中国；只需在德国获得保护是极少的例外）获得保护，并且在适当条件下，也应在产品制造国进行保护。很多情况下，只要可以占据一定的国际市场份额即可，不必覆盖全部市场。在这种情况下，竞争对手只能在"剩余市场"销售它们的产品，往往就没有了实际经济意义。

应尽可能管理好或按时间段计划好**费用开支**。为此，可利用一条已经较为完善的途径——提交 PCT **国际申请**。该途径的特点是：现有技术检索和国际阶段审查只需集中进行一次，申请可在30个月后进入世界上（几乎）所有的国家/地区。提交国际申请时，需花费几千欧元，而在30个月后，才需要在选定的要获得专利保护的国家支付相关费用。原则上来说，也可以在花费很少的条件下向德国专利商标局提交专利申请，依据《**保护工业产权巴黎公约**》（WIPO，2019e），申请人最迟可在 12 个月后自由选择向其他各国家提交所谓的后续申请，并享受第一申请的申请日期（"优先权"）。但通过这种途径申请专利，意味着 12 个月后就得缴纳所有国际费用（详见图 2.1 中的时间轴）。

除了上述国际条约规定的申请途径，还可采取一些策略加速或延迟专利局的审查程序——第 1 章第 1.3.6 节对这些策略进行了更加详细的说明。

相关费用：
- 翻译费
- 官费
- 当地律师费

（月）
0　　　　12
提交本国申请　　提交海外申请

（a）《保护工业产权巴黎公约》途径

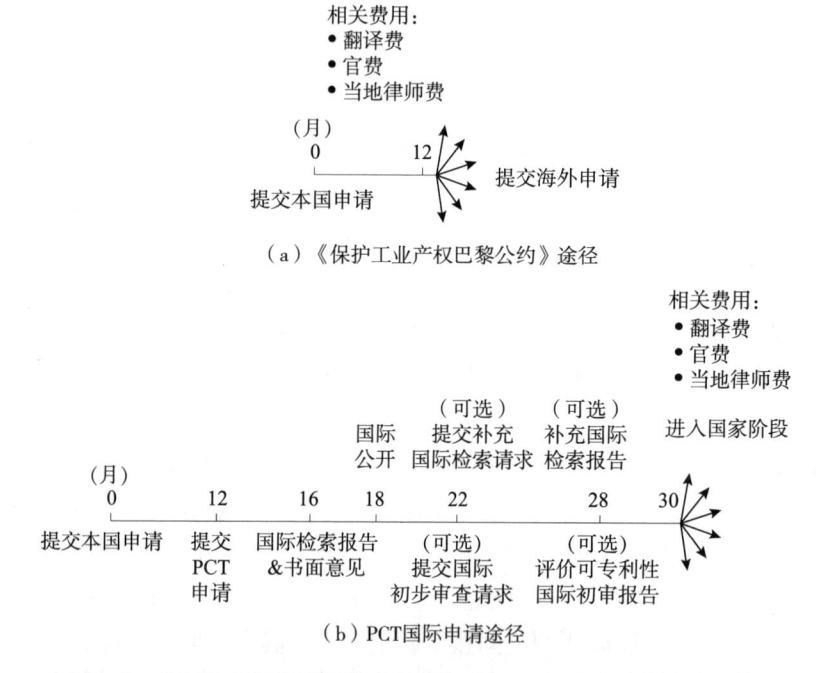

相关费用：
- 翻译费
- 官费
- 当地律师费

（月）　　　　　　　　　　　　　　（可选）　（可选）
　　　　　　　　　　　国际　提交补充　补充国际　进入国家阶段
　　　　　　　　　　　公开　国际检索　检索报告
　　　　　　　　　　　　　　请求
0　　12　　　16　　　18　　22　　　　28　　30
提交本国申请　提交　国际检索报告　（可选）　（可选）
　　　　　　PCT　　&书面意见　提交国际　评价可专利性
　　　　　　申请　　　　　　　初步审查请求　国际初审报告

（b）PCT 国际申请途径

图 2.1　向国外申请专利的基本申请途径和 PCT 国际申请的时间轴

2.2.4　具体来说，应如何确保自由实施？

通过以下工作流程，可以在某种程度上确保您的产品/服务不落入第三方知识产权的保护范围（不侵犯第三方专利权）。

（1）首先您必须确定产品/服务的**核心特征**，然后进行**自由实施检索**。要想在节约成本的同时完成高质量的自由实施检索，至关重要的是明确产品/服务的开发基础（可能涉及专利），还要清楚产品/服务中添加了哪些影响其功能、适销性或商业模式的核心特征；至少要请专利检索方面的专家对这些核心特征进行彻底检索，或许您还能借此发掘出相关的技术方案或发现潜在的竞争对手。

（2）接下来，就要和专利律师一起**分析检索结果**了，必要时还可进一步寻求专业意见。自由实施检索通常不提供**对法律环境的评估**。因此，为了保证结论的可靠性，专利律师和初创企业的专家应该进行深入的分析和讨论。这样做的原因在于：一方面，专利保护范围的分析在技术和法律层面都具有一定难度；另一方面，还有很多其他的问题需要考虑，例如有关专利的先用权或专利的缺陷（由此可能导致专利权的不稳定性），或者专利存在权属问题。此外，在发现侵权风险时，应设法规避专利侵权——这一点或许可以通过对产品的细微修改来实现（规避设计）。

（3）最后，必须对与企业名称或产品名称相似的商标进行检索调查，避免造成侵权。很多时候我们会发现在相关的商品和服务类别中存在第三方商标，这些商标可能会在法律上与初创企业的产品名称或公司名称发生冲突。但商标所有人也可能根本不会在初创企业的商业经营领域使用或需要相应商标，通常可以通过与商标所有人签订所谓的商标共存协议轻松解决问题。另一种方法是及早对企业/产品进行重新命名，以便尽早在市场上确立有效名称，并尽快为其注册商标。

2.2.5 要点回顾：对企业创始人来说知识产权最重要的三个方面

创始人应该从一开始就为资本退出时所需的"知识产权尽职调查"做好思想准备，确保达到以下最低标准：
- 拥有至少能保护自己产品的知识产权；
- 明确知识产权的发明人权利及知识产权的所有权；
- 至少要在一定程度上注重自由实施检索。

2.3 针对知识产权存在哪些误区？

2.3.1 专利产品能否顺利上市？

对专利权人来说，其专利的效力仅限于对第三方的**禁止权**，而并不意味着其有权使用自己专利所保护的对象（使用权）。每项专利都有可能依赖于某些在先专利。

案例 2-1

C公司在2005年获得一项专利，涉及由某种特别耐用的材料制成的网球。L公司在2010年获得了一项带有荧光涂层的网球专利，该网球可以在暮光中使用。C公司可以阻止L公司（和其他任何主体）制造或销售由上述耐用材料制成的网球，L公司则可以阻止C公司（和其他任何主体）制造或销售带有上述荧光涂层的网球。

因此，只要上述带有荧光涂层的网球还应用了第三方的在先发明专利技术，L公司原则上就不能使用自己的发明专利。

2.3.2 知识产权保护的主要陷阱（医疗领域为例）

至少在德国乃至整个欧洲，专利保护的最低要求是所保护的对象需要有技术内容，因而商业模式本身并不在专利保护范围之内。不过，对于许多商业模式来说，多少都会包含一些技术层面的东西，可能是产品/服务本身，也可能是在相关数据处理方面，比如某种应用程序，甚至可以是拥有创新通信渠道或数据加密方式的支付系统。

医疗技术领域的初创企业，尤其在德国和欧洲其他国家，往往面临一个额外的问题：许多医疗方法被排除在专利保护范围之外。根据《欧洲专利公约》第53条(c)项规定，"通过手术或治疗对人体或动物体进行治疗的方法以及对人体或动物体施行的诊断方法"不具备可专利性。但是，对手术和诊断工具或材料（包括用于上述方法的工具/材料）可以申请专利保护。

2.3.3 通过"知识产权尽职调查"发现薄弱环节

进行知识产权尽职调查的人或组织应该以此为目标：通过可靠、透彻且具备法律严谨性的方式调查清楚公司的知识产权状况。知识产权尽职调查主要涵盖以下几个方面：

- 公司对知识产权（商标、外观设计、专利）的认识。
- 自身知识产权的形式及状况（权利保护是否有效，专利申请是否已获授权，或还是仍在审查或异议程序中；公司是否意识到其知识产权存在缺陷，例如，有抵触申请未被专利局检索到；知识产权属于谁或从何而来）。
- 知识产权的基本内容特征（相关知识产权是否能够保护公司现有或计划要生产的产品；是否被拥有许可或在先使用权的第三方使用，或干脆被第三方侵权）。
- 是否已知对第三方知识产权构成侵权，是否进行了自由实施检索，其检索结果如何。
- 是否存在许可协议，是否需要支付许可费。

初创企业在成立之时就应考虑到以上要点，这样才能在资本退出时获得"知识产权尽职调查"的最好结果。

2.4 "影标"（SceneMark）平台－案例分析

案例 2-2

"影标"：电影信息平台

"影标"涉及一个在移动设备上运行的程序，该程序能够在用户观看电影时捕捉用户数据。电影开始时，用户输入电影标题，程序会随即从数据库找到电影的时长。用户在开始播放电影以及每次暂停播放时都按下某个键，在影片中遇到特别有趣或重要的情节也按下某个键。此外，程序可能还会要求用户用按键标记影片中过于残忍或令人不适的镜头。这些不同镜头的时间定位都会链接到电影中并被存储在数据库里。该数据可供更多用户使用，为此，这些用户须支付使用费或通过他们自己对电影作"标记"的方式获得使用费。

第一种可能的商业模式：收集影片中重要或令人不适的镜头的相应标记信息，再将信息低价出售给后来的用户。根据该信息，用户有其他事情要做时，也可以看到自己是否会在影片接下来的几分钟里错过什么。除此之外，父母还可以查看影片中是否存在少儿不宜的镜头，以及这些镜头出现的时间。

第二种可能的商业模式：将相应的标记信息，尤其是被众多用户重复标记的信息，提供给电影制作人。制作人可以充分利用这些有趣的时间节点，比方说，自动生成预告片。

- **保护可能性分析**：即便没有采取措施防止第三方盗用，移动设备程序的程序代码至少在没有使用开源软件的前提下是享有著作权保护的（若使用了开源软件，则适用开源许可条例）。然而，这种著作权保护只禁止对代码的 1∶1 复制，而不会禁止模仿编程的代码——后者通常不难实现。从原则上来说，对于存储过程中生成的数据结构也可以进行专利保护，通过影片标记创建出来的数据库同样可以受到专利保护。

- **其他技术方面**：当然也可考虑使用其他技术方案，例如通过测量观影人的生理数据来找出并标记影片的趣味性镜头，这样的构思可能更有吸引力。比方说，可以跟观影人的健身追踪器建立数据连接，或是通过指环测量脉搏、皮肤水分含量等。这样就可以省去用户录入数据的麻烦，轻松实现数据采集的客观化和自动化，而且还会用到一些有良好专利前景的特征。通过传感器技术收集测量值，在预先设定的总运行时间内，利用时间标识对数据进行评估、分类和存储——若将这一方案作为方法类专利进行申请，是很有授权前景的。撰写专利申请文件时，也可以对手动输入数据和传感器采集数据的可能性加以概述或者抽象化处理，这样一来，在专利局的审查过程中，就能通过与审查员的讨论来确定保护范围能延伸到某种程度。用来禁止未授权使用数据的数据加密方式可以用方法类专利来保护。同理，用户标记影片后给予报酬的方式及允许用户使用他人标记过的影片的方式也可以用方法专利来保护。此外，移动设备与外接传感器、时间轴或数据库的组合可以作为一个系统受到专利保护。

- **第一种附加商业模式**：现在我们来看看商业模式变化可能导致的对专利申请的修改：如果重点不是或不仅仅是供观影人使用，还要供电影制片人用来制作电影剪辑，那么统计评估工作可能就比单纯标记有趣的镜头更有意义（比如有多少观影人觉得某个镜头有趣，哪些镜头被最多观影人标记为有趣）。因此，可以为制片人提供相应的统计评估数据。在这种情况下，肯定要对方法类专利的申请文本作一定修改，将对不同观影人所标数据加以关联的方法写入专利申请文件。

- **第二种附加商业模式**：可以将一位观影人所作的标记与其他观影人的标记关联起来并评估其相关性。以此为基础，就可以向用户推荐更多影片（或其他产品）。这种商业模式的目标客户通常是电影流媒体服务的供应商或流媒体商店。包括标记记录和影片推荐在内的整个过程都可以作为方法类专利获得保护。可以购买或预订一个有记忆点的域名，以此建立网站来上传收集到的数据。此外，还可考虑对相关服务进行商标保护，将产品名称"SceneMark"（在尚未被他人注册的前提下）注册为文字商标，或者突出"SceneMark"这一名称，以文字与图形的组合方式进行注册。若想获取外观设计保护，可以考虑以下方式：一方面，可以对数据记录设备的传感器外形和颜色设计进行保护；另一方面，对设备在运行程序时所显示的"感观"内容，或是屏幕上显示的各种符号/图标，都可用外观设计来保护。但需要注意的是，无论是外观设计保护、著作权保护、图形商标保护、3D 商标保护还是竞争法所规定的补充保护，都与申请对象的实际设计密切相关，其可识别变体可能不在保护范围之内。

2.5 为医疗技术初创企业"糖光"（SugarLight）制定知识产权保护战略

2.5.1 库存和技术杠杆

此处举例的初创企业"糖光"脱胎于某大学生物物理研究所的科研活动。

该企业致力于生产一种无创血糖检测仪。这种仪器可以采集血液样本,并在试纸上进行化学测试,以此取代现有的检测方法。如果仪器的准确性和可靠性达标的话,众多糖尿病患者就能过上更加轻松便捷的生活,因而这种检测仪具有巨大的市场潜力,也吸引来许多人进行各种各样的试验(包括用于无创血糖检测的光谱分析法),但大多数试验都因为技术原因以失败告终。可想而知,一旦发现并掌握了正确的技术,就相当于拿到了成功的钥匙。因此,如果可以开发出有效的技术解决方案并对此实现垄断,就能通过强大的技术杠杆获得极为突出的竞争优势。

我们讨论的这一案例中,相关技术的基本功能(中红外区热光光谱)已能够在某大学的实验室环境下实现,为此该大学也已经申请了一项基础专利。这家初创企业脱胎于该大学的研究所的科研活动,最初便与该大学签订了许可协议,可以独家使用上述基础专利(此项专利由德国专利商标局授权)。另外,该大学还提交了一个PCT申请,出于慎重考虑该申请指定了所有的《专利合作条约》成员国。该大学原本计划对PCT申请进行分案,将其中一项仅涉及血糖水平测量技术的分案申请转让给初创企业,而原申请仍由该大学保留。

随后该大学得知,PCT申请在国际阶段无法进行分案,即便在后续国家阶段分案也无益处,因为分案必须被反映在不同的权利要求中,而各分案申请叠加起来的保护范围还不如基础专利。而且,其很快意识到,上述初创企业希望让PCT申请进入大量的国家/地区,这对该大学来说也不切合实际。

因此,该大学同意将全部知识产权转让给上述初创企业以换取对价。上述初创企业因而拥有了基础专利,其中一部分申请已在德国获得授权,而另一部分则仍在专利审查和授权程序中,还可以对其作进一步修改。

2.5.2 基本战略定位

初创企业的基本战略定位应该围绕最大限度地利用知识产权(特别是专利)杠杆来确保其产品的排他性,为此企业设定了以下具体目标。

- 进一步**提升**企业自身的**知识产权地位**,为此**测试**其技术在**实施**和应用上的各种可能性,并尽量对各种情形下的**应对方案**进行**保护**。

比如,技术针对的是体液分析,可以尝试使用该技术测量某种物质或成分在皮肤不同深度下的浓度分布。因此,这项技术也可以应用于其他领域,比如化妆品行业的皮肤测试。

- 进一步**开发技术**,探索、保护**相似技术方案**。

比方说,企业可以与激光器制造商合作,进一步开发其光谱检测技术所需的量子级联激光器,继续探索该检测技术的可能效果,以及开发用于光谱检测的其他传感器技术方案。初创企业应尽可能保证上述开发成果归其所有，或者至少能为己所用。在进一步开发激光器的过程中，激光器制造商自然也希望成为知识产权的拥有者，进而将其投入生产。在这种情况下，初创企业或许可以跟制造商协商，拿到专利许可证，这样就能从其他制造商订购依据该发明生产的激光器，或自行生产激光器。再打个比方，初创企业还可参与设计由多个具有固定波长的激光器组成的激光器阵列，并发明出光谱检测阵列所需最佳波长的选取方法。若以此提交专利申请，初创企业便可能获得激光阵列专利。

- **保护该技术的其他相关用途**（例如检测其他物质），**开发新商机**。

举例来说，我们考虑的相关用途可以包括：用该技术检测透析过程中血液的质量、测量血液成分的一般实验室数值、检测食品成分等。

2.5.3 专利申请的区域分布、申请途径和审查过程中的一般策略

通过**正确选取目标国**来加强自己的知识产权地位，对企业来说同样很重要。为此，企业应把重点放在拥有大量检测仪器终端用户或仪器供应商的国家。最该列入候选名单的，就是**国内生产总值较高**且**显然拥有大量糖尿病患者**的国家或地区，如美国、加拿大、墨西哥、巴西、中国、欧洲等。再根据企业自身的财务状况，最终从候选名单中选择那些具备完善专利体系和司法体系的国家。

接下来，在由大学在提交第一申请后提交的随后申请公开之前，企业又提交了两件 PCT 申请，其中包含了**对基础发明的所有看似合理的改进**。撰写申请文件时，将每种改进与发明的基础构想逐一进行组合，这样一件申请中就并行出现了许多技术的改进方案，所有的这些方案都具备授权前景。再下一步，针对最具前景的方案在欧洲和美国收到专利授权通知。这一步一经完成，就提交了若干**分案申请**，从而为原申请中的其他方案也谋求专利保护——这些方案先前都已经在说明书或从属权利要求中披露过。由于递交原申请时企业也并不太清楚哪些方案最具发展前景，因此提交分案申请的价值在于可以充分利用专利局审查程序的各种时限，为企业争取到时间来找出最佳技术方案，从而有针对性地对其进行专利保护。

为了能**快速地在欧洲专利局获得第一件授权**，可选择与**审查员进行会晤**，以此了解审查员对授权范围的想法。

有一件**美国专利申请是通过所谓的"优先审查"程序**进行的，即在满足一定条件后，美国专利商标局在收到申请人的请求和支付的相应费用后，为分案申请提供了特别快速的审查程序。这件美国申请在提交申请后不到 1 年的时间里就获得了授权。

与此同时，相应的美国母案申请并未加速，而是走了正常的审查程序。通过这种延迟可补充和完善保护范围，并使之获得专利授权。

针对专利申请内容可采取这样一个基本策略：将尚未实施但从专业人员角度看可能实施的**内容**写入申请，并让审查员感觉相关描述合理可信，也就是说，没必要证明申请所披露的技术方案都已经在实践中实施过。

比方说，这家初创企业就将相关检测方法用于对连续光谱的测量，并且使用造价较为昂贵的可调谐量子级联激光器来记录连续光谱。可以想见，如果只测量一些离散波长，就可以选择性地用这些波长来覆盖光谱中的重要部分。自然，这都能通过可调谐量子级联激光器来完成。然而，可能还有一种性价比更高的方案——将一些造价低廉的固定波长激光器组合成所谓的"阵列"以替代可调谐量子级联激光器，这样就可以进行低成本生产。于是，作为一种与将量子级联激光器用于测量光谱的并行方案，使用激光阵列测量光谱的技术方案也在专利申请的说明书和权利要求书中得到记载。如果随后证实使用激光阵列的确具备成本优势，企业就可以在审查过程中按照这个方向对专利申请进行修改。当然，这种修改不能超出专利申请的最初内容范围。假如这一申请最终获得了授权，即便初创企业自己会使用另一种设备（可调谐量子级联激光器）进行测量，授权专利也能阻止其竞争对手使用激光阵列的测量方式。

2.5.4 值得考虑的专利保护对象

在确定其专利保护的目标方向时，初创企业根据上述标准决定对以下发展领域进行定期检查，看看是否存在可申请专利的新构想：

- **机械**：装置框架、光学晶体、激光激发装置。
- **光学**：光学集成、光学校正、激光设置、温度控制。
- 生物物理学及从光谱中**提取生理数据**。
- **软件**、数据处理、数据准备、云使用、数据传输、人机接口。
- **操作装置**，机壳。

值得注意的是，最复杂的技术方案并不一定能获得最强大的专利。

举例来说，血糖检测仪显然应该尽量**缩小尺寸**，最终实现让使用者将仪器戴在手腕上，这就对机壳提出了一定的要求（暂且假设检测设备可以装进这么小的机壳中）；企业已在其第一批提交的专利申请中对这些要求进行了记载。如果第一批申请能够得到授权，这类**机壳设计**就可以获得保护，而且其优点是**机壳的保护**可**不受测量方法是否获得授权的影响**。在我们所举的这个例子中，可穿戴设备的测量表面必须朝外，即离开患者身体的朝向，这一点与现有的脉搏监测器不同：血糖仪无法在其本身贴靠的手腕部位测量血糖，而是必须将另一只手的一根手指置于测量表面之上。

企业还在其专利申请中描述了**该血糖检测仪的未来客户和用户**可能享受到的**优势**，比如基于血糖测量值直接**控制胰岛素泵**，以及识别**菜谱**和食物的糖分值等。仪器可与具备医疗、管理和数据保护功能的**云端连接**，这方面的优势也在专利申请中得到了体现。

2.5.5　知识产权保护类型

原则上来说，这家初创企业考虑了以下所有类型的知识产权：专利、实用新型、外观设计、商标和技术秘密/商业秘密。最初，为了防止其他公司使用相同的名称或注册与自己相同/相似的商标，企业就为"SugarLight"申请了**商标**（准确地说是文字商标和文字-图形商标）。但直到创造出可以量产的产品，准备将其大规模投入生产时，企业才申请了**外观设计**专利。

为了保护**商业秘密和业务秘密**，建议仅在"必要知晓"的范围内向员工授予开发和测试结果的访问权限，为第三方设置访问障碍，并为自己的员工提供适当的保密培训。同时，对专有技术和商业秘密的保护条款也应被写入合作协议。

建立知识产权组合的程序错综复杂，还需要一定的战略决策。

由于知识产权预算有限，因此通过使用 PCT 申请途径，至少有一部分的审查费用可推迟 30 个月支付。30 个月之后，申请进入国家阶段后才会在各相关国家产生知识产权审查费。同时，为了保持低成本，须严格限制首次申请的数量，因此，每一个首次申请的内容量都非常大，以便能够在递交之后有必要时进行分案，然后通过追加分案申请费来对这些申请记载的技术方案进行保护。这样就保留了根据企业即时财务状况作出灵活反应的可能性。

尽管如此，如上所述，关键的知识产权仍然需要得到快速授权，以便向投资者证明这些关键技术在欧洲和美国已获得专利保护。

2.5.6　在合同谈判中争取企业利益

这家初创企业决定，无论在任何情况下，都要将与产品相关的知识产权攥在自己手中。这一决定最初体现在与大学就**基本知识产权的归属问题**进行的谈判中。为了拥有基础专利，企业宁愿承担巨大的财务负担。同样，在**与顾问及合作伙伴**的合作中，初创企业也始终小心谨慎，确保可能产生的**知识产权将归属于自己**——在某些情况下，企业甚至以此作为选择合作伙伴的条件（比如，在决定与谁来签订原型开发合同和新传感器开发合同的时候）。

为了实现这一目标，企业从一开始就要求员工严格遵守德国**雇员发明法**

的限制条件（详见第 3 章）。在发明创造成功的情况下，企业打算尽可能满足员工的奖励要求。这样的奖励政策对投资者来说也非常简单明了。

企业还通过签署股东协议的方式，**确保股东对技术方案的贡献**归属于企业。股东往往对企业当前的技术问题有着详细的了解，他们很有可能会提出有用或非常有用的构想，而此类构想绝不可被忽视。企业必须无条件地对此类技术贡献拥有自由使用权，并应在其具备一定价值的情况下对其申请保护。

考虑到股东通常还与其他企业保持关系，或是在其他企业担任职务，必须谨慎对待股东提出的新构想，既要确保其自由处置自己构想的权利，又要尽量争取股东将其相关权利**无偿转让给初创企业**。

在该案例中，初创企业的股东包括几位物理学家、工程师和计算机科学家，因此股东，尤其是企业创始人极有可能为企业贡献解决技术问题的新创意。

2.5.7 专利工作的原则

案例中的初创企业在启动阶段具备下列有利条件：
- 基于相同技术的竞争产品尚不存在；
- 只有少数人在研究如何利用类似的检测原理；
- 企业对科技界的竞争对手已有部分细节性的了解。

从公开发表的科技文章中，企业可以初步了解到其潜在竞争对手的发展状况。此外，企业还可以在网上搜索已知竞争对手的现有专利申请。

下一步是订阅网络搜索引擎中的各种"警报"，这类"警报"会自动提示对此项技术或类似技术的最新提及情况；企业再对相关信息的来源逐一追踪，搜索结果也会涉及专利和专利申请。

为获得更高质量的检索结果，企业还委托了瑞士联邦知识产权局的检索服务部门进行检索（IGE，2019）。企业向检索人员展示并解释了检测设备的设计图纸，检索人员据此进行了专利检索，并将检索到的几个结果提供给企业。在此基础上，企业才能确定该检测仪的当前设计是否会侵犯第三方的有效专利。

上述检索和分析应在产品开发的不同阶段反复进行。需要记住的是：
- 检索人员无法百分之百地保证找到第三方的所有相关专利；
- 在通常情况下，专利申请在申请日之后 18 个月才会公开。

2.5.8 知识产权管理原则

初创企业糖光非常重视**知识产权组合**，这有助于增强**投资者**的信心。对于一些投资者来说，一个企业正在谋求或已经获得专利授权甚至可以成为作出投资决定的依据。正因如此，对于糖光来说至关重要的是：成为**知识产权所有者**并以**开发合同**确保实现这一点。此外，还应尽可能使股东的**技术贡献**归属于**企业**。企业应该持续**监控**整个技术**开发过程，以便**尽早**确定值得进行知识产权保护**的技术构思，并在必要时采取有效措施对其进行保护。当然，初创企业也必须做好准备，应对可能的**资本退出**。糖光从第一天起就在其发展计划中考虑到了这一情况。

3

发明人法的基本原则及其与初创企业的关联

彼得·卡格（Peter Karge）[*]

3.1 引 言

有关雇员的工作成果分配，尤其是雇员发明法，在不同的国家**差异很大**，某些国家的相关法律更是十分复杂。值得关注的是，至少在**欧盟内部**还未看到要统一相关法律规定的努力。

德国雇员发明法就存在不少陷阱。本章附件（第3.4节）提供了一些示范模板，旨在引起读者对这个话题的关注，尤其是那些德国境外的投资者。本章的主要目的在于为年轻企业作一个初步概述，介绍德国雇员发明法的框架结构、相关风险和问题所在，以及潜在机遇和创新自由。此外，本章还对其他国家的法律现状作了高度概括。雇员发明法对初创企业起草合同十分重要，本书第6章第6.2.7节也提到了这个问题。

然而，本章节内容难以做到面面俱到，因为仅对介绍德国法律而言就需要详细了解许多具体案例。所以，读者在遇到具体问题时，最好考虑向相关国家精通发明人法的专家咨询对策。

---

[*] 彼得·卡格，专利律师，西门子公司柏林专利部前负责人。

3.2 德国雇员发明法

3.2.1 简 介

德国雇员发明法于 1957 年 7 月 25 日生效，对雇员的发明作了非常详细的规定，但也在某些方面带来了非常沉重的管理负担。

60 多年来，该法没有重大修改，其**基本制度维持不变**。该法经历的两次修改包括：①在 **2001** 年，对**大学**在职人员的发明规定进行了根本性**改革**；②在 **2009** 年，修改了雇员发明权转让给雇主（所谓的发明权转让要求）的程序，并对现代通信方式（如电子邮件、传真）作了调整。

从**该法的结构**可以看出，其目的是消除德国劳动法总则（所有工作成果均属于雇主）与德国专利法特别条款（即最初发明权和专利权属于发明人）之间的冲突。法律给出的解决办法是：**雇主原则上可以将所谓的雇员职务发明的权利转让给自己**。雇主完全可以自由决定是否进行上述权利转让，雇员对此没有发言权。然而，让身为发明者的员工参与决策过程对企业文化非常有益，尤其是在小公司和初创企业中。

如果雇主决定将雇员发明的权利转让给自己，那么雇主需要承担大量义务，包括雇员向雇主索要的相应补偿。这里有一项原则是，雇员应参与分享其职务发明为雇主带来的经济利益，由此。**德国雇员发明法**就是为**消除劳动法原则**与**发明法**规定的权利之间的**冲突**而设计的**解决方案**，并对雇佣关系双方，尤其是对雇员的权益，起到保护作用。与此相应，该法包含许多不得偏离或至少不得从根本上总体偏离的强制性规定。特别要提到的是，德国雇员发明法禁止对尚未报告的职务发明预先作出其他规定。例如，如果雇佣合同中有偏离德国雇员发明法的条款，对雇员产生了不利影响，那么即使雇主因此向雇员提供了额外的大笔钱财或其他福利，这样的雇佣合同条款也是无效的。

相比之下，德国之外只有少数几个国家有类似的详细且有利于发明人的法律规定，例如**奥地利**和**土耳其**。与此同时，**中国**也制定了更加复杂的员工发明法规——这里值得关注的还有，这些法规还适用于外观设计。相比之下，**韩国**等其他国家只对员工发明权作了初步规定；**加拿大**和**美国**没有对雇员发明法作出特别规定。在这些国家，发明权的分配通常已经在雇佣协议的框架内进行了规范，但以奖金或其他形式对认可的发明进行奖励也很常见。

对于欧盟成员国来说，适用于相关雇佣关系的国家法律（所谓的雇佣法令）原则上也应适用于雇员发明所适用的法律。适用法律不可自由选择，而应受《罗马条例Ⅰ》❶的规定约束，即法律的选择不得导致某国（例如德国）雇员被剥夺在不作法律选择而适用雇员发明法情况下所获的保护。❷

3.2.2 适用范围

私营单位雇员的发明（及技术改进建议）受德国雇员发明法约束（参见德国雇员发明法第1条）。

3.2.2.1 实质性适用范围

德国雇员发明法**仅**适用于**技术发明**——其本质上必须具有可专利性或符合获得实用新型保护的前提条件（德国雇员发明法第1条）。该法也提到，技术改进建议原则上可按照企业建议的条例或奖励条例处理。根据德国雇员发明法第20条第1款，只有**合格的技术改进建议**才能像知识产权一样为雇主带来竞争优势。然而符合该条款的案例在实际情况中极为罕见。

需要注意的是，即使雇主和雇员对发明是否具**有可专利性或对实用新型是否有可保护性存在疑虑**或争议，德国雇员发明法也同样适用。就其性质而言，只要是涉及原则上具有可专利性或具有实用新型可保护性的发明，而非例如按德国专利法第1条第3款不属于发明的情况，就已经可以适用德国雇员发明法了。

> **提示**
> 对发明或实用新型是否具有可保护性存在疑虑并不影响德国雇员发明法的适用。

这意味着哪怕对发明可专利性或实用新型可保护性的前提存在质疑，雇主原则上也必须履行其德国雇员发明法规定的义务，否则员工有权要求雇主赔偿损失。

3.2.2.2 人员范围

德国雇员发明法**仅规定了雇佣关系（即雇主和雇员）下雇佣合同当事人**之间的关系。德国雇员发明法第1条涵盖了私营企业和国有企业的雇员、公务员以及军人。后文仅涉及私营企业的雇员。**德国雇员发明法仅**适用于**雇佣关系受德国法律**（参见上文，即雇佣法规）约束的情况。雇佣关系的正式存在至关重要，因此工作的中断（例如由于疾病、假期）无关紧要。德国雇员发明

---

❶ 一项管理欧盟法律选择的法规，该条例适用于除丹麦以外的所有欧盟成员国。
❷ 参见 Bartenbach/Volz, KommArbnErfG, 6th ed. Section 1 Marg. 32。

法与德国劳动法中定义的**雇员概念**相关。判断雇员身份的主要标准是他有义务根据私法下的雇佣合同在个人依赖他人的情况下执行受指令约束的**工作**，参见德国民法典第 611a 条第 1 款第一句。❶ 因此，根据德国雇员发明法，在非独立的岗位工作的学生也被视为雇员，不能在劳动合同中对其差别对待，而应取决于其实际工作情况。

尽管雇佣关系的存在原则上体现于书面劳动合同，但如果一个人依照雇主的计划和意愿根据工作指令和外部工作安排付出劳动并与雇主存在依赖关系（例如被支付了相应的工资），那么可以认为此人与雇主间存在雇佣关系。如果雇佣合同中将德国雇员发明法下的权利和义务改为对员工不利的条款，则该合同通常无效（德国雇员发明法第 22 条第一句）。

> **提示**
>
> 自由职业和雇佣关系往往不易区分（例如实习生或博士生这类情况），因此从雇员发明法的角度来看，如果没有雇佣关系，在任何情况下都建议对发明权制定明确的规定（参见下文）。

临时人员

相关特殊情况适用于根据德国临时就业法（AÜG）制定的临时人员许可规定。德国临时就业法第 11 条第 7 款是一项针对雇员发明的特殊规定，它例外地偏离了德国雇员发明法规定的雇员与雇主之间法律关系的原则。被租雇员的雇主仍然是雇员的出借方，但德国临时就业法第 11 条第 7 款规定租用人（即临时雇用租赁人员的企业）被视为发明法所指的雇主。这意味着在临时雇员和雇员临时工作的公司之间产生了相关权利和义务。这点下文会详细解释。

总经理、执行机构成员

德国雇员发明法不适用于执行机构的成员（例如**有限责任公司的总经理、股份公司的管理委员会成员**）和股东，因为他们没有雇员身份。❷ 对可能来自该群体以及自由职业者或自由职业服务提供者的发明，从根本上就可以采取与德国雇员发明法完全不同的方式管理。

---

❶ 参见 Bundestagsdrucksache 18/9232 of 20 July 2017 – Legal definition of the employment contract.

❷ OLG Düsseldorf, Mitt. 2014, 337 – *Rapssaatenschälung*; OLG Frankfurt, GRUR – RR 2017, 294 – *Transportfahrzeuge*.

> **提示**
>
> 针对不属于德国雇员发明法适用范围的人员（总经理、自由职业者、自由发明人），建议在其聘用合同（常务经理）或合同协议（自由职业者）中从根本上对发明作出明确、全面的规定。

> **提示**
>
> 从公司的角度看，对上述人员一律适用或一律不适用德国雇员发明法都是不可取的，因为这也牵涉到雇员发明法下的所有义务（后文会解释），而其中某些义务可能存在争议或涉及较重的管理负担。

3.2.3 职务发明和自由发明

德国雇员发明法仅区分**两类发明**，即**受约束发明（职务发明）**和**自由发明**（参见德国雇员发明法第 4 条第 1 款）。

职务发明是在正式**受雇期间作出的发明**，并且符合以下两个标准之一：

第一，发明源于员工在公司的**本职工作**，也就是**义务发明**（参见德国雇员发明法第 4 条第 2 款第 1 项）；第二，发明**主要基于公司的经验或工作**，该**发明**也叫作**经验发明**（参见德国雇员发明法第 4 条第 2 款第 2 项）。

所有其他的员工发明都是**自由发明**。德国雇员发明法还对自由发明规定了相关**义务**和**限制**（参见德国雇员发明法第 18 条、第 19 条）。例如，在雇佣关系期间作出自由发明的员工必须立即**以文本形式通知**雇主。在此通知中，发明人必须充分提供有关发明的信息，必要时还须提供有关其创造过程的信息，以使雇主能够评估该发明是否为自由发明。

> **提示**
>
> **旧版德国雇员发明法**适用于在 **2009 年 10 月 1 日之前已报告或已通知**的发明。根据德国雇员发明法的规定，有关发明的报告或通知必须以**书面形式**完成。书面形式还意味着该文件必须由签字人亲笔签名。

自收到员工发明的通知后，如果雇主认为它不是自由发明，而是职务发明，那么雇主将有 3 个月的时间以书面形式进行质疑。如果他错过了这个期限，他就不能再将发明主张为职务发明。

如果员工发明明显与公司业务领域无关，那么就无须履行上报发明的义务。对于小公司或初创企业的职务发明人来说，这种评估可能相对容易；在公司结构比较复杂的情况下，单个员工可能并不清楚公司的全部业务领域。为了防止产生疑问或纠纷，建议员工将被推定为"自由"的发明告知其雇主。

在雇员任职期间，如果他的自由发明与雇主现有业务或计划中的业务领域产生交集，那么他必须在适当条件下给予雇主非独占性地**使用其自由发明的权利**。雇员可以在依据德国雇员发明法第18条报告自由发明的同时提出此类建议。同样地，雇主可以考虑3个月。如果他自收到员工报告起的3个月内都没有接受使用员工发明的提议，那么他的优先使用权则会失效。

员工发明是否为职务发明的问题对于雇主来说也尤其重要，因为它决定了雇主能够在多大程度上将该发明的所有权利转给自己（要求转让）。

在此，决定性的标准首先是**发明是在"工作期间"**完成的。从形式上讲，**这段时间从雇佣关系**合法**开始到雇佣关系合法终止**。重要的是专利法意义上完成发明的时间点，即本领域技术人员必须能够验证该发明的时候。至于发明是**在上班时间还是在休息时间**完成这并**不重要**，因此，发明人是在节假日、业余时间还是在休假期间作出（完成）发明是无关紧要的。

如果在发明完成之前，雇主和雇员**解除了雇佣关系**，那么其后完成的发明不构成原用人单位的职务发明。与此相关的一些证据问题，特别是涉及发明是否在员工离开公司之前就已经完成的问题，在实践中是极难证实的。因此，建议雇主通过实验室文档、报告书等方式记录员工的研发动态——这尤其适合以知识产权为主要资产的公司。

提示

德国雇员发明法第4条的前提条件是存在（正式）雇佣关系，而不在于雇员是否处在工作时间。

建议

在知识产权作为主要资产的公司中，建议公司定期**记录员工**的**工作成果**，并检查其中是否可能包含**发明**。

如果雇员通过其雇佣合同或通过其雇主（或通过雇主代言人，例如雇员的上级）的指示直接或间接地接受了**某些研究或开发任务**，并且发明源于这些工作任务，则此发明构成义务发明。雇员承担的工作任务取决于他在公司的实际职位以及按雇主的指示分配给他的具体工作和职责。在这种情况下，员工

的职位越高，其工作和职责范围就越广。

要将一项发明归于**经验发明**类别，则该发明必须在**实质上是基于公司**的**经验**或**工作**实现的。公司的经验和工作，也称为内部现有技术，必须是发明的**原因**，并且对完成发明贡献很大。

因此，起决定作用的是初创企业掌握哪些技术知识以及发明人是否可以使用这些知识。仅仅提供辅助工具或操作设备还不足以完成经验发明。

3.2.3.1 职务发明/报告义务

如果雇员作出了职务发明，那么他有义务**通过发明报告及时**向雇主汇报。德国雇员发明法对这种发明报告的形式和内容也提出了较高的要求，因为雇主收到发明报告这一事实会引发重要的法律后果。出于这个原因，发明报告必须确保雇主清楚地知道一项发明是否符合德国雇员发明法第 4 条第 2 款（职务发明）的条件。对发明所**涉及的情况**和参与**人员**必须以明确的方式进行披露，让雇主可以**评估发明**，并就**是否要求转让或放弃**该发明作出有根据的**决定**（参见第 3.2.3.2 节）。发明报告还具有对雇主进行告知和警示的功能。为此，法律规定必须**单独**提交发明报告，并且必须以某种方式清楚地标明，以使雇主**意识到**这是一项**发明报告**。雇主应该意识到发明报告告知的并非一般的工作成果，而是可能有条件获得知识产权保护的工作成果，它有特殊的法律效应以及特定的截止日期。

雇员必须**向他本人的**雇主报告其职务发明。由此可见，如果一项发明有多位发明人且他们就职于不同的公司，某位雇员发明人向另一雇主（例如另一位发明人的雇主）报告发明是不够的。**同一雇主的多个共同**发明人可以共同向其**雇主报告**其发明。该雇主一旦收到发明报告，就必须立即分别向各发明人确认收到发明报告。

根据 **2009 年修订的新版德国雇员发明法**，从 2009 年 10 月 1 日起，可以采用书面形式报告发明。书面报告文本应满足的要求是：能用作证明文件或适合长期复制（例如，通过传真或电子邮件提交）；列出相关人员（发明人）；能看出是发明报告。因此，发明报告的电子传输现在也具有法律效力。雇主不得提出任何比上述发明报告文本要求更严格的要求。然而，对于 2009 年 10 月 1 日之前收到的发明报告，书面形式要求仍然适用旧的德国雇员发明法，仍需要报告人的手写签名。

在**发明报告中**，雇员必须**描述职务发明**的**技术任务**、**解决方案**和**发明过程**，同时还应根据需要附上帮助他人理解发明所必需的注解。发明人应说明在其工作过程中从公司收到的相应指示或指导以及公司的合作或参与情况，还应说明雇员自认在发明中所占的份额。雇主有权获得上述信息。对已报告过的职务发明的后续改进、进一步开发或补充可能构成另一个独立的发明报告。

为了能够在**发明报告内容不完整的情况下**行使其知情权，雇主可以在收到发明报告后的 2 个月内声明发明报告需要或在哪些方面需要补充（德国雇员发明法第 5 条第 3 款）。根据雇员需要，雇主必须支持雇员对**发明报告**进行**补充**。如果雇主错过了上述 2 个月的期限，发明报告即被认定为合格。

> **建议**
>
> 上文已经说明发明报告及其（完整）内容具有重要的法律意义。尤其在公司出售或首次公开募股的情况下，出具工业产权和知识产权的证明文件十分重要，公司必须在尽职调查程序过程中提交所有相关文件。因此，即使这对小公司来说似乎很形式化，我们还是强烈建议公司为发明人提供合适的模板或表格供其用于发明报告，并注意确保发明报告得到谨慎处理 [（参见第 3.4 节附件——通信模板/表格示例（针对德国）]。

收到发明报告后的基本法律效力

原则上，雇主必须立即（德国民法典第 121 条第 1 款第一句）在德国为雇员所报告的职务发明申请知识产权保护（德国雇员发明法第 13 条第 1 款）。一般来说，雇主必须为可授予专利的发明申请专利，除非在对发明的可利用性进行合理评估后，实用新型保护看起来更合适。在此，雇主必须承担与申请专利或实用新型相关的所有费用。该规定的目的是确保专利申请获得尽可能**早的优先权日期**，而与雇主之后是否会将发明真的转让给他自己无关。然而，由于这可能涉及大笔的开支，必须给予雇主合理的时间进行审查和决策，这其中还包括检索现有技术的时间。但是，雇主也会相应地承担一定风险：如果发明的可专利性因延迟申请而受到威胁，例如由于其间发生了技术公开，雇员可能会因此遭受损失。

只有在雇主**放弃职务发明**或**雇员同意不申请**专利的情况下，雇主才能被**免除**在德国提交工业产权申请的**义务**（德国雇员发明法第 13 条第 2 款）。

此外，如果雇主出于公司的正当利益考虑要求不公开职务发明（如果申请工业产权发明将会被公开），那么他可以选择将职务发明声明为**商业秘密**而不申请工业产权（这在实践中并不常见）。如果要求不公开，雇主必须承认雇员职务发明的可保护性，或由"德国专利商标局根据德国雇员发明法设立的仲裁委员会"（Schiedsstelle，以下简称"仲裁委员会"）对雇员的发明进行评估。在此，雇主需要承担一个基本的风险：雇主必须为使用一项被确定为商业秘密的发明给予发明人奖酬，就如同在该职务发明被授予工业产权时应给予雇员奖酬一样；即便发明或商业秘密实际上是现有技术或者后来被公之于众，这一点也同样适用。

> **提示**
> 无论是就使用职务发明而付出的报酬而言，还是就保护该发明的持久性而言，雇主将职务发明定为商业秘密都会面临相当大的风险。因此应慎重考虑此选项。

收到发明报告还会产生其他的一些重要法律后果，如**开始计算要求发明转让的期限**（参见第 3.2.3.2 节），以及就报告的职务发明**签订偏离德国雇员发明法的协议的可能性**（德国雇员发明法第 22 条第二句）。此外，收到发明报告后，还产生了相互保密的义务（德国雇员发明法第 24 条第 1 款和第 2 款）。只要雇员的合法利益有此需求，雇主就必须对雇员所报告的发明保密。同样地，雇员也必须对其职务发明保密，直到它成为无偿技术（德国雇员发明法第 8 条）。

3.2.3.2 职务发明的转让要求或放弃

下文所述的规定和体系是按照德国雇员发明法 2009 修订版制定的，适用于从 2009 年 10 月 1 日起报告的职务发明。在此日期之前报告的职务发明则适用 2009 年 10 月 1 日之前有效的德国雇员发明法，其中的发明报告**形式要求**更为严苛；所规定的职务发明**权利转让**（所谓要求转让）**程序**对雇主来说可谓"**危机四伏**"，容易出错，也容易引起雇主与雇员的纠纷。

根据德国雇员发明法第 6 条，雇主可以要求拥有发明，从而将职务发明的所有权利转让给他自己。发明人只保留其个人权利（德国雇员发明法第 6 条和第 7 条）。

德国雇员发明法规定，除非雇主在要求转让发明的期限结束之前以书面形式明确向雇员声明放弃该职务发明，否则雇主的转让要求将自动生效（2009 年修改后的德国雇员发明法第 6 条第 2 款）。要求转让发明的期限，或者更准确地说，**放弃**雇员所报告的职务发明的**期限**，是在收到符合规定的发明报告后**4 个月内**。

换句话说：如果**雇主在收到发明报告后不采取任何行动，发明权则自动转让给他**；由此，这也会产生德国雇员发明法中规定的雇主的相应义务。如果**雇主希望避免**这些义务并因此放弃发明，他必须在上述期限之内以书面形式向发明人声明自己放弃雇员报告的职务发明，发明人因此获得职务发明的所有权利。这样做可能与**公司估值**和公司可能存在的现有责任和义务的评估相关，因此应该对此记录在案，以便有据可查。

根据法律规定，**雇员**或发明人**不能干涉**雇主对其职务发明提出转让要求的决定。尽管如此，雇主可有目的地让发明人参与决策过程并对其进行相关解释，这样无论如何都有助于营造创新气氛。

放弃职务发明及其后果

根据德国雇员发明法第6条第2款，**放弃**发明的**声明**必须是书面形式，如果涉及多位发明人，则每位发明人必须人手一份。对非正式放弃的形式，比如说口头放弃，适用该第6条第2款的假定效应，即发明放弃不成立，发明权仍会被转让给雇主。

放弃职务发明的法律后果（德国雇员发明法第8条）具有自始效力，即发明权从一开始就属于原始权利人，即发明人。雇员可以在不受德国雇员发明法第18条（报告自由发明的义务）和第19条（主动出让发明的义务）限制的情况下处置已被放弃的职务发明。

放弃职务发明对企业有风险，因为员工可以将职务发明许可或转让给第三方。但是，只要雇佣关系存在，出于**雇佣合同规定的忠诚义务，雇员不得利用该发明与雇主进行直接竞争**。

要求转让发明权及其后果

在要求转让发明权时，雇主通常有义务为发明权的转让而向雇员支付奖酬（德国雇员发明法第9条第1款）。

奖酬金额取决于雇主是否以及如何利用（使用）该发明。**雇主**是否利用职务发明，例如在其产品中使用该发明，完全是一个**企业的自由决定**。原则上，雇员无权要求使用该发明，而且，如果雇主自己不使用发明，雇员也无权让雇主放弃发明。

在要求转让发明后，雇主**有权**（但**没有义务**）为该职务发明在国外提交工业产权保护申请（德国雇员发明法第14条第1款）。若雇主不计划在某些国家获得工业产权保护，则须及时自行将职务发明授予雇员。该条款的目的是，当雇员自己想在这些国家申请工业产权保护时，他可以使用第一次申请的优先权。同时，雇主可以在支付奖酬的条件下保留在上述**国家非独占性地使用该职务发明的权利**。这种使用权与雇主的业务挂钩，不能许可给第三方。在实践中，我们强烈推荐上述处理方式，因为这样一来，雇主就无须增加开销或支付奖酬。只是**在实际行使使用权**时，雇主才需适当向雇员支付**奖酬**。

3 发明人法的基本原则及其与初创企业的关联

> **提示**
> 在国外放弃发明权时，作为预防措施，雇主无论如何都应在合理支付奖酬的条件下在相关国家保留非独占性地使用职务发明的权利。

然而，在实际情况中，德国雇员发明法第14条的规定给许多公司带来了非常沉重的管理负担。该条款的立法目的是雇员可以自己在国外利用发明，然而这种情况很少发生。如果雇主自己都已放弃了在国外提交后续申请，那么雇员通常更加没有能力在国外申请发明专利甚至使用专利。因此，雇员倒是可能会将雇主针对外国放弃的发明转让给第三方——这样的风险是存在的。

在工业界，有一种比较常见的做法：雇员会在作出发明报告之后选择放弃德国雇员发明法第14条赋予的权利，以换取一定的资金或其他补偿。

对雇员的类似保护条款涉及雇主放弃未授权的知识产权申请或已授予的知识产权的情况（专利或实用新型申请或已授予的专利或已注册的实用新型，以下统称为知识产权）。如果雇主**不再对德国的知识产权**和其最初在外国提交的申请**感兴趣**，他必须通知发明人（在多个发明人的情况下，此处指每位发明人）自己打算放弃该知识产权。雇主还必须在发明人提出要求并支付费用的情况下将该知识产权转让给发明人（德国雇员发明法第16条第1款）。

如果雇员行使了上述权利，雇员无须对雇主在权利转让之前的开销向雇主支付补偿。雇员仅承担权利转让本身产生的费用以及此后产生的所有费用（例如，诉讼费用、维护费用以及可能的专利律师费）。

在这里，雇主也可以在通知放弃知识产权的同时，在支付合理奖酬的情况下保留对职务发明的非独占性使用权利。这种使用权也与雇主的业务挂钩。在实践中，强烈推荐这种保留使用权的做法，为雇主省去额外开销和奖酬。只是**在实际行使使用权**时，雇主才需适当向雇员支付奖酬。

> **提示**
> 在通知发明人有意放弃知识产权时，作为预防措施，雇主无论如何都应在给发明人支付合理奖酬的条件下保留对职务发明的非独占性使用的权利。

特别考虑到诸如《欧洲专利公约》或《专利合作条约》等跨国合作协议的时间限制，德国雇员发明法第16条第2款规定：原则上，在收到雇主拟放弃知识产权的通知后，雇员有**3个月的考虑时间**。因此，建议雇主尽早通知雇员发明人有关放弃知识产权的意图。

类似对德国雇员发明法第14条常见的处理方式，许多公司一收到发明报告后，即根据德国雇员发明法第 16 条与发明人达成放弃或购买的协议，这使得雇主避免了该第 16 条规定的应尽义务。

德国雇员发明法第 8 条规定，原则上如果雇主以书面形式声明放弃一项职务发明，则该职务发明便成为自由发明。在此情况下，德国雇员发明法第 8 条不再与发明报告和要求发明转让或放弃发明期限相关，由此，仲裁委员会和部分评论意见（Bartenbach/Volz, KommArbnErfG, 6th ed., Sect 8 n. v., marginal no.7）认为它是一个独立条款，该条款适用的情况应该是：雇主在德国雇员发明法第 6 条规定的 4 个月期限届满之后且在基于某发明申请知识产权之前放弃发明。但是，这种看法目前还存在争议，尚未得到法院的认同。

如果已经递交知识产权申请，则不再可能单方面放弃发明。在这种情况下，雇主必须执行德国雇员发明法第 16 条所规定的程序。

3.2.4 满足职务发明转让要求的奖酬

根据德国雇员发明法第 9 条，**要求**职务发明转让的**主要后果**是**发明人有权视具体情况要求合理奖酬**。"视具体情况"是指发明人有权要求奖酬，但奖酬**数额**和期限要视雇主**使用**或实施职务发明的具体情况而定。如果多人（共同发明人）对发明作出了贡献，则每个共同发明人都可独立要求奖酬。根据德国雇员发明法第 9 条的措辞，原则上，是否已基于该发明申请知识产权或相关知识产权申请是否已获授权，这都不是发明人要求奖酬的先决条件。

尽管与工资支付相关的纳税和缴纳社会保险的规定也适用于发明人奖酬支付的情况，然而，要求奖酬并非要求工作报酬——它是一种独特的要求。

发明人要求奖酬的权利符合所谓的**垄断原则**。对此可以这样理解：雇主依靠雇员的发明获得了市场优先或垄断地位，进而依靠垄断地位获得经济利益；雇员有权与雇主分享上述所有由垄断地位带来的经济利益。在此，经济利益与发明之间呈因果关系，所以垄断原则也被称为"**因果原则**"。

由此看来，对发明人的奖酬并不是对将发明从雇员转让给雇主的平衡补偿——这一点不同于许多国家的法律规定。根据发明人原则，发明最初由雇员发明人持有，然后雇主将其转让给自己，并可以自己自由决定或由自己的企业决定使用发明。

如果**雇主**利用**发明**创造收入，但**没有盈利**甚至**亏损**，他原则上仍应承担支付奖酬的义务。这种做法效仿了自由发明的许可市场，在那里，许可人通常尽量让许可条件不受许可人的损益情况影响。但在很多情况下，许可协议通常会考虑可能的损失情况或低利润，并相应降低许可费率。

发明人奖酬的适当数额取决于雇主**使用**或利用发明**的种类和范围**。通常的使用或利用类型是：
- 在自己的生产过程中使用或实施发明；
- 将发明用于内部运行（例如在制造过程或测试方法中）；
- 将发明用作阻止权（非常罕见）；
- 将发明或基于该发明的知识产权许可给第三方；
- 出售发明权或以发明权为基础的知识产权。

某项发明可能具有**多种用途**，特别是内部生产和向第三方许可，而这两种用途可能同时存在，因此发明人必须因这两种用途获得奖酬。只有当雇主从使用职务发明中**真正获得经济利益**时，才能确定奖酬的**数额**和支付奖酬的时间。所述经济利益例如可以是雇主通过销售包含该发明的产品而产生的营业额，或者是在授予相应许可后收到的许可费。

在**自有销售**的情况下，发明人的奖酬**通常是在后计算的基础**上确定的，即以在雇主的财政年度结束之后的计算为确定奖酬的基础。根据仲裁委员会的通行做法和行业惯例，发明人奖酬额及其支付时间应在每年的报酬期限（会计年度）结束后的 3～6 个月内确定。

需要注意的是，**无论发明是否成功完成知识产权授予程序**（或实用新型的注册程序），发明人都有权**要求获得奖酬**。

一方面，由雇主为最终未被授予发明专利或实用新型专利的发明支付奖酬，或为在随后的异议程序后被撤销的专利支付奖酬，雇主无法要求发明人偿还已支付的奖酬（德国雇员发明法第 12 条第 6 款第二句），所以，雇主方可能会面临这样的风险：在雇主支付发明奖酬之后，发明未能获得知识产权授权，或者获得知识产权授权后经过异议程序最终失效。另一方面，德国联邦最高法院在这方面有其判例法❸确认，雇主必须为从开始使用发明到最终其知识产权申请被驳回期间内的发明使用行为支付**临时奖酬**。这样做具有比较实际的意义，因为德国专利商标局所有专利申请的授权率仅为 50%～60%。上述德国联邦最高法院判例法的根据是：按照德国雇员发明法第 2 条，相关的权利和义务（在这种情况下是雇主支付奖酬的义务）与发明的可保护性（即该发明获得知识产权保护的客观可能性）的关联性在于：即便在获得知识产权方面存在疑虑，雇主也因拥有现有知识产权申请而比其竞争者更具竞争优势。

如果知识产权申请被拒绝的风险较高，则**临时奖酬**与**最终奖酬**之间可能会存在很大出入。为此，在实际操作中可按照仲裁委员会规定的方式计算奖酬，

---

❸ 参见 BGH：GRUR 1963，135 – *Cromegal*；BGH：GRUR 1971，475 – *Gleichrichter*；BGH：GRUR 2002，609 – *Drahtinjektionseinrichtung*。

即按授予知识产权的情况计算奖酬,并在此基础上根据发明被授权的可能性作相应的**扣除**,雇主以扣除后的金额向发明人支付临时奖酬。发明被授权后,发明人有权获得全部奖酬,因此雇主必须支付先前扣除的金额。如果发明没有获得授权或其工业知识产权被依法撤销,则按照德国雇员发明法第 12 条第 6 款第二句,临时奖酬就是最终奖酬(即不再支付扣除的金额)。要求奖酬权利期限终止于知识产权依法被拒绝或被取消的法律生效时间点。

扣除额取决于个案被授权的前景。在实践中,考虑到一般的专利授权前景,标准做法是扣除约 50% 的奖酬。而如果审查意见或检索报告对可专利性提出实质性质疑,或者专利申请一审被驳回,临时奖酬可减至 10%～30%(其他例子参见 Bartenbach/Volz, KommArbnErfG, 第 6 版)。

影响发明人奖酬的因素

发明人奖酬的计算考虑了以下三个因素:**发明价值**、**共同发明贡献份额**(如果只有一个发明人,则为 100%,否则以百分比反映共同发明人对发明的贡献;参见第 3.2.3.1 节)和**份额系数**。

1959 年,德国联邦劳工部部长发布了适用于私营企业的**雇员发明补偿指南**,以确定合理的奖酬❹(以下简称"指南")。指南虽**不具有约束力**,但如果对其应用得当,就可认为(可质疑)这里所提及的奖酬是合理(不合理)的。

奖酬原则上可按以下公式(指南第 39 条)确定:

$$V = E \times M \times A$$

其中:V 代表奖酬金额(欧元),E 代表发明价值(欧元),M 代表共同发明人份额(%),A 代表份额系数(%)。

某些情况下,还需对以上计算的结果作一个**风险扣除** R,用来(初步)反映在发明尚未授权的情况下最终被驳回的风险,而不是将该风险单方面让雇主承担。

发明价值(E)

假如该发明不是雇主自己的公司完成的,则雇主应该为转让或使用该发明付出的价格即为发明价值,也就是说,发明价值是雇主必须向独立的自由发明人支付的价格(德国联邦最高法院判决,GRUR 2010, 223 - *Türinnenverstärkung*)。

发明的价值取决于其各种具体用途,对此下文仅作简要说明。对于在已售

---

❹ 参见德国专利商标局网页:https://www.dpma.de/docs/dpma/richtlinienfuerdievereguetungvonarbeitnehmererfindungen.pdf。

产品中实施的发明，可选用**许可类比法**评估其价值。❶ 按照这个方法，**发明价值**就是在假设雇主与独立的自由发明人就一个与职务发明相同的发明签订了独家使用许可协议的情况下雇主必须向后者支付的许可费。德国联邦最高法院在其相关判例法中以各方同意的合理许可协议为指导。

采用许可类比法的难点在于如何确定**合理的许可费率**和所谓的许可费率的参数。通常，许可协议的条款是保密的，几乎找不到公开的指导信息。尽管指南第 10 条为确定各个行业的许可费率提供了指导，但其所提供的许可费率之间差异很大，从今天的角度来看已缺乏可行性。此外，指南未清楚地给出相关参数。

在确定发明价值时，第一步是根据指南第 8 条**确定技术经济参考值**。发明涉及的产品可能由多个部件构成或与多个问题领域相关，为此指南粗略地定义了产品和问题的领域范围。❷ 以这种方式确定的参考值必须至少覆盖该发明需要的所有部件或组成元素/限制条件，此外还可覆盖受该发明影响较大的组件或者构成发明特征的组件。

随后，根据指南第 7 条，必须依据之前确定的技术经济参考值给出对应的经济价值（经济价值通常是指扣除税款、开销、关税之后依靠发明实现的净营业额）。通常，在实践中，要想确定这些与特殊参考值相关的销售额，过程十分烦琐，有时甚至难以实现。针对这种情况，可以先为相应参数假定生产成本或雇主对应参考值的购买价格，然后将这个价格乘以一个系数（该系数取值在 1.2 和 1.6 之间，视具体行业而定），由此得出具有参考值的虚构销售额。

建议

《技术发明许可费率》（Hellebrand/Rabe，2017 年第 5 版）由仲裁委员会根据长期实践经验汇编而成，得到了使用者的良好反馈。该书按 IPC 分类编排，能更好地帮助使用者确定适当的标准许可率。

在许可类比中还应该注意的是，不断增长的销售额所依赖的竞争优势也可能并不取决于具体发明，而是与**雇主氛围**有关（例如大型的全球分销网络、良好的声誉、优质的服务和其他各种因素），也就是说，销售额不仅仅与职务发明有因果关系；而根据上述**因果原则**，发明人**只**应从其雇主的与发明有因果

---

❶ 参见指南第 6 条以及之后条例；德国联邦最高法院判决，GRUR 2010，223 – *Türinnenverstärkung*；德国联邦最高法院判决，Mitt. 2012，285 - *Antimykotischer Nagellack*。

❷ 参见德国联邦最高法院判决，GRUR 2010，223 – *Türinnenverstärkung*。

关系的经济利益中**获得**合理的份额。出于这个原因，考虑到各行业内的特殊情况以及相应常见做法，指南第 11 条规定：在因果关系发生位移的情况下可以渐进式地（即分级）下调许可系数。

对于其他特别常见的使用发明的情况，例如涉及出售发明权或出售相应知识产权，或涉及发明许可的情况，指南第 14 条或第 15 条（许可收入）和第 16 条（出售发明或其知识产权）规定：确定发明价值要以净许可收入为准或以扣除特定可扣除开销和去除技术秘密（如有）因素后的净购买价格为准。净收入绝不等于发明价值，而是一个计算发明价值时必须考虑的企业因素。

然而，在实际情况中，特别是涉及许可或购买价格收入的情况下，如同在自用情况下或在考虑对支付奖酬作风险扣除时，必须确保将适当的**营收增长额**计入**发明人的奖酬**，而且必须在财政年度结束后对此进行相关计算和支付。此外，计算奖酬时还应考虑到雇主的其他资产收益和收入（例如专利侵权人的损害赔偿或补偿）。

还应该注意：**发明人**拥有对奖酬决定的基本**知情权**和相关财务计算的基本参与权，以便其核查奖酬决定和奖酬金额是否合理。该主张源自德国民法典第 242 条（依据德国联邦最高法院判例），德国法院已扩大上述权利的合理主张范围，在某些案件中甚至可能因范围过大而给公司带来极高的管理成本和经济负担。

> **提示**
> 雇员要求了解针对职务发明使用的奖酬决定并参与奖酬计算，这不仅会产生高昂的费用，还可能涉及商业数据保护方面的风险，在员工离职的情况下尤为如此。因此，建议尽早与发明人就奖酬问题达成透明、全面的协议。

> **建议**
> 在商业实践中，为了减轻管理负担，建议公司提前与发明人签订合同，对其知情权加以具体限定，保证信息透露程度足以供发明人用来核查奖酬即可。

份额系数（A）

如上所述，发明人奖酬计算法是基于一个假设，假定雇主与自由发明人就一件相同的发明签订了许可协议并支付许可费。但是，职务发明不是自由发明，而是在雇佣关系的框架内并在雇主的支持下完成的，因此雇员发明人只能获得发明价值的一部分，而这一部分的多少则由份额系数决定。

根据德国雇员发明法第 9 条第 2 款，雇员在公司的任务和职位以及公司在职务发明中所占的份额是份额系数的决定性标准。**份额系数**应体现**雇员发明人**与**自由发明人**的不同情况（参见指南第 30 条），还应考虑到一些其他的因素，包括：雇员发明人无须预先投资，也不像自由发明人那样承担经济风险；雇主可以通过建议、指令、人员、材料和技术手段在发明开发过程中给予雇员支持；等等。

为了计算份额系数，指南规定了三个数值 a、b 和 c——它们能反映发明过程的不同特点。数值 a 考虑雇员在确定发明的目标（任务）及其解决方案方面的贡献份额和主动性。数值 b 反映雇主在多大程度上支持发明人完成任务。数值 c 取决于发明人在公司中的实际（而非名义上的）等级地位。确定上述数值时，主要应考虑在完成该发明时涉及的相关情况。至于从上述三个数值来计算份额系数会得出什么结果，指南第 37 条的表格提供了从 2% 到 90% 的范围。**常见的份额系数介于 8% 和 15% 之间**，在特殊情况下高达 20% 左右。

3.2.5 制订合同的自由度及其限制

通过目前对德国雇员发明法的简单介绍，我们已经可以看出，相关法定条例比较复杂且管理负担较为繁重。对于许多雇主来说，还不如额外支付补偿金，提前摆脱德国雇员发明法带来的种种义务，但德国雇员发明法是一部保护性法律（尤其是对雇员而言），因此雇主自行制定规则的空间，特别是摆脱法律条例的空间，受到立法者的严格限制。

不得在损害雇员利益的情形下逃避德国雇员发明法规定（德国雇员发明法第 22 条第一句）。如果雇主与雇员签订的相关协议在**理论**上可能对员工不利，则德国雇员发明法第 22 条意义上的损害已经出现，哪怕雇主为绕开德国雇员发明法下的义务而额外向雇员支付大笔补偿金，在原则上也是不允许的。通过德国雇员发明法第 22 条，立法者希望防止雇主在雇佣合同中提前对职务发明进行相关约定从而损害雇员的利益，因为雇员在这种情况下是面临着压力的，比方说，他可能会为了获得就业机会而放弃发明相关权利。不过，立法者也在一定程度上将合同自主权留给雇佣合同当事人，允许他们就已报告的发明（即具体存在的某项发明）达成单独的协议（德国雇员发明法第 22 条第二句）。

上述德国雇员发明法第 22 条第二句所允许的协议须经得起所谓的"公平检验"（德国雇员发明法第 23 条第 1 款第二句）。如果职务发明协议满足德国雇员发明法第 22 条第二句的规定，但从实质上来说具有**不公平性**，则协议依然无效。简单来说，如果欠付的发明人奖酬比已经支付或商议好的奖酬高出100%或低于50%（这是对雇主不利的不公平情况），通常情况下应认为其具有不公平性。对不公平性评估具有决定性意义的是协议签订的时间，签订协议之后所发生的任何变化以及在协议签订时不可预见或不知情的变化不构成不公平的理由。

3.2.6 关于在大学作出发明的特殊情况

与大学合作需要注意的是，随着2001年对德国雇员发明法的修改，该法现在原则上也适用于综合大学和应用科技大学[1]及其工作人员。为此，德国雇员发明法还给出了相关的特殊规定（第42条），该特殊规定不适用于非大学研究机构，例如弗劳恩霍夫应用研究促进协会（Frauenhofer–Gesellschaft）。原则上，作为雇主的大学也有权根据德国雇员发明法第2条要求其雇员将在任职期间作出的职务发明（义务发明或经验发明）转让给自己（德国雇员发明法第4条）。然而，这里存在一个**特殊性**：大学发明人享有德国**宪法保障的教学和研究自由**，他有权**拒绝公开**其发明（从而拒绝申请知识产权及其随后的公开）。由此，大学发明人可以违背德国雇员发明法第5条第1款的规定，拒绝承担就其职务发明向其雇主（大学）进行报告的义务（德国雇员发明法第42条第2项）。

此外，在及时（通常是提前2个月）通知其雇主的情况下，大学发明人有权在其教学和研究活动过程中公开其职务发明。这一特殊规定显然放宽了德国雇员发明法中普遍适用的保密要求（德国雇员发明法第24条第2款）。

另一个**特殊性**是大学发明人享有特殊的奖酬方案。如果大学作为雇主使用发明，则奖酬金额为使用该发明所**产生收入的**30%，其中，所述收入未经扣除其他杂项，而且奖酬的计算也未考虑个人份额系数。因此，在大学工作的发明人明显比其他雇员发明人享受了更好的待遇。

> **提示**
> 在与大学签订合同或与大学合作时，必须注意处理好大学工作人员的特权，特别要注意两个方面：大学发明人的自由公开权可能带来的负面作用；大学发明人在（行业资助的）项目过程中可能获得相关发明信息。

---

[1] 德国大学分为综合大学（Universität）和应用科学大学（Fachhochschulen），前者偏向于学术路线，后者则以实践应用为导向。——译者注

3.2.7 仲 裁

关于调解**涉及德国雇员发明法的争议**，特别是在争议双方存在雇佣关系的情况下，德国雇员发明法提供了一种解决争议的选项，即在由德国专利商标局设立的**仲裁委员会**帮助下达成庭外和解。为此，雇佣合同的每一方都可以向仲裁委员会提交书面请求，在请求中需陈述事实并注明其他相关方的姓名和地址。仲裁委员会把该请求发送给其他各方，并邀请他们在一定时间内对该请求发表意见。仲裁是自愿的，任何一方都不得被迫参加仲裁程序。仲裁委员会数十年来积累了丰富的经验和专业知识。

在仲裁程序中，当事各方可以代表自己从各自角度发表抗辩意见。**仲裁委员会的程序是免费的**。在程序结束时，仲裁委员会向当事人提出所谓的**和解建议**，并对此加以详细说明。如果双方当事人收到和解建议后 **1 个月内均无书面异议**，则被视为接受该和解建议。如果仲裁程序不成功，当事人可以依据德国雇员发明法向州法院专利诉讼庭提起诉讼。如果雇佣关系仍在继续，对此类诉讼立案的前提是需经过仲裁委员会的事先调解程序（即便调解失败）。

> **建议**
>
> 如果因执行雇员发明法引起争议，雇佣双方应考虑请求雇员发明仲裁委员会调解。

3.3 员工发明在其他国家的法律状况

3.3.1 概 述

如果一家初创企业是跨国经营，那么无论是最初还是在扩大业务的过程中都必须考虑所有相关国家关于雇员发明的规定（以及与发明及其后续权利有关的任何其他规定）。由于不同国家的相关规定可能差异很大，可能会出现复杂的情况，无论是在发明权利方面，还是在制定适当的国际知识产权申请策略方面，都必须注意协调各国不同的相关法律要求。

例如，针对在本国完成的发明（甚至直接由本国公民或居民完成），一些国家要求在提交任何外国申请之前，须先在本国提交专利申请。此类规定适用于美国、中国、印度、意大利、西班牙、法国和俄罗斯等国家。不同国家的要求之间可能存在冲突或矛盾。相应地，在雇员发明方面，某些国家的具体规定也有可能与其他国家的规定发生冲突。例如，德国雇员发明法规定，雇主在要求转让一项职务发明时必须相应地提交国内知识产权申请。

在这种情况下，解决各国不同要求之间矛盾的唯一途径往往是向自己国家的专利主管部门申请"向外申请许可"（foreign filing license，FFL）。

下文简要概述了几个选定国家中有关雇员发明的法律状况，以突出不同国家相关规定的差异。这些差异可能跨度很大，如有的国家有严格的材料和程序要求，有的国家几乎完全没有关于雇员发明的具体规定（相应地，合同撰写更具灵活性）。如前文所述，这里无法提供全面的应对方案，企业应当针对自己的跨国情况分别寻求法律咨询。

3.3.2 美 国

雇员发明不受美国联邦法律规范，需要适用各个州的法律。因此，法律和判例法因州而异。默认情况下，发明和任何派生专利均属于发明人。

但是，以合同方式将发明人的发明权利转让给雇主（例如，作为雇佣合同的一部分）是很常见的。此类合同也受各州法律的约束。在某些州，这种通过雇佣合同约定的专利权转让需要逐案进行并通知雇员，特别是在发明不属于雇员日常工作任务的情况下（即不是"受雇发明"的情况）。没有明确转让合同的情况下，在某些州，雇主可能有权免费获得非独占性默示许可（"商店使用权"）——这类情况例如雇员将雇主的资源用于完成发明。

目前没有联邦或州法律要求雇主为发明或专利向雇员发明人提供奖酬。但是，许多企业和大学都设有奖酬政策。

3.3.3 英 国

在英国，关于雇员发明的法律以1977年英国专利法第39～43条为依据。据此，一项发明在两种情况下属于雇主：第一，该发明是在雇员履行其正常岗位职责或完成具体工作任务的过程中作出的，或者可以合理地预期该发明是由于履行这些职责或完成这些任务而获得的结果；第二，该发明是在雇员履行职责的过程中作出的，而由于其职责的性质，雇员有增进雇主利益的特殊义务。

任何不属于上述定义范围内的发明都属于雇员发明人，这一点不能通过合同排除。

对于某些发明，特别是对于属于雇主的发明，如果雇主从中获得了显著利益，英国专利法规定了强制性补偿（除非适用相关的集体协议，在这种情况下，该协议优先）。如果属于雇员的发明已转让给雇主（或雇主被授予独占使用权），而雇员依据转让协议（或许可协议）获得的收益与雇主从专利中获得的收益相比存在不合理性，雇员则应该获得一定补偿。

3.3.4 法　国

法国专利法（第 L611-7 条）包含了有关雇员发明的规定。据此，如果雇员在履行包含发明任务的雇佣合同或在进行明确分配给雇员的学习和研究工作时作出了发明，则该发明属于雇主。雇主必须将与此类发明有关的任何专利申请（或授权）通知雇员。对于这样的发明，雇员可以根据集体协议、公司协议或个人雇佣合同获得额外奖酬。

所有其他发明均属于雇员。但是，如果雇员是在履行其职责或在雇主的业务范围内或基于雇主特有的知识/信息作出发明，则雇主可以拥有或使用全部/部分专利权。对于此类权利的转让，雇员有权获得适当的奖酬；如果双方没有就具体奖酬金额进行协议约定，则由仲裁委员会或初审法院确定。

3.3.5 中　国

根据《中华人民共和国专利法》第 6 条规定，个人为履行雇主委派的职责或者主要利用用人单位的资源所完成的发明（职务发明）属于雇主。因此，雇主有权为职务发明申请专利。如果发明是对先前雇佣关系下相关任务的解决方案，则上述规定在员工离开公司后 1 年内仍然适用。如果发明是非职务发明，则发明人有权申请专利。

发明人有权因职务发明获得补偿。如果雇主使用发明专利，则应按照分配和应用的程度以及所获得的经济利益给予雇员补偿。《中华人民共和国专利法实施细则》规定了补偿的性质和金额，但应优先考虑具体的合同或协议对补偿金额的约定。

3.3.6 印　度

印度没有专门针对雇员发明的法律规定，因此会根据一般的合同法和判例法进行处理。根据普遍观点，在大多数情况下，雇主在雇佣关系期间有权获得雇员的发明；但按照较高级别法院最近的判例法，如果雇员没有被雇用从事发明活动，则情况例外。通常不需要对雇员的发明进行单独补偿，但越来越多的雇主选择签订协议来约定此类补偿。

3.3.7 日　本

根据日本专利法，雇员发明在本质上属于雇主业务领域的发明，并且属于雇员现在或过去的工作职责的一部分。

对于此类雇员发明，可按照事先准备好的合同或公司规定或其他协议，将相关权利转让给雇主。在没有此类协议的情况下，雇员通常保留其发明的权利。但是，雇主始终有权获得非独占性许可，且在这种情况下不需支付任何奖酬。

根据 2017 年修订的日本专利法，在雇员将发明转让给雇主或授予雇主独占使用权的情况下，雇员有权获得"合理的金钱或其他经济利益"形式的奖酬。该奖酬的范围仅限于雇主通过非独占性许可获得的附加价值，即仅涉及由独占使用权产生的"垄断利润"。

非职务发明不受非独占性许可义务的约束，也不能通过提前签订合同从雇员转让给雇主。

3.3.8 韩 国

关于韩国对雇员发明的相关规定，请参见韩国发明促进法。该法所称雇员发明是指雇员为履行职责而作出的发明，但须属于雇主的业务范围，且创造该发明的活动在雇员现在或以前的职责范围内。

雇员必须立即以书面形式将此类发明通知给雇主。雇主必须在一定期限内通知雇员他是否要求获得对发明的权利。

谈到上述权利的性质，必须区分对待中小型企业（SME）和其他企业。在中小型企业中，雇主有权获得基于雇员发明的专利的非独占性许可。而在其他企业，雇主只有在存在相应协议（雇佣合同或公司规定）的情况下才有权获得此类许可。雇主也可以通过协议进行专利权或独占许可的转让。

如果雇员的发明被转让给雇主或被授予雇主独占使用权，则雇员有权获得适当的补偿。雇主必须确保支付适当补偿金额。

3.4 附件——通信模板/表格示例（针对德国）

3.4.1 发明报告表

致公司管理层/首席技术官/人事官员❶（通过传真/电子邮件/信函❷）

---

❶ 建议在雇主的指示权范围内明确指示发明报告向谁/向哪个部门发送。考虑到与接收发明报告相关的权利和义务以及要遵守的最后期限，不建议将发明报告发送个人（电子邮件）地址。建议为其指定一个专门的邮寄地址、公司邮箱或电子邮件地址。

❷ 提示：雇主能希望但不能要求发明报告以书面形式（即原始文件）经发明人手写签名后提交。根据法律规定，可通过电子邮件发送发明报告（德国雇员发明法 2009 年修订版）。

3 发明人法的基本原则及其与初创企业的关联

发明报告
＊＊＊ 机密 ＊＊＊

我/我们，发明人#1 _____ ［个人资料］；发明人#2 _____ ［个人资料］；……特此报告以下职务发明，其标题/简称：_____

1. 本发明的技术任务描述：本发明背后的技术问题或本发明解决的技术问题是什么？

［请提供详细信息］

……

2. 本发明基于哪些现有技术（例如，已知的解决方案、现有的模型……）？本发明应克服现有技术的哪些缺点？

［请提供详细信息］

……

3. 描述本发明技术方案：

本发明如何解决第 1 项所述的技术问题？

本发明为此采用了哪些措施和（技术）手段？

根据发明类型描述具体设计、必要的方法步骤、材料成分等。

本发明具备哪些优势或取得了哪些积极效果？

［请提供详细信息］

……

4. 描述本发明的产生和研究过程：

您是否收到过相关的工作指令、指示、技术方案建议等？公司是否给过您相关的技术任务？您是否将公司的前期工作、经验或知识用于本发明的技术方案？

使用了哪些技术辅助工具？

……

参与完成本发明的人有哪些？这些人是共同发明人吗？［请详细说明］

5. 您认为您对本发明的个人贡献或份额是什么？

［请明确说明］

……

6. 请附上有助于更好地理解本发明的文件、图纸等。

……

7. 共同发明人（如适用）就其对本发明的个人份额（贡献）的声明。
……

发明人签名/姓名/日期

3.4.2　发明报告的接收确认

来自公司管理层/首席技术官/人事官员❶（通过传真/电子邮件/信函）
致：发明人#1……［如果适用：列出每位共同发明人］

确认收到您××××年××月××日发送的发明报告，
收件日××××年××月××日
［卷号/标题/简介］
＊＊＊机密＊＊＊

亲爱的［发明人］女士/先生❷：
　　我们已于［日期］收到您的上述发明报告。
　　我们已经就上述事宜给出了内部标题和卷号。
　　为您指定的负责文员/联系人是［……］
　　如果您对本发明作出了改进或进一步扩展，请立即通知我们。如有任何其他变化，包括您地址或联系方式的变化，也请立即通知我们。
　　我们将尽快确认本发明的可保护性情况。
　　如果我们认为发明报告需要补充，会立即通知您（德国雇员发明法第5条第3款）❸。
　　此外，我们提醒您注意保密义务。
　　我们感谢您作出的创新贡献。
　　致以亲切的问候

公司签名或姓名/日期

---

　❶　负责发明报告的部门/联系人。建议为发明报告创建一个专门的邮寄地址、公司邮箱或电子邮件地址作为发件人。
　❷　共同发明人注意事项：根据德国雇员发明法第5条第1款第三句，必须向每个共同发明人确认收到发明报告。
　❸　共同发明人注意事项：根据德国雇员发明法第5条第3款，如果共同发明人是分别提交的发明报告，则由此触发的回应期限在相应的不同时间到期。

3.4.3 职务发明的放弃（德国雇员发明法第6条第2款；第8条）

来自公司管理层/首席技术官/人事官员❶（通过传真/电子邮件/信函）
致：发明人#1……

放弃发明声明

[卷号/标题/简介]

＊＊＊ **机密** ＊＊＊

亲爱的［发明人］女士/先生❷：

  我们决定放弃您在××××年××月××日在发明报告中提到的职务发明的权利。我们特此将本职务发明的权利无偿留给您（德国雇员发明法第6条第2款结合第8条）。

  由此，您有权自行为自己的发明申请知识产权保护（德国雇员发明法第13条第4款第一句）。

  此外，还请注意，您可以在不受德国雇员发明法第18条和第19条限制的情况下处置已被我方放弃的职务发明（德国雇员发明法第8条第二句）。

  但是，我们需要提醒您，您无权向第三方披露或使用公司其他知识、经验或商业秘密。

  请您在××××年××月××日之前将随附的签名副本发送给我们或通过电子邮件发送至［……］以确认您收到此放弃声明，也便于我们存档。

  致以亲切的问候

公司签名或姓名/日期

---

 ❶ 负责发明报告的部门/联系人。建议为发明报告创建一个专门的邮寄地址、公司邮箱或电子邮件地址作为发件人。

 ❷ **共同发明人注意事项**：必须向每个共同发明人发送放弃职务发明的声明。如果共同发明人是分别提交的发明报告，由此触发的期限（在这种情况下为放弃期限）将在相应的不同时间到期。

3.4.4 在国外放弃发明权，但保留发明使用权（德国雇员发明法第 14 条第 2 款和第 3 款）

来自公司管理层/首席技术官/人事官员❶（通过传真/电子邮件/信函）
致：发明人#1……

放弃外国申请但保留发明使用权
[卷号/标题/简介]
＊＊＊ 机密 ＊＊＊

亲爱的［发明人］女士/先生❷：
　　我们将基于您的上述职务发明在以下国家注册/申请知识产权保护：
［雇主已申请或即将申请知识产权的国家列表］。
　　我们将不会在其他国家申请知识产权保护，在这些国家，我们放弃上述职务发明的权利，并将其无偿转让给您。
　　我们很乐意根据您的要求履行我们的法律义务，支持您在其他国家获得知识产权保护。您在上述其他国家申请知识产权保护及完成其授权程序的费用将由您自己承担。
　　此外，我们提请您注意，后续外国申请的优先权期限是［……］。
　　同时，我们根据德国雇员发明法第 14 条第 3 款规定，保留对职务发明的非独占性使用权。
　　如适用：我们要求您在下列国家使用此发明时，注意我们公司在现有的职务发明合同下的义务，这些国家是［……］。相关具体合同/义务是［……］。
　　请您于××××年××月××日之前将随附的签名副本发送给我们或通过电子邮件发送至［……］，以确认收到我们的放弃声明和保留相关使用权的声明，也便于我们存档。
　　致以亲切的问候

　　签名或姓名/日期

---

❶ 负责发明报告的部门/联系人。建议为发明报告创建一个专门的邮寄地址、公司邮箱或电子邮件地址作为发件人。
❷ **共同发明人注意事项**：必须向每个共同发明人声明在国外放弃发明权但保留使用权。

3.4.5 放弃知识产权申请但保留使用权的意向通知（德国雇员发明法第16条第1款和第3款）

来自公司管理层/首席技术官/人事官员❶（通过传真/电子邮件/信函）
致：发明人#1……

拟放弃知识产权申请但保留使用权的通知
［卷号/标题/简短描述］
＊＊＊机密＊＊＊

亲爱的［发明人］女士/先生❷：

我们不打算保留与您的职务发明相关的知识产权申请或继续维持相关知识产权。

我们请求您尽快（最迟在收到本函后3个月内）通知我们是否应在由您承担费用的情况下将这些知识产权申请或知识产权转让给您，并将相关的必要文件移交给您。

支付下一笔（年度）维持费的期限是［……］。

如果您在3个月内不要求转让该知识产权，我们有权将其放弃。

同时，我们将根据德国雇员发明法第16条第3款特此保留对职务发明的非独占性使用权。

请您于×××年××月××日前将后附的签名副本发送给我们或通过电子邮件发送至［……］，以确认您收到此保留使用权的放弃声明，也便于我们存档。

致以亲切的问候

公司签名或姓名/日期

---

❶ 负责发明报告的部门/联系人。建议为发明报告创建一个专门的邮寄地址、公司邮箱或电子邮件地址作为发件人。
❷ **共同发明人注意事项**：通知和使用权的保留必须向每个共同发明人作出或声明。

4
大学的专利申请及其衍生企业

沃纳·曼泰莱（Wener Mänteler）*

4.1 引 言

笔者于1997～2008年在德国法兰克福大学进行项目研发，2015～2020年作为联合创始人经营初创企业，本章根据笔者这些年的个人经验撰写完成。本章将基于医疗技术领域的应用型研究，对法兰克福大学知识产权部门的建立和相关初创企业的成立流程进行记述。本章会特别介绍大学处理应用型研究的方式、工业合作伙伴的相关参与情况及大学职员成立初创企业的过程，同时也会探讨学生参与及其完成的论文（如学士、硕士和博士论文）所扮演的角色。不同国家和不同大学对于这些步骤的态度可能相去甚远，本章所述的经验仅作为示例供读者参考。

4.2 大学专利组合的发展

4.2.1 初期情况

很多大学都设有技术转移部门，其任务是为科学家提供如何构建知识产权的建议。各大学履行此职责的结构大不相同，投入程度也不一样——通常重视度不高，态度漠然，很少采取专业、高效的措施。一些大学将此项工作委托给区域技术转移公司。这些公司通常"服务"于多个大学，往往很少出现在科

---

* 沃纳·曼泰莱博士，法兰克福大学生物物理学教授，Diamontech AG 首席科学官。

学家个人的视野里。然而，决定专利申请及专利实施质量的不仅是区域结构，更在于大学对专利申请及技术转移的投入，包括人力和财力资源（毕竟，专利申请的各个步骤都要花钱，这些资金要占用大学已经很紧张的预算）。

早在20世纪80年代，法兰克福大学就有为科学家提供知识产权转移（尽管当时还不这么称呼）和发展建议的职位。不过，当时的专利申请和工业合作数量有限，易于管理。

1957年的德国雇员发明法形成了所谓的"大学教师特权"（Hochschullehrerprivileg）。根据该法，教授的发明是自由发明，教授作为科学家可以对发明进行自由处理。在笔者看来，当时的法律基本上反映了德国宪法保障的教学和研究自由。

2001年，这种"大学教师特权"实质上已被新修改的德国雇员发明法废除。从那时起，德国雇员发明法规定的适用条例基本生效，不过大学和其他雇主一样，仍然可以根据德国雇员发明法第6条和第8条选择放弃专利所有权。如果没有选择行使放弃权，大学便成为知识产权的所有者。通过上述法律修改，大学的科学家便成为"职务发明人"。修改后的法律规定：在通过许可或出售等方式实施专利时，大学有义务向发明人支付由专利实施所产生（净）收入的30%作为其奖酬（参见德国雇员发明法第42条第4项）。本书第3.2.6节提供了有关大学发明的详细信息。

4.2.2 Innovectis GmbH 的成立

2000年，德国雇员发明法尚未修订，法兰克福大学就成立了子公司Innovectis GmbH 来履行下述相关职能。在今天看来，时任大学校长作了一个非常有远见的决定。Innovectis GmbH 负责向科学家提供建议、确定值得保护的发明、将其转化为专利、系统地建立专利和专利族的组合、负责这些专利的维护和营销、与科学家共同发起及协调基于专利的工业合作。

然而，大学科学家对于将自己的构想进行商业化应用的做法持不同观点。一些研究人员沉迷于崇高的基础研究，根本不会考虑将其构想申请为专利，往往在原则上持拒绝态度，宁愿只通过科学刊物来传播思想。很明显，这样的科学家越来越少，在此将其忽略。对于基本上"愿意申请专利"的科学家，部分人通常认为自己的构想缺乏创新性（"……我们一直这样做，没什么新鲜的"）。还有一些人倾向于高估自己的发明，希望将所有研究成果都申请为专利。大学科学家对创新的评估范围如此广泛，主要是因为除了查阅科学期刊的文章外，很少有相关研究领域的科学家去查找专利说明书。如果您正在专业期刊上寻找科学文献，请看看参考文献中引用的专利——几乎没有。

因此，培养大学科学家的创造性意识，同时使其了解从发明到专利要经历的各个步骤非常重要，其中最重要的是使其了解在这个过程中可能出现哪些错误。为了提高下一代科学家的敏感性，早在本科阶段，法兰克福大学就针对学校的一些自然科学科目开展了专利法、知识产权构建和企业成立的讲座和研讨会。

4.2.3 实施：从发明报告到专利

法兰克福大学的子公司 Innovectis GmbH 根据德国雇员发明法实施了一套程序，贯穿发明到专利的整个过程，以公平（对科学家而言）和可负担（对大学而言）的方式来构建知识产权。为实现这一目标，评估发明的委员会（"评估委员会"）得以成立，其中半数成员为大学教授，半数成员为大法兰克福区的工业界代表。该委员会每两个月左右召开一次会议，审核收到的发明报告，这样可以满足德国雇员发明法规定的接收或放弃发明的最后期限。笔者在 2018 年前一直是该委员会的成员。

Innovectis GmbH 早在准备阶段便积极开展工作，鼓励已经作出（或至少相信自己已经作出）可申请专利的相关发明的科学家尽早联系 Innovectis GmbH。然后公司职员们会对发明报告的撰写提出建议，与发明人共同探索所报告发明的技术环境。德国雇员发明法规定的截止日期从收到发明报告的时间开始算起。在外部专利律师的帮助下，Innovectis GmbH 会进行最简单、性价比较高的专利检索，并（可能在签订保密协议后）与工业界中可能的利益相关方就专利实施进行初步讨论（"预专利实施"）。根据 Innovectis GmbH 的检索结果和专利律师的初步评定，评估委员会就是否申请保护或放弃该发明给出建议，其评判标准是发明的可专利性和实施机会。根据近年来的经验，经此程序后仅有 1/4 的发明会申请专利。多年来的实践证明这一步骤可以减少"专利垃圾"的数量，将大学的稀缺资源集中于具有最佳实施机会的专利和专利族。值得注意的是，该委员会向大学指出适宜放弃的发明后，几乎没有发明人自掏腰包对其报告的发明进行后续的专利申请。

4.3 大学专利申请和论文发表：二者是否相矛盾？

4.3.1 "大学论文发表冲动"

"不发表，即毁灭"（"publish or perish"）在大学是一项原则。科学家如果没有发表适当数量和质量的论文，便会失去科研经费、工作岗位和更高级别的学位（如博士学位或特许任教资格等）。一些看似客观的数值参数被用于评估科学家的工作质量，如表明科学家文章发表活动的赫希指数（Hirsch Index，以下简称"h指数"）或表示特定期刊文章引用频率的影响因子（Impact Factor，IF）。

专利申请和发表论文、保密协议和公开演讲、信息保护和自由查看科研成果之间应如何互相适应？

4.3.2 专利申请与发表论文

在很多大学中，科学家认为专利申请和论文发表互不相容，因此选择了后者。但笔者的经验是，如果遵守特定规则，二者可以兼顾。首先要提高实验室工作人员对保密信息的敏感性：研究成果及程序和设备的细节是保密信息，只能在工作组内部讨论，不能在社交媒体或聊天群组分享。对于具备可专利成果的精密项目，我们也通过各种方式在研究小组内签订内部保密协议，包括和本科生、硕士生甚至博士生签订保密协议，或者在内部将保密协议转发给工业合作伙伴。

科学家公开其成果的方式包括：为科学期刊撰稿、在会议上展示海报或进行演讲。科学期刊的投稿以手稿的形式交给出版商或编辑，通常要经由几个审稿人审阅，此过程需要保密。如果审稿人给予肯定的投票，那么文章将被接受，如今会被立即发表在电子期刊上；如果印刷版本仍然存在，之后也会在该版本中发行。或者，审稿人可以要求更正，原稿被退回，之后文章作为"修订稿"被再次提交。审阅流程通常需要几个星期来完成，也有不少情况需要几个月时间。原则上，所有相关方都有义务在文章从提交到发表的整个过程中保密。因此，可以利用从提交手稿到文章发表的时间段来撰写和提交专利申请。

不过，根据经验，在正确、公正的评估过程中，出版商、编辑或审稿人通常会出于善意将提交的手稿交给第三人或第四人以获取进一步的意见。

> **建议**
> 专业期刊的原稿和专利申请一起提交会更安全，这样在专业期刊的稿件审查阶段也能对知识产权进行临时保护。在实践中，这意味着投稿的写作和专利申请文本的起草必须同步进行。但这样做也很有益，比如有助于准确撰写两个文本的内容。

4.4 学位论文和学术论文

在大学科研团队中，教授、研究助理、博士候选人和学生密切合作，且都有可能据此撰写学士、硕士、博士或特许任教资格论文等论文。各成员有权在论文中展示自己取得的研究成果，而这些论文基本会向公众公开。这种方式很客观地反映了博士生完成论文的情况，无论是其中内容涉及详细的工作还是所谓的累积工作（由一小段摘要和几篇发表文章构成的博士论文）。此外，学位论文和学术论文必须由至少两名审稿人进行评估——这一过程的内容"泄露"足够多，可能不利于专利申请。

> **建议**
> 应与审批论文的内、外部审稿人（外部审稿人尤甚）签署保密协议。

为了在一定程度上解决这一困境，经考试办事处和博士委员会协商，学校采取了一种程序，其中学位论文和学术论文在保密的情况下进行审查，且可以在学生完成学业或答辩（博士考试）后的一段时间内（可能是几年时间）秘密保管。在实践中，这意味着内部或外部审稿人会收到论文和关于流程保密的书面说明并对其进行会签。虽然这一程序多次引发同事的意外和不满情绪，但大家最终都对此表示接受。在一些大学，博士规章还规定了所谓的"传阅"环节，即把论文和报告轮流递交给院系内的所有教授。教授可以表示同意、添加评语，甚至可以提出反对意见。这个过程可能需要几周时间，其间会有大量内容泄露，可能会对专利申请造成损害。要解决这一问题，可以将论文和专家意见在院长办公室公开，仅供签署保密协议的人员查看和签字。类似地，这种方法也适用于大学特许任教资格的评选和资格论文的审查。

这些程序可以作为辅助应对措施来防止信息传播对专利申请造成损害，但似乎都不够稳妥。实际上，我们希望大学的科研规章、审查规章，以及博士或特许任教资格评定规则从一开始就明确规定对大学（进而对发明人）的知识产权进行保护，这样便能明确要求大学采取适当措施，实现有效的技术转移。不过，我们的大学离这一目标还相去甚远，很多大学事务仍然深受"知识人人共享"态度的影响。

4.5 会议讲座和海报

另一种在大学传播知识的常见方式是在会议中以海报或讲座的形式展示研究成果。对此过程进行控制要容易一些。针对工作组成员希望对外展示的每份海报或讲座草稿,首先在内部进行检查,了解其中可能不利于专利申请的内容,在确保不会泄露保密信息后再让其公开。工业界认为采取这样的程序是理所当然的——为什么大学不能呢?在大学,技术转移办公室的帮助很重要,例如法兰克福大学就获得了子公司 Innovectis GmbH 的帮助。

在此通过笔者研究小组的实例进行说明:研究小组与工业合作伙伴一起开发了对啤酒成分进行定量测定的测量设备("啤酒传感器"),该项目不仅是个非常有趣的科研项目,还提供了各种啤酒的大量样本,能让人成为真正的啤酒侍酒师。工业合作伙伴邀请研究小组在贸易展会的展位上展出设备原型,研究小组开心地答应了。一次偶然的机会,与 Innovectis GmbH 合作的专利律师在展会开始 3 天前了解到了这个项目。他说服研究小组最迟可在拆开原型并展示给公众和记者时为该设备获得专利保护。最后,专利起草工作仅用 3 天便完成了。就在位于慕尼黑的德国专利商标局确认收到专利申请的同时,研究小组在展会上拆除了设备原型的包装。

> **建议**
> 特别建议对海报和会议展示内容采用规范的审批流程。

4.6 用"屋顶专利"代替"围墙专利"

大学的专利几乎总是力图保护极其具体的方法或设备,这些方法或设备因其新颖性或重要改进(有关的详细描述,请参阅:Schilling, 2014)而得以实施或应用。因此,它们看起来应该和工业界的专利完全不同。工业界申请的专利像分组围绕在(已获专利权的)方法周围的墙壁/屏障,以阻止类似或相关的方法。可以用(大学的)"屋顶专利"和(工业界的)"围墙专利"进行很好的区分——这种情况与大学有限的专利申请财政资源相符。因此,大学"典型的"屋顶专利可按如图 4.1 所示方式构建起权利要求。

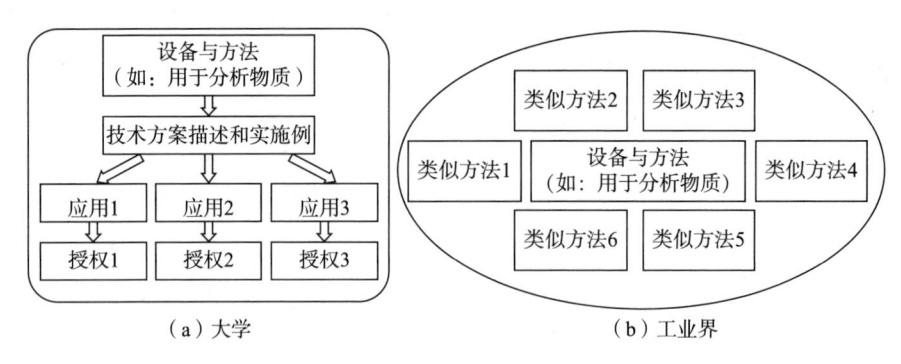

图 4.1 大学和工业界的不同专利结构

从大学的角度来看，这种结构的优势（至少就理论而言）是只需一项专利就能和不同合作伙伴完成设备和方法的一系列营销活动，且能对其暂时进行保护，从而将专利申请和专利维护的成本控制在一定范围内。

4.7 与工业合作伙伴签订合同

4.7.1 外包的多种选择

大学研究项目通常具备与工业目标相符的应用潜力，大学研发团队和工业界之间自然会形成合作伙伴关系。构建合作伙伴关系有许多不同的方式，主要区别在于合同的起草方式不同，因此对知识产权的处理方式也有所不同。

4.7.2 与科学家签订咨询合同

大学科学家和企业之间开展的咨询活动是一种常见的合作形式。"咨询合同"，特别是规定科学家有额外报酬的咨询合同，需要得到大学管理层的正式批准。遗憾的是，大学科学家经常忽略这一点。此类咨询合同通常由企业与科学家个人签订，其中还必须明确知识产权的处理方式：哪些份额属于"雇主"大学，哪些份额属于企业。恐怕大多数此类咨询合同都没有明确这个问题（或者完全规避了这一点），而且知识产权通常为企业专属，最终大学也就失去了从其职务发明人的第二职业中获得收入的机会。

4.7.3 大学与企业签订合作协议

第二种合作形式是大学研发团队与企业正式签订合作协议，协议的签订必须由大学的法律部门完成。参与合作的大学科学家通常是"全职"（而非带薪兼职）从事联合研发项目。此类合作协议必须定义显示双方研发任务的工作包。这种合作会达成很好的双赢局面：大学作为合作伙伴贡献其专业知识，且通常具备有益于工业合作伙伴的基础设施，而作为回报，大学会获得用于支付员工薪资的财务资金、材料或对方法的工业应用进行测试和验证的可能。

另一种可能的合作形式是服务或合约工作：例如，大学可以提供分析服务，而工业合作伙伴不具备这些服务，因而不得不在分析服务供应商市场上进行购买（前提是市场具备该服务）。

应用科技大学虽然在传统上与工业界的关系更为紧密，更容易参与各种形式的合作，但却往往不愿意参与其中。众所周知，大学行政部门和法律部门常常对和工业合作伙伴签订合同持怀疑态度。笔者也有过这样的经历：大学总怀疑工业合作伙伴想要通过这种方式来占用公共资源。另一种极端情况是工业合作伙伴被大学视作"摇钱树"。这样起草出来的合同往往会让工业合作伙伴兴趣大减，导致大学研发团队错失科研经费。

原则上讲，大学应该是乐于同私人第三方资助机构合作的。这样，大学不仅能挖掘新的资金来源，还能拓宽机遇，探索有价值的研究领域。此外，这种工业合作能够建立联系，帮助大学毕业生找到好工作。

各个大学在合作形式上存在很大差异。大学通过所谓的"间接费用"从合作中获利。间接费用即成本计算的附加费用，其数额根据不同项目有所差别，从纯研发合作的 20% 左右到外包研究与服务的近 100% 不等。尽管一部分"间接费用"被重新分配给了大学的研发团队，但主要部分仍在大学手中。有关大学如何处理私人第三方资助的概述，请参阅 Heidelberg University（n. d.）。

4.8 大学研发项目的"资金缺口"

4.8.1 筹　款

大学的基础研究主要由所谓的"第三方资金"资助，资金必须由研究团队通过竞争的方式来获得。这些"第三方资金"与项目绑定，通常会覆盖 2～3 年，很少会持续更长时间。大学所谓的"基础配备"通常只涵盖部分人员成本、场地和至少一部分研究实验室的运行经费。大学资金中可供教授用于新研究项目的资金几乎总是很少，无法供其在高科技领域进行创新研究。因此，大学教师和研究人员要耗费相当一部分时间（至少 20%～30%）用于筹集科研经费。

4.8.2 不同资助者的对比

德国最大的资助者之一是德国研究基金会（DFG）。该基金会的资金几乎完全由德国联邦政府和德国联邦州提供。资助率根据研究主题不同在 20% 和 30% 之间浮动——通常每 3～5 项申请中只有 1 项可以成功获批。2018 年，德国研究基金会用大约 34 亿欧元的总金额资助了约 3.3 万个项目，即每个项目平均收到约 10 万欧元的资金。

尽管德国研究基金会声称"我们会一直提供支持，直到你完成原型构建"，但它几乎只为基础研究提供资助。因此，大学研发项目往往会因为"太过实用"导致资助申请被拒。此外，德国研究基金会日益关注合作研究，如所谓的合作研究中心、研究单位，或卓越计划框架内的"卓越集群"。如果一个小型研究团队致力于开发创新方法和设备并申请专利，要为技术实施、原型构建及方法验证寻求资金，则很难获得德国研究基金会的资助。

德国联邦教育和研究部（BMBF）也是研发项目的资助联系者，可通过提案请求向其申请资助，其通过收到的请求定期定义新的研究领域。例如，光子学这一研究领域便受到长达 10～15 年的资助。量子技术及最近的人工智能也被添加为新研究领域。

资金可被用于技术验证或原型构建。有的资助类型决定了在此过程中还需要能提供资金的工业合作伙伴的参与。在这种情况下，必须仔细研究如何与工业合作伙伴共享大学研究团队的知识产权，以及如何共享和应用在接受德国联邦教育和研究部资助的合作过程中新创建的知识产权。

在与工业界伙伴合作时，如向德国联邦教育和研究部申请资助，就会出现大学研究团队的出资份额问题。工业合作伙伴必须提供一定资金（通常是其所申请资金份额的 50%），而这往往会使个别合作伙伴申请的资金份额失真。如果初创企业已经从大学研究团队剥离出来，那么其理应自行出资的金额可能远远超出初创企业的财务能力。

就笔者自己的研发历程而言，多年来笔者一直在"配备资金"和德国研究基金会的资助下进行基础研究，后来又得到了德国联邦教育和研究部的资助。这是一个"初级科学项目"（WiVoPro），针对医疗应用领域开发出来的技术进行改造，并希望在工业合作伙伴的帮助下或在初创企业中进一步对此技术进行开发和利用。

欧盟也在其科学资助框架下提供资助机会。多年来，欧盟的重点资助对象一直是大型科研集团；近年来单个研发单位向其申请资助再次成为可能——只要提案请求适合其研发项目即可。

德国联邦教育和研究部和欧盟的初创企业资助项目存在一大缺点,就是资金准备周期长,可能需要 1～2 年。这对很多处于初始阶段的初创企业而言未免太久。此外,对花费的资金进行管理也需要投入一定精力,可能会占用初创企业的大量人力资源。

除公共资金外,还可以向私人或工业相关的基金会申请资金,如支持医学领域特定疾病研发工作的基金会。

4.8.3 "泪之谷"

由于存在各种不同的资助规定,因此许多已历经基础研究阶段的创新研究项目可能会遭遇"泪之谷"(也被称为"死亡之谷"或"贫瘠期")。此时由于资金链断裂,因此难以筹集科研经费来进行原型构建等工作。在这个时期,工业合作伙伴通常面临极大的风险,宁可等到原型可用或方法彻底测试完毕之后再进行投资。但"泪之谷"阶段似乎非常适合创业,如图 4.2 所示。

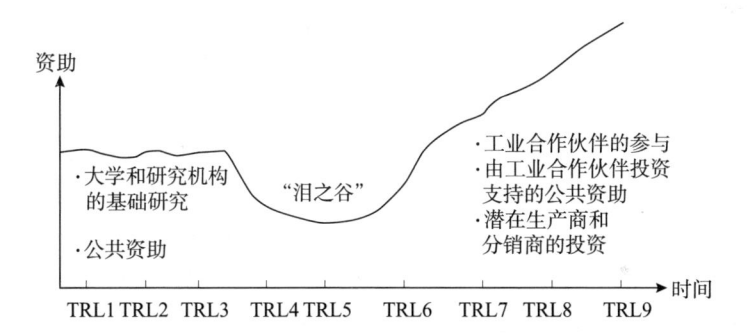

图 4.2　大学和研究机构的基础研究与产品开发之间的资金缺口

注:TRL 指技术就绪指数(Technology Readiness Level)。

在时间轴上,TRL(技术就绪指数)用标记点来表示(参见 Technology Readiness Level)。TRL1～TRL3 代表从基础研究到显示出应用潜质的阶段,TRL4～TRL6 代表从实验室的实验装置到实际原型的首次开发,TRL7～TRL9 代表首次测试原型的实际应用、最终的功能验证和产品开发。

"泪之谷"这一资金缺口在宽度和深度上会呈现一定差异,最坏的情况(如技术转移潜力和市场潜力不明确)可能导致研发工作完全停止。很多项目应用的技术还很新,其开发和应用潜力非常不确定,因此私人投资者或工业合作伙伴会认为项目具有"高风险",不想介入其中。对于大学里具体有多少研发项目在"泪之谷"阶段失败,有多少与项目关联的机会和可能性无法得到利用,笔者尚未得到可靠数据。但是,笔者担心大多数项目都面临此种困境。

大学和公共科研资金的任务就是防止这些大学研发项目尚未进入应用阶段就提前"爆燃",进而失去实现飞跃性创新和突破的机会。

许多大学研发团队也对"泪之谷"阶段的失败负有部分责任。一方面,大学的研究人员通常对市场和市场机遇不甚了解。另一方面,许多同事对自己团队的研发进度和竞争团队的并行研发情况缺乏客观认识。这与大学研究人员对专利申请的基本态度有很大关系,上文已有所探讨。

4.9 初创企业的成立

4.9.1 对于工业企业的期望

成立初创企业是弥合资金缺口和避免"泪之谷"出现的一种方式。笔者的研发团队多年参与对血液参数进行光谱分析的基础研究,为一些应用提供了"原理证明"。尽管在此期间研发团队与活跃于实验室分析、血液参数测定和即时精确检验领域的几家企业保持密切联系,但在研发的早期阶段,这些企业都不愿意与研发团队建立合作伙伴关系。在图4.2中,这一时间点大致处于TRL 3~TRL 4的阶段,此时项目"处于极早期"、"风险太大"及"……技术要求没有到位"。研发团队还经常收到曾经参与研发团队项目的企业的建议(感觉此类建议十分功利):只管继续开发、构建原型并进行临床试验——称其功利是因为工业界的人应当清楚大学各种研发项目的融资可能。一旦前期工作完成且研发呈现积极结果,企业就会回过头来提供资金。对此,我们一直这样理解:工业界不愿进行自主研发,甘愿等待他人去承担原型开发的风险,这样一来,最后只需坐享其成,接手其创新成果。

4.9.2 成立过程中的挑战

从大学研发团队成立初创企业并不容易。从笔者的角度来看,会集中出现以下问题:

- 很少有科学家拥有投资者网络或认识可以提供初始资金的商业天使,尤其在技术驱动的开发过程中,初始阶段的第一步很容易就需要花费几十万欧元。
- 绝大多数科学家在商业规划、融资、市场分析、组织初创企业等方面没有经验。
- 通常情况下,大学科学家出于法律原因不得担任总经理,即使兼任也不允许。

许多大学初创企业希望使用自己大学研究机构中的场地、设备，甚至车间或工作人员，在学校的"暖巢"中进行研发工作。这样的做法原则上很有利，因为可以避免最初购买昂贵基础设施和租用合适办公室及实验室的需要。不过，这要求初创企业与大学签订合同，规范设施的使用和相应的使用费。

4.9.3 大学行政部门扮演的角色

笔者的团队和许多同事都有这样的经验：在成立初创企业时，几乎总会**跟大学的行政和法律部门产生矛盾**。行政部门经常指责初创企业的创始人想通过创建公司来"用公共资金谋求私利"。这种思维方式常常使得行政部门对场地租金和基础设施使用费抱有不切实际的期望。因而，协商过程往往艰难而漫长，且很少能达成双方一致同意的合同。很遗憾，只有极少数大学在离"暖巢"不远的地方开设了企业孵化器，让初创企业可以在公平条件下使用那里的办公区甚至实验室。

另一类矛盾涉及**初创企业对知识产权的使用**。我们假设初创企业的创始人在之前的研发工作中向大学提交了发明报告，大学为此提交申请并获得了一项或多项专利。这也是笔者的团队最初面临的情况。根据法律规定，**大学**是**专利权人**。初创企业现在应该考虑获得长期许可或购买专利。在笔者看来，这对初创企业第一轮及后续的融资而言是绝对必要的。如果知识产权方面的情况不明朗，投资者几乎不会对初创企业的融资感兴趣——或者至少根本不愿意去投资。

此处与上文介绍的就场地使用的协商类似——很遗憾，企业与大学行政部门和负责知识产权协商的法律部门经常存在分歧。这可能是大学管理层对技术转移的基本态度导致的，但大学的行政和法律部门缺乏非公共资金的融资经验也是原因之一。有些大学在授予知识产权许可时已经开始为其衍生企业提供有利条件，这在初始阶段对初创企业非常有帮助。然而，在很多情况下，大学的期望过高，不切实际：初创企业还不是成熟企业，它们迫切需要第一轮融资的资金用于实际的开发工作。

笔者的团队在自己的创业过程中，通过异常艰难、旷日持久的协商，所创办的初创企业终于能够有偿使用法兰克福大学的场地和基础设施。法兰克福大学从中获得的不仅是经济收益：初创企业的员工是该大学的博士生，他们可以帮助指导学士和硕士论文；企业也可以为学生提供实习机会；此外，学生大多可以使用由初创企业资助运营的昂贵设备。在此基础上，笔者的团队为大学打造了一系列广受欢迎的课程，但大学方面却忽略了这些好处。

总而言之，**初创企业与研究机构**的联手具有十分积极的作用——实现了真正的双赢，这种双赢在开发工作、科学生产、学术出版以及教学方面都有所体现。

笔者团队和投资者协商后,从法兰克福大学那里购买了知识产权。尽管经历了漫长的谈判,尽管大学的期望高得不切实际,尽管购买专利用掉了相当一部分的初始资金,但从长远来看,这种做法已经有所回报:投资者总是对企业有知识产权方面的要求,他们认为笔者团队的这一选择非常正确,对初创企业来说,完全持有知识产权(而不仅仅是获得许可)是极为重要的。

> **建议**
>
> 如何建立大学衍生企业?
>
> ● 科学家作为企业创始人应该与所在大学一起申请专利,提前保证实施研发工作所需的知识产权。
>
> ● 强烈建议让已有创业经验并拥有商业天使和投资者网络的合作伙伴加入团队。这些合作伙伴不一定是科学家,但是能对市场分析和商业规划作出重大贡献。
>
> ● 显然,要选择在初创企业领域有经验的总经理。这样一来,参与的科学家能够专注于研发任务。合作良好的商业专家和科学家团队会给投资者留下好印象。
>
> ● 创始人应在早期与大学进行谈判,以明确许可或购买知识产权的问题。
>
> ● 根据项目情况,创始人应当考虑是否一开始就将初创企业设在大学,以便使用大学的基础设施。
>
> ● 大学可能会在财务方面对初创企业提供支持,不过这未必是件好事。无论如何,创始人应该把这种可能性考虑在内,以便为使用知识产权或在必要条件下使用大学的基础设施获得有利条件。

4.10　致　谢

笔者要感谢奥特马尔·舍勒(Otmar Schöller)博士(2017年前担任 Innovectis GmbH 总经理)和他的继任马丁·拉迪奇(Martin Raditsch)博士及整个 Innovectis GmbH 团队,感谢大家在专利申请和工业合作伙伴参与研发项目中的良好合作以及在初始阶段对初创企业 Diamontech GmbH 给予的支持。还要感谢生物物理研究所的各位员工 20 多年来携手完成的创新并富有成效的研发工作。

5

知识产权帮助初创企业在各轮融资中吸引投资者

托斯滕·鲁宾斯基（Thorsten Lubinski）[*]

5.1 引　言

初创企业在创立之初必须同时完成多项任务：定义商业模式、雇用员工、租用办公空间等。由于可用资源有限，创始人不得不专注于其核心任务。

由此，知识产权的创造和管理就成了一个很容易被忽视掉的话题。一些简单的知识产权，比如商标，往往是在企业创立过程中注册的，而像专利这种保护力度较大的知识产权就时常会受到忽视。要么是在企业创立之前就已经存在某些专利，初创企业通过转让或许可的方式将其归为己用；要么就是企业在运营过程中偶然创造出来一些零散的专利。对于软件行业的初创企业来说，可能根本就没有什么专利，毕竟软件代码是受到著作权保护的，无法为其申请专利。不过，通常还是可以为软件所基于的技术方案来申请专利的。

初创企业的创始人需要耗费大量的时间来筹集资金，以便实现企业的理想愿景。大多数情况下，创始人必须为此去说服外部投资者。

知识产权是让投资者相信初创企业的企业质量和专业水平的有力工具；从这个角度来看，为了让创始人能更加轻松地筹集到必要的资金，知识产权的开发和维护应该是企业的重中之重。

下面，我们会讨论知识产权尤其是专利给初创企业带来的好处和机会，还

---

[*] 托斯滕·鲁宾斯基，Diamontech AG 首席执行官。

会针对如何系统地创造和监控专利来介绍一些适合初创企业的基本原则和简单流程。

5.2 初创企业的定义

初创企业并没有一个明确的定义。2017 年版《加布勒经济学词典》（Gabler Wirtschaftslexikon）对初创企业的描述提供了一个很好的参考：初创企业是"凭借少量的种子资本创立起来，以实现某种创新的商业构想（通常是在电子商务、通信技术或生命科学领域）为目的的年轻的、尚未成熟的企业。在早期阶段，此类企业通常要依靠风险投资或种子资本（也可能来自商业天使）的支持来扩大业务、加强资本基础。由于其筹集的是风险投资等外部资金，因此这些企业的走向会依赖于资本退出，而其投资者也是通过这一过程来实现投资收益"。

在本书的语境下，这一定义应该修改如下：

> **定义**
> "初创企业是具有指数级增长潜力的年轻企业。为了尽快发挥其潜力，初创企业依赖于外部资金流入。"

从上面的定义可以看出，并非每个新成立的企业都是初创企业，只有那些具有高增长潜力的企业才符合其定义。出于这个原因，比方说，个体餐馆就不是初创企业，因为其增长很快就会达到极限。如果餐馆喜获成功，门前大排龙，或是必须提前几个月预定餐位，这就意味着到达某一增长点之后，餐馆便无法再满足新增的需求。这一逻辑同样适用于咨询公司：其提供的服务与顾问的工作时间密切相关，全部顾问共同工作的最高小时数是一定的，超出这一数额后，公司将无法再为新订单提供服务，其增长潜力是有限的。

这就与互联网企业形成了鲜明的对比。互联网企业的增长仅受当前可用服务器数量的限制，而增加服务器数量是相对容易的。社交网站脸书（Facebook）❶ 当前在全球拥有近 19 亿活跃用户，其中约 3.49 亿是在欧洲，因为该网站在欧洲几乎没有用户数量限制，欧洲当地也不会限制其提供服务的地点。截至 2019 年 12 月，这家上市公司的市值超过 5000 亿欧元。

---

❶ 脸书创始人兼首席执行官马克·扎克伯格于 2021 年 10 月 28 日宣布将公司更名为"Meta"。——译者注

在线搜索引擎谷歌（Google）每天处理大约 35 亿次的搜索查询。2018 年，Alphabet（谷歌的母公司）的营业额约为 1370 亿美元，是全球市值最高的公司之一。

脸书成立于 2004 年，谷歌成立于 1998 年，两家公司都展示了成为全球品牌的速度可以有多快。

5.3　融资形式

初创企业需要借助资金来实现其愿景。在初始阶段，成长型企业通常还没有任何收入，因为它们需要一个启动期来建立产品、流程和技术基础设施。初创企业必须为这一启动期进行融资。

融资方式基本上分为三种：股权资本、借入资本和补贴/赠款。用股权资本融资时，企业的一部分通常会被转让给投资者来换取一笔资金，而借入资本则是必须偿还利息的债务。对企业家来说，最好的融资形式是无须偿还的赠款或补贴。很多时候，融资都是混合形式的，比如说，只有在同时筹集股权资本的情况下才能获得补贴。

借入资本通常不会在初创企业的融资中发挥重要作用，因为在大多数情况下，新成立的企业都不具备必要的贷款抵押物。赠款和补贴本身往往又无法满足企业的资本需求，因此大多数初创企业都依赖于股权融资。

有趣的是，盎格鲁－撒克逊国家❶与德国对股权融资存在不同的看法。在美国，这种融资形式被称为"冒险资本"，意思是说冒险是为了抓住机会。而在德国，"风险资本"一词则更常见，强调的是失去资本的风险。

然而，从原则上来说，有许多来源可以为初创企业提供必要的资金。众所周知，自中世纪以来，来自富裕家庭的赞助人就常常会对艺术家或科学家进行资助。最迟自 20 世纪 80 年代以来，就出现了专门处理初创企业融资的行业（另见本书第 10 章）。富有的私人投资者被称为"商业天使"，专业投资者则可以分为金融投资者和战略投资者。这些投资者群体所感兴趣的风险特征以及其投资金额和意向都各不相同。商业天使常常会投资与其有个人联系的主题项目，金融投资者只对风险/回报率感兴趣，而战略投资者则会寻找适配其特定投资组合的投资模块。

---

❶ 盎格鲁－撒克逊国家（Anglo－Saxon countries），主要指以英语为第一语言的国家。典型的盎格鲁－撒克逊国家包括美国、英国、加拿大、澳大利亚和新西兰等。——译者注

5.4 案例研究——"糖光"

为了对初创企业的融资方式作进一步的解释说明，我们将假定一家名为"糖光"的初创企业，以它为例看看相关的融资措施。糖光是一家医疗器械公司，该公司希望开发并生产一种新型血糖监测仪。其监测仪的目标群体是糖尿病患者。糖尿病是一种全球性疾病，患者血糖调节受损，因此需要定期监测其血糖水平。全世界有超过 4.5 亿人患有糖尿病，他们当前使用的血糖监测方法已有 30 多年历史。糖尿病患者必须用采血针刺破手指，然后将一滴血滴在试纸上，再由传感装置进行评估。这个过程既有生理上的痛苦，也会从心理上让人不适。家用血糖监测仪的市场规模约为每年 100 亿美元，年增长率约 6.7%。在当前的第 9 版糖尿病地图中，国际糖尿病联盟（International Diabetes Federation，IDF）预测，到 2045 年，糖尿病患者人数将增长到 7 亿（参见图 5.1）。

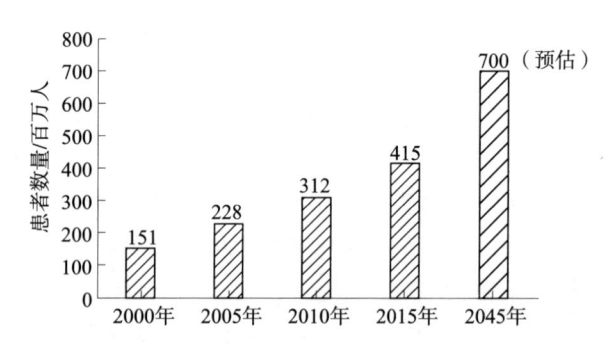

图 5.1 糖尿病，一个全球性问题——全球糖尿病患者数以亿计

糖光开发了一种无须患者刺破手指的血糖检测方法。该检测方法基于激光技术，通过光学方法来确定皮肤中的糖含量，再用糖含量值确定血糖水平。该方法跟传统方法一样精确，但却具备无痛、无创且无须任何消耗品的优点。其应用的医疗设备是一种"无创血糖监测仪"。

对上述血糖检测方法的基础研究是在德国某大学进行的，研究团队基于该方法以大学的名义申请了专利族。

糖光正在通过私人和机构投资者的渠道筹集股权资本，以便从基础研究成果中产出适销对路、适合大批量生产的产品。作为第一步，糖光从大学手中收购了上述专利族并将其转让给公司。

5.5 通过知识产权保护实现风险最小化

从投资者的角度来看，投资的风险与回报是其必然要审核的问题。本书对初创企业的定义意味着企业具备高盈利潜力，因此投资项目审查的很大一部分内容在于审查企业完成销售并实现利润之前所存在的风险——这也就是所谓的"尽职调查"。知识产权，尤其是专利，可以在降低风险方面发挥重要的作用。

有 8 项核心风险影响着初创行业内的所有投资决策。初创企业的规模和投资者的类型各有不同，风险的权重也可能会有所差异。但是，针对以下风险，初创企业应该具备相应策略和应对计划。

为了让大家弄清初创企业要解除的风险，笔者以 Coding VC 的博客文章"如何解除初创企业的风险"（Coding VC，2016）为指南，并针对技术型企业的特点将其进行了改编。

有一个要点虽然不属于风险，但对于确定一家初创企业是否有能力处理投资申请具有决定性意义，那就是能够简要、清晰地介绍企业的宗旨。乍听起来这可能只是很微不足道的一点，但不幸的是，初创企业总希望能凸显其"专业性"，不想因为构想过于狭隘而遭到投资者的拒绝，因而常常会迷失在华丽的企业愿景描述中。事实上，企业介绍的前一两句话就应该让投资者了解企业的宗旨，从而在他们心中树立正确的企业形象。

斯科特·加洛韦（Scott Galloway）教授在纽约大学斯特恩商学院教授市场营销课程。他写了一篇颇为幽默的博客文章——"Yogababbel"（Galloway，2019）。在这篇文章中，他对几家企业的企业宗旨进行了定性评估，并授予企业"屁话评级"。等级越低，就代表企业宗旨越清晰、越具体。视频会议服务商"Zoom"的企业宗旨是"让视频会议更简单"，获得了作者的好评。而健身器材制造商"Peloton"的评级却糟透了，该企业称其企业宗旨为"出售愉悦感"。

打个比方，对于初创企业糖光来说，下面的表述从技术上讲无可挑剔，但是却太过抽象了。

> 对于糖光来说，这样的企业宗旨就不够明确：
> "糖光开发出了一种用于检测液体和软物质中的分子的光热方法，该方法可以用于许多新的检测方法。"

初创企业的创始人常常自豪于自己的技术成就（"新光热方法"），希望能敲开所有市场的大门（"多种检测方法"），但是他们往往忘记了技术的实际应用才是更有说服力的。

下面是另一种表述：

> 对于糖光来说，这样的企业宗旨会更加通俗易懂：
>
> "糖光开发出了一种医疗设备，可以用它来测量血糖且无须患者刺破手指。该设备采用了一种由企业自主开发、受到专利保护的最新方法。"

有了第二个描述，投资者就能知道产品是什么（"医疗器械"）、产品有什么优势（"无创"），以及产品应用了一种激动人心的新技术（"受专利保护"）。这样，投资的第一个障碍就被破除了。

为了评估初创企业的整体风险，表 5.1 以结构化的方式分别对每种风险进行了概括。

表 5.1　初创企业的风险类型概述

序号	风险类型	企业应当证明的方面
1	产品需求（"产品－市场匹配"）	客户真的想要这一产品吗？
2	产品质量	初创企业能否生产出高质量的产品？
3	团队	初创企业能否打造强大的团队？
4	分销	初创企业能否建立必要的销售体系？
5	市场规模	市场足够广阔吗？
6	资金	初创企业能否筹集到足够的资金来实现其预期目标？
7	竞争	初创企业的产品与其竞争对手的产品存在哪些差异？这种差异化特征是否具有可持续性？
8	"不公平优势"	初创企业具备哪些其他企业没有的优势？

下文将更加详细地探讨上述风险类型，并向大家展示如何利用知识产权来有效降低风险。

5.5.1　产品需求（"产品－市场匹配"）

迄今为止，初创企业失败的最常见原因就是缺乏产品需求或"产品－市场匹配"不当。市场研究机构 CB Insights 对 100 多份失败初创企业的现场报告进行了评估，发现在 42% 的案例中，产品需求缺失是企业失败的根源（CB Insights，2019b）。

许多产品都是在未考虑目标群体的情况下开发出来的，相关案例不胜枚举，比如水果/蔬菜榨汁机"Juicero Press"。初创企业 Juicero 成立于 2013 年，并于 2014 年获得 1.2 亿美元风险投资。该企业于 2016 年初在美国市场推出"Juicero Press"——该产品是一款联网榨汁机，可以用预先包装好的果蔬包压制出新鲜果蔬汁。其基本商业模式类似于此前大获成功的胶囊咖啡机。该榨汁机在推出时售价 699 美元，新鲜果蔬包的价格则在 5～7 美元；2017 年 1 月，机器的价格降至 399 美元。随后，彭博新闻社记者对其进行了测试。在测试过程中，记者尝试直接用手去挤压果蔬包，并成功地挤出了果蔬汁。无论在体积还是质量上，自制果蔬汁都与近 400 美元的昂贵机器制出的果蔬汁相差无几（参见 Bloomberg，2017）。经过几年的发展，这款榨汁机逐渐过时了。2017 年底，Juicero 停止销售其榨汁机和果蔬包。

为了从市场上获取产品的早期反馈，可以向客户提供产品的早期版本，再去研究其使用行为。与经典的市场调研相比，这一新方法的优点就在于初创企业不必再通过抽象的问题向客户了解产品特性，只需直接观察客户对产品的处理方式并以此得出结论。对于新技术来说，这种方法格外奏效，因为许多客户必须先体验产品才能对其进行评估。

这种方法的缺点是产品在早期开发阶段就会被公众所知。竞争对手或潜在的模仿者都能轻松监控开发进度，必要的时候，还可以借此开发出自己的产品。糖光的开发周期很短，每个周期结束后都会找人进行测评。测评者不必全面展现产品的功能，但至少从表面上看，他们要对产品的某些方面进行测评。比方说，在最初的开发阶段还没有必要实现精确测量，但测量过程本身应该可以由终端客户进行测评，包括可能出现的操作错误。这样，终端客户就会对无创血糖测量的工作原理产生一个初步印象——既不会造成痛苦，也不需要任何消耗品。企业还能借此发现可能的操作错误。打个比方，由于测量过程是无痛的，一些客户会在测量周期结束前就将手指从传感器上移开。企业可以将这些问题反馈给开发部门，并在下一次产品迭代时加以解决。

上述过程涉及外部第三方的参与，知识产权可以确保这一过程的安全性，让企业能够将更好的产品推向市场。如果企业能不断对新开发出来的产品特性加以保护，模仿者就很难去进行仿制。

5.5.2　产品质量

一旦实现了产品 - 市场匹配，新问题就出现了：即便产品或用户的数量增加了，初创企业又能否生产出高质量的产品呢？尤其是对硬件产品进行批量生产的时候，原型设计中出现一点小错误都可能导致重大问题。此外，糖光生产的是医疗产品，除了常规要求外，企业还必须遵守监管规范并遵循相应流程。

精心构建的知识产权可以为成品的规格提供依据。这样，企业就可以在现有权利的保护下与外部专家及合作伙伴共同对产品进行讨论和改进。

5.5.3 团 队

对于初创企业来说，企业能否成功在很大程度上取决于其团队的素质。尤其是在早期阶段，每个团队成员都必须承担许多不同的任务，同时去探索、制定并实现工作流程。技术的许多核心内容都还停留在员工个人的脑海中，必须逐渐将其汇集起来，融入整体。

知识产权能够帮助企业招聘新员工、留住老员工。对于新员工来说，知识产权是技术在市场上具备可持续发展潜力的标志。跟投资者一样，员工也会考察他们的新雇主，看看企业会如何将常见的创业风险降至最低。本章中提出的所有论点自然也适用于新员工。

现有员工则受益于新产权的注册和申请。对初创企业而言，一定要将员工的技术秘密记录在案，并通过申请专利等方式将技术绑定到企业身上——这是至关重要的一点。打个比方，在申请专利时，员工可以被登记为发明人，后续的成功自然有他们一份（比如在德国，员工可以通过德国雇员发明法的规定来获取利益，另见本书第3章）。专利公开后，外界会把发明人的名字和相应的技术联系到一起，这样一来，员工对技术和企业的认同度也就更高了。然而对于初创企业来说，还要特别注意将知识产权明确地从员工转让给企业。

因此，知识产权是一种高端的招揽、激励员工的方式。

5.5.4 分 销

所有私营企业的基本动机都是赚取利润，即以一定的利润率销售服务或产品，其赚钱的方式被称作"商业模式"。在糖光的案例中，商业模式包括向患者销售无创血糖监测仪。在医疗设备领域，用户不一定是产品的购买者。比如说，在德国，用户通常会希望由健康保险公司来承担这部分费用。糖光计划独立完成德国范围内的产品营销，但针对全球其他地区，糖光还是希望与分销伙伴合作。

在全球范围内，不同地区的专利能够帮助企业禁止仿制品的销售。专利是一种禁止性权利，专利权人可以利用它来禁止第三方生产、营销和宣传该知识产权所涉及的产品。不必在全球所有国家和地区申请专利——这样做通常也没什么用处，只需在拥有广阔市场或高生产能力的地区申请即可。

除了经典的分销协议外，知识产权还可被用来创建许可模式，在这一模式中，外部合作伙伴经企业授权，可在他们自己的产品中使用该企业的专利技术。

5.5.5 市场规模

如果说上述风险主要是看初创企业能否生产出适销的产品，那么现在就需要关注潜在市场的规模和初创企业的增长潜力了。假如企业所开发的产品只面向某一个利基市场，即便占据了 100% 的市场份额，其预期收入也微乎其微，那么对大多数投资者来说，这一项目的回报潜力就不够大了。许多机构投资者都对最低回报设有一定的内部标准。如果在现有市场规模的最佳条件下也无法达到其标准，投资者便不会给这一项目投入资金。

这种风险对初创企业来说也是一个机会：如果企业能够证明其产品面向的市场规模很大，那么投资者或许也会更愿意在其他方面承担风险。

糖光面向的是家用血糖仪市场。这一市场目前在全球范围内的规模为每年 100 亿美元，预计到 2025 年将达到 160 亿美元。显然，即便市场份额很小，预期销售额也颇为可观。

原则上讲，知识产权一开始并不会影响到市场规模，但投资者会对初创企业能够获取并维持的市场份额进行估算，这时，知识产权对其他市场参与者的禁止作用就会成为一个主要的考量因素。

此外，知识产权也可能会在其他领域发挥作用，而这些领域或许不属于初创企业的核心业务范畴，因而未得到进一步的探索和开发，但对其他企业来说相关领域可能具有重要意义。在这种情况下，初创企业便可通过许可模式获得新的收入来源。

5.5.6 资　金

在融资过程中，有一现象会让很多人都感到惊讶：明明是投资者自己主张融资，为什么他们却仍感觉有风险？答案非常简单：投资者只想将资金投给高质量的、成功的初创企业，而对初创企业质量的最佳佐证是其他投资者的选择。这就让初创企业陷入了某种尴尬的局面：想要说服第一批投资者可谓困难重重，但到了某个节点，投资机会又会变得供不应求。许多初创企业都注意到了这个现象，因此在初创企业圈子里，大家会将其称之为投资者的"旅鼠效应"❶。

专利是由外部专家对技术作出的佐证。授权专利至少满足新颖性和创造性的要求。专利局在专利审查过程中出具的检索报告也为外部投资者提供了对当

---

❶ 原本是描述旅鼠在恐慌时集体跳海自杀行为的传闻，现在泛指在团体中盲目跟随的行为。——译者注

前技术背景的良好概述。笔者建议初创企业委托专门的服务商，定期进行自由实施检索，一方面要确认企业现有知识产权的保护范围能否覆盖相应产品，同时还要调查该产品是否侵犯其他企业的知识产权。企业可将调查结果提供给投资者作为技术审查的依据。

5.5.7 竞 争

企业的竞争地位应从短期和长期两个方面来进行评估。糖光即将进入一个巨大的市场，面临许多长期享有盛名的竞争对手。糖光掌握了最新的无创技术，还因而省去了采血针和试纸，成功进入市场的可能性似乎极大。糖光完全可以通过预订订单数量来证明其产品需求。但是，糖光还必须证明它在进入市场后仍能持续增长，甚至可以通过更长时间的努力从竞争者手中夺走其市场份额。构建知识产权组合有助于提高新企业的市场准入门槛，与此同时，如果企业现有的竞争对手要想利用当前系统开发出具有竞争力的产品，其难度也将因此大大提高。

除了其禁止性作用，知识产权还可以成为一种很好的谈判砝码。如果有几家企业都想使用彼此的知识产权，有个简单的做法：这些企业可以建立一个共同的知识产权池，不必去跟所有市场参与者一一完成许可谈判，而只需以各自的知识产权进行交叉许可。现如今，每部智能手机都包含超过 10 万项不同的专利（Süddeutsche Zeitung, 2011），要想在不侵犯他人专利的情况下制造手机，几乎是不可能的。但是，如果企业自身在该领域的专利组合价值够高，其他制造商出于利益就必然会作出妥协。这一点不仅适用于专利，其他类型的知识产权也可以用来提高企业自己的谈判地位。

5.5.8 "不公平优势"

在风险评估中，"不公平优势"是初创企业的王牌。在本章的语境中，不公平优势是指企业不易被其他市场参与者复制的机会或特征。比方说，拥有独家分销渠道、以特殊条件与大企业达成合作、与未来客户关系密切等都属于不公平优势。

糖光得益于成立前多年的研究经验和保护范围宽泛的专利，该专利保护的技术远远超出了实际产品的范围，还包括了其他的应用领域。

知识产权一旦变成某种标准或事实意义上的标准，就会成为难以掌控但却非常强大的不公平优势。音频编码方法 MP3 是音乐最常用的数字存储方法，并获得过多项专利。2017 年以前，几乎每个软件、硬件制造商都必须向专利权人支付使用费，专利权人因此获益高达数千万美元。不过，MP3 格式的相关专利在 2017 年就到期了。

5.6 初创企业的知识产权管理

为充分利用知识产权降低风险的特性，初创企业必须在早期就建立起相应流程来构建和获取知识产权。企业可以制定一套知识产权价值准则来反映知识产权的战略价值，也能借此让员工认识到知识产权对企业的重要意义。

糖光的知识产权价值准则包含以下要点。

> 糖光知识产权价值准则：
> - 将强大的知识产权视为企业的战略工具；
> - 努力成为企业使用的一切知识产权的所有者，特别是在与其他企业合作的时候；
> - 对开发工作进行系统、持续的监控，以此发掘潜在的知识产权；
> - 专注于以价值为导向的知识产权，将客户的利益放在心上（坚持知识产权精益求精的原则）；
> - 确保企业所开发的产品受知识产权保护；
> - 定期检查企业内部开发出来的新技术是否侵犯了第三方的知识产权；
> - 力求扩大知识产权的保护范围，以防止技术规避；
> - 在全球大部分地区进行广泛的知识产权布局；
> - 利用好各种知识产权保护（专利、实用新型、外观设计、商标、著作权），以争取最佳竞争地位；
> - 尽量延长知识产权的审批流程，以便必要时能通过调整知识产权申请（例如专利申请）来应对新的技术发展；
> - 对专利申请进行逐一核查，确认是否应当以有限的保护范围实现快速授权，随后再争取更加宽泛的权利要求。

这套准则为员工的日常工作提供了参考。在合同谈判中，员工能够更好地理解知识产权条款，尽量为企业争取利益；开发人员会对技术进展进行反思回顾，敏锐地发掘出适宜申请知识产权保护的要素并向上级领导汇报；团队负责人可以定期举办团队研讨会，对具备可专利性的构想进行探索和开发。还有一种值得提倡的做法：监控竞争对手的知识产权战略，从而对市场上的最新技术动向作出及时反应。

糖光为了将其企业准则落到实处，制定了一套简单的流程。每隔半年或一年，糖光都会举办一场专利研讨会，指派各个领域的代表——最好是跟专利律师一起——参加研讨会，了解跟进上次会议以来的技术开发情况。

除了介绍技术进展，糖光还鼓励参会者思考、收集新的专利构想。

此外，企业会安排一名员工去分析自家专利的检索报告，简单检索最新学术公开情况，并对竞争对手的知识产权公开和产品发布进行跟踪。

糖光就是利用以上措施，再通过演示和讨论，产出具备可专利性的构想。要想将构想转化为高质量的专利，需要专利律师的参与；企业会指定一名员工协助专利律师与员工进行相关沟通。在此过程中，还须进一步探寻专利技术方案的替代方案，有效拦阻其他申请人对第一实施例可能采取的规避设计。这样做的目的也是撰写尽可能宽泛的专利申请——哪怕专利申请只有一个具体的实施例，也要通过这种方式来获取最大的保护范围。

有些企业会刻意缩小专利保护范围以实现快速授权。如果企业自身拥有的专利很少甚至没有任何专利，这会是一个非常好的策略。但糖光采取了与此相反的策略，试图通过其宽泛的权利要求尽可能长时间地让授权过程持续下去，以便在必要时调整专利申请，应对最新动向。

在个别情况下，糖光会从原始申请中分出一些权利要求范围较小的分案申请，以便向投资者说明其专利申请在原则上符合授权标准。但是，原始申请仍要尽可能宽泛一些，才好实现最大限度的专利保护。当然，企业不得不接受的是，如果母案申请被专利审查员驳回，则必须对该申请的保护范围加以限制。

落到具体措施上，糖光选择了PCT申请途径，并委托外部专利律师来负责专利申请的提交和管理。PCT申请可以在《专利合作条约》的150多个成员国提供临时保护，并为初创企业创造机会，让企业能够在优先权日起至少30个月后再行决定应该在哪些成员国寻求专利保护。遗憾的是，当前并没有一个统一的全球专利，各国专利制度存在差异，企业必须让PCT申请分别进入相关国家。通过PCT申请途径，申请人可以延缓决策时间，后续再决定在哪些国家启动专利程序。

在选择目标国时，糖光以市场的经济价值和国家的生产潜力为指导，在世界十大国家/地区申请核心专利，但仅在五个最大的国家/地区申请次要专利。

总体而言，整个授权过程比较复杂，为此需耗费一定的时间和金钱，但企业却能借此收获高质量的专利。通过这一流程，糖光自成立以来每年都会申请新的专利族，构建出了高价值的专利组合。

由糖光模式所总结出的专利开发结构化流程如图5.2所示。

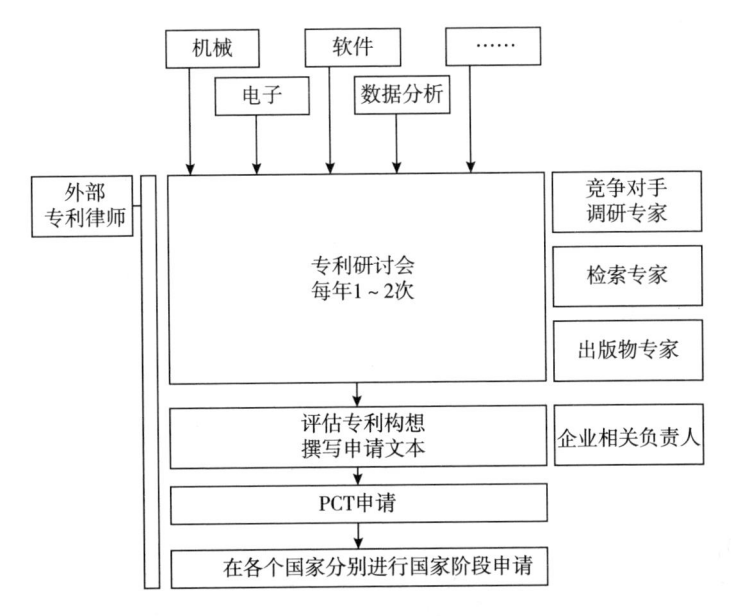

图 5.2 专利开发的结构化流程

5.7 总　结

初创企业要想发展壮大，其创始人必须克服多重挑战，还要特别注意企业的资本化，毕竟缺少了必需资源，企业就无法一步步走向成功。

为了了解投资项目，外部投资者会对企业进行调查并评估各种风险因素，以此作出风险预测，最后根据风险和预期回报的大小进行投资决策。

知识产权是降低投资风险从而带来积极投资决策的有力工具。对于创始人或总经理来说，知识产权的构建和管理具有战略意义，可以通过统一的企业准则对其加以规范。以清晰的企业准则为基础，初创企业可以建立起一套可操作的流程，将知识产权战略的实践常态化，从而不断开发出新的知识产权。

最终，初创企业自身也会受益于此，投资风险降低了，企业和创始人的整体风险也就随之降低了！

6
以知识产权为重点的初创企业合同起草

雷纳·吉斯（Rainer Gith）*

当公司在初创阶段正面临资本的增资和退出（例如出售、首次公开募股）时，有两点内容对公司的合同起草至关重要：公司拥有知识产权，且不受第三方权利的约束。这具体涉及发明人的正确指定、知识产权所有者的正确命名以及知识产权的可靠性。上述信息要么由采购方核查（"知识产权尽职调查"），要么由卖方提供担保。透明地处理好许可费支付和雇员发明人奖酬也非常重要。

6.1 引　言

知识产权通常都是商业模式的重要组成部分——这不仅仅是针对技术驱动的初创企业来说的。知识产权，尤其是专利，可让初创企业在竞争中受到保护，从而使其对投资者更具吸引力。不同形式的知识产权，尤其是专利、实用新型、商标、著作权、外观设计以及其他法律保护形式，如域名和技术秘密，都可以成为决定初创企业价值的重要推动力。这既适用于公司成立的融资轮次，也适用于公司可能的出售（退出）。

因此，创始人应考虑在创业初期就将知识产权转让给自己的初创企业，因为这些权利通常不是来源于公司而是来源于个人（例如作者或发明人）。这一转让过程必须以合法有效的方式进行，并且必须被透明地记录在案，以便投资者和潜在买家可以无任何遗漏地核查初创企业的知识产权所有权。

本章无法呈现所有可能的合同模板。因此，本章聚焦对初创企业某些典型阶段特别重要的合同起草要点，目的是让公司创始人意识到其重要性。为了进

---

* 雷纳·吉斯，法学博士，律师，CLP Rechtsanwälte 合伙人，担任多家股份公司的监事会主席。

一步缩小范围，以下在谈及知识产权时仅指专利和实用新型以及相关的技术秘密。在本章中使用"知识产权"一词时，是指专利和实用新型以及相关的技术秘密。

然而，本章描述的原则适用于许多国家，特别是中欧国家（本书中的示例大多数反映德国的法律状况）。

6.2 初创企业获取/使用知识产权

6.2.1 初始阶段

如引言所述，如果**初创企业的创始人**是知识产权的所有者，应在公司成立后立即**将这些权利转让给初创企业**。转让是通过转让协议将知识产权转让给初创企业的。在这种情况下，初创企业负责人通常不需要仔细审查专利或转让方对权利的所有权，因为有关知识产权的所有信息都应该是已知的，并且对于权利的归属通常没有质疑。

当初创企业需要第三方知识产权来实施其商业模式时（例如，在初创企业从大公司或大学项目分立出来的情况下），应该事先对知识产权进行审查——这样做是知识产权通过合法安全的合同进行转让或许可的重要先决条件。在随后的融资轮次中，投资者在对初创企业进行知识产权尽职调查时，会非常仔细地检查现有知识产权的质量以及相关合同条款。如果合同中的知识产权不具有"防弹"作用，则可能压低公司的估值，甚至会阻止投资者对初创企业进行投资。

6.2.2 购买/许可的界线

为了能够使用所需的第三方知识产权，第一步基本上就是**购买**相应知识产权**或获得许可使用权**。只有知识产权所有权发生了完全且彻底的变更，购买或完全转让知识产权才算实现。

与购买相反，在许可的情况下，初创企业不会成为知识产权的所有者。从经济角度来看，许可开放了第三方技术。从法律角度上看，许可就是对技术知识产权有使用权和享用权（Henn et al., 2017: 187, para. 2）。

对于优先选择购买还是许可，很难给出一般性的答案——这其中有太多重要的影响因素。对于具有高资本要求的技术驱动型初创企业，如果可能，原则上建议购买知识产权。风险资本投资者希望看到他们投资的公司拥有所有的权利，因为这样能减少依赖性、降低例如许可人破产或许可人出于特殊原因终止许可协议所带来的法律不确定性。由此看来，拥有知识产权通常会增加初创企业的企业价值。

6.2.3 购买合同

6.2.3.1 知识产权尽职调查

如果要从第三方获得知识产权，在签订购买合同之前尽可能多地获取相关信息至关重要。在投资前，投资者会在知识产权尽职调查过程中花费大量时间和精力调查知识产权情况。与专业投资者不同，新成立的公司——尤其在其早期创业阶段——往往资金有限。尽管如此，创始人应尽量提前收集更多信息，以便真实地评估知识产权的质量和价值。

在购买专利之前，咨询经验丰富的知识产权专家同样非常重要。如果因资金不足而请不起经验丰富的专家（通常是专利律师），也可以选择招聘知识产权专家，让其参与到初创企业中。公司内拥有知识产权能力是创始团队的宝贵资源。

在对拟购买的知识产权进行审查之初，应制定完整的知识产权清单，分为正在申请和已授权的知识产权两部分。根据如此掌握的信息，再检查该知识产权是否具有法律效力，以及是否已向专利局按期支付了之前产生的费用。特别需要关注的是卖方对知识产权的所有权问题：初创企业作为买方应尽可能确定卖方是知识产权的真实所有人。在许多国家（例如在奥地利），可以通过查询专利局维护的专利登记簿来有效验证权利所有人。但在其他一些国家，例如德国，无须在专利登记簿中进行登记便可以进行知识产权转让或所有权变更。❶因此，仅在专利说明书或登记簿上指明专利权所有人，并不能确保其就是真实的权利所有人。对此，专利购买协议中的担保和相应的赔偿条款对购买者具有重要的保护作用。

> **注意**
>
> 决不能忽视合同订立前的知识产权审查。如果商业模式由于存在事先未知的第三方权利而无法实施，那么依据合同要求卖方赔偿也将无济于事。针对卖方无法提供的东西，索赔也可能是徒劳的。通过彻底的知识产权尽职调查以及慎重且专业的转让协议起草，企业才能获得最好的保护。

---

❶ 对比 Beck 的 *Mandatshandbuch Due Diligence* 2017：第 207 页段落 71。

6 以知识产权为重点的初创企业合同起草

没有一份普遍适用的**知识产权清单**用于签订购买合同前的知识产权审查。表6.1仅供参考，应根据具体情况进行相应调整。

表6.1 签订购买合同前的知识产权审查清单

专利/实用新型	专利申请	冲突	雇员发明*
• 权利人是谁？ • 申请日期是什么时候？ • 要求的优先权日是什么时候？ • 上一次缴纳年费是什么时候？ • 剩余的保护期有多长？	• 申请人是谁？ • 申请日期是什么时候？ • 要求的优先权日是什么时候？ • 授权的概率有多大（授权决定、异议决定）？	• 诉讼类型 • 当事人 • 诉讼状态 • 诉讼结果或成功前景 • 诉讼结果或可能的诉讼结果的经济意义 • 停止和终止声明	• 卖方操作实践说明 • 发明报告/发明权转让情况（是否满足形式和时间要求） • 发明人奖酬（合理确定、奖酬条例、按期支付） • 基于发明报告申请知识产权（对应情况）

*取决于初创企业所在国家/地区对雇员发明的相关法律规定（这里所指的是德国的法律情况）。

针对具体个案，知识产权审查清单上所有无关的内容（例如发明不是雇员发明的情况）都应当被删除。如果知识产权属于多个权利人（**专利共同体**），则该知识产权只能在所有权利人同意的情况下才能"整体"出售。在这种情况下，必须注意确保所有的权利人都签订了同意出售的声明。

6.2.3.2 自由实施检索

为了能够尽量全面地评估要购买的知识产权的价值，初创企业应在签订购买合同之前进行所谓的**自由实施检索**。这样做的目的是查明要销售的产品是否可能侵犯了第三方的知识产权。此处所指第三方的知识产权可能涉及整个产品以及产品的组件、生产方法、技术细节或设计以及品牌元素。被侵权的知识产权权利人不仅可以要求赔偿损失，还可以要求停止销售该产品。如果法院授予竞争对手禁止令，在最坏的情况下，初创企业的整个商业模式将无法运行。

因此，自由实施检索的结果可以避免产品推出后因竞争对手主张知识产权而与其发生纠纷。此类知识产权纠纷潜藏了相当大的成本风险，并且会成为进一步融资的致命因素。

通常检索的结果越准确，投入的精力和成本就越多。应当注意的是，即使进行全面且仔细的检索，也几乎不可能找到所有相关文件。例如，检索尚未公布的专利申请根本就不可能。除此之外，以亚洲语言检索国际专利申请并确定其确切内容非常费力。因此，在咨询经验丰富的专利专家后，应当在检索成本和未检索文件造成的风险之间进行合理的权衡。自由实施检索的结果不是一目了然的，必须与专利律师一起对其进行分析和法律评估。

6.2.3.3 重要条款方面

如上所述，**知识产权尽职调查**主要是为了尽可能多地**获取有关要收购的知识产权的信息**，以便评估该知识产权的可靠性及其价值。而**专利购买协议**的目的是**完成知识产权的转让**，并将卖方的不真实或不完整的信息**可能带来的风险降到最低**。

在签订专利购买合同前，应确认合同是否需要满足某些形式要求后才能生效。对于这一点，世界各国有不同的规定。在大多数国家，例如在英国和德国，专利购买合同通常不要求满足某种特定形式要求（即有形式自由）。与此相反，欧洲专利申请的转让必须以书面形式记录（《专利合作条约》第 72 条）。然而，即使购买协议无须任何形式要求即可达成，专利购买合同应始终以书面形式订立，以便更好地证明合同的订立并记录各项约定。

为了确定**合同的标的**，必须在合同中明确指明需要转让的知识产权。如果是专利或专利申请，可以轻松通过相应的专利号（或公开号）进行准确识别。如果初创企业想获取**同族专利**或**专利组合**，建议在合同的单独附件中明确列出相关权利并在合同文本中提及。购买合同中关于合同标的的典型条款如下：

> 知识产权转让条款
>
> 卖方应将附件……列出的在合同生效日……现有或在审的专利和实用新型（合同知识产权）在具有经济效力条件下转让给买方；买方接受转让。(Henn et al., 2017: 367)

在知识产权的使用需要卖方补充**技术秘密**的情况下，应将卖方有补充技术秘密的义务作为其主要义务写入购买合同中。在购买合同中没有明确规定的情况下，将技术秘密交付给初创企业不是卖方需要履行的主要义务。也就是说，只有在如果没有这种补充技术秘密就无法实现合同目的的特殊情况下，才可能会产生交付技术秘密的义务。然而，这关系到如何解释条款的问题，应该避免其潜在风险。在这种情况下，专利购买合同还应增加交付技术秘密的义务。为此，卖方可能要求协商支付额外补偿。

购买价格须通过合同自由约定。关于专利购买价格作一般性声明是没有实际意义的。专利的价值和基于价值确定的购买价格依赖于诸多因素，而在尚无法确定是否可从专利技术成功研发出所需产品的情况下（技术开发风险、缺乏创新概念的证明等），更难预测购买价格。

我们可以运用各种定量评估方法来确定专利的价值，例如德国的 DIN 77100 标准、IDW S 5 标准和 DIN ISO 10668 标准就属于此类方法。在确定知识产权的购买价格时还应考虑其他因素，例如知识产权的剩余期限及其法律稳

6　以知识产权为重点的初创企业合同起草

定性。而且，对于初创企业来说，产品的市场化意义重大，它是决定购买价格的关键因素。其中，所谓的"标准必要专利"能够确立新的技术标准，因而具有极高的价值。

若要购买的是**专利申请而非专利，情况则有所不同**。因为大多数情况下，上述因素还不能适用于专利申请，而且最终是否授权或最终授权范围多大也还存在不确定性。如果对此抱有较大疑虑，建议就发明的可专利性征求专家意见。

尽管还有许多不确定性，通常**一次性支付知识产权采购费用**仍然是一种明智的策略，特别是在产品尚待开发的早期阶段。这一策略可以为初创企业提供规划保障并提高企业在未来融资轮次和资本退出中的价值。企业可以将产品可能的开发风险和其他不可估量的因素纳入谈判中以降低购买价格。如果初创企业由于费用问题和/或技术风险而无法或不想支付所需金额，也可以将购买价格与"里程碑"挂钩。通常来说，所谓的"里程碑"可以包括专利在不同国家获得授权或产品进入市场等情况。购买价格也可以与专利卖方的公司出售和/或资本退出相关联。在后两种情况下，重要的是就最高限额达成一致，并且要在专利购买合同中清楚地记录参股量的计算。推荐将计算示例作为附件附在购买合同中。

如上所述，卖方的专利所有权证明是知识产权尽职调查的核心组成部分。在购买合同中，尽职调查的结果必须通过卖方的**担保**向初创企业进行保证。因此，知识产权的卖方至少有义务保证所涉及的知识产权具有法律效力，并且之前已经按期支付了该知识产权所产生的费用。卖方还应保证所涉**知识产权中不存在第三方的权利，并且没有对知识产权进行任何处置或抵押**。

可以采用一项简单的合同条款来实现上述内容：

　　知识产权法律效力合同条款
　　卖方保证
　　（a）卖方是合同标的知识产权和与合同相关技术秘密的唯一所有权人，卖方没有以其他方式转让知识产权或以其他方式授予第三方知识产权许可，卖方可以自由处置合同标的知识产权而不受限制；
　　（b）卖方未发现第三方的任何权利可能与合同标的知识产权的使用发生冲突，也未发现任何其他知识产权无效理由或第三方提出的任何针对标的知识产权的无效威胁；
　　（c）卖方没有将任何合同所涵盖的知识产权或与合同相关的技术秘密许可给第三方……

上述担保为最低限度担保，应包含在任何转让合同中。卖方应以独立且无过错的保证承诺的形式提供担保。此外，根据知识产权尽职调查的结果，建议在合同中约定卖方的进一步担保，例如到目前为止维护知识产权的所有费用均已支付、不存在且未发生过任何与合同标的相关的法律纠纷，或卖方未发现合同标的存在任何法律缺陷或实质性的缺陷等。

还需注意的重要的一点是，合同要确保卖方也有义务配合办理必要的手续，以确保或实施产权转让（**权利人变更**），并在适用的情况下将初创企业登记为新的知识产权所有者，并尽快为此作出一切必要声明。

此外，应规范所有与知识产权有关文件的转交，包括注册证书，更新证书，截止时间表（关于续展知识产权，尤其是商标），与官方机构、法院及监督服务机构的通信等。

如果初创企业不希望卖方在交易后再使用相应知识产权，可以在合同中明确规定卖方不会再次获得许可。这样一来，无论是以自己的名义，还是为第三方或通过第三方的名义，卖方在转让后都不再有权使用知识产权和与合同相关的技术秘密。

6.2.4 许可协议

6.2.4.1 一般信息

在无法通过购买获得知识产权或初创企业负责人决定不通过此种形式获得知识产权的情况下，合法使用技术的常用方式是知识产权许可。从法律角度来看，许可代表了技术产权的使用权（Henn et al., 2017: 187, marginal no. 2）。许可协议规定专利和技术的使用并确定许可类型、范围和费用。许可协议的起草非常复杂，初创企业应该在经验丰富的合同律师的协助下进行谈判。下文简要概述了许可协议的一些重要内容。

在签订许可协议之前，就像购买协议一样，应仔细检查许可人对权利的所有权。自由实施检索也有助于更好地评估许可的价值。

签订许可协议没有任何形式的要求。为便于存档，并避免因合同的内容和范围引发争议，我们强烈建议签订书面合同。缔约双方在很大程度上可以自由地决定许可的**内容和范围**。

必须非常准确地界定**许可协议的标的**。必须对协议标的物，即相应知识产权，进行明确指定，并且将其副本作为附件附在许可协议中。必要的技术秘密，例如开发成果和设计，也应作为许可协议的标的物，并且必须由许可人在协议期限内不断进行补充。

6.2.4.2 许可证类型

许可按类型分为普通、独占或半独占许可——协议双方可以自行商定许可的类型。这里有个重要问题：初创企业能否将分许可授予第三方，或者是否只允许企业自身使用。制造、分销或使用许可之间也可区分处理。初创企业的负责人应仔细检查需要许可的程度。对许可的空间和时间限制也可以自由商定。应该注意的是，知识产权许可的地理范围不能超出授予知识产权的地域范围。许可最迟在知识产权到期日结束。原则上，初创企业的目标是使合同运行维持到最后一件知识产权的到期日。如果初创企业能在合同中保留一般性单方面终止许可协议的可能，就能够在选择上保持一定灵活性，但这是否可行，需要在合同谈判之后才能知晓。

6.2.4.3 许可使用费

许可协议的一个重要组成部分是**许可使用费**。应在合同中对许可的种类、范围和许可费高低进行清晰的约定，以避免合同不明确或解释不清。可以将计算示例作为附件加到合同中，以避免日后发生争论。在实践中，营业额许可费是最常见的许可使用费类型之一。产品数许可（许可费评估基础是生产或销售的许可产品的数量）或包干费许可（在合同期内一次性付清许可费）也都是不错的选择。在选择营业额许可费的情况下，特别需要在合同中准确规范什么是营业额或收入。在谈判过程中应注意，在供应或制造基于合同知识产权的产品时尚不需支付营业额许可费，而要等到初创企业实际获得收益时才需要支付营业额许可费。许可协议中经常出现的最低许可费对于初创企业来说存在一定风险，因为这样的话，即便初创企业因为非自身过错而无法制造和销售合同产品，通常也会产生许可费。在实践中，通常很难避免最低许可费，但在这一点上进行艰苦的谈判是非常值得的。相反，如果初创企业是许可人，那么被许可人的最低许可费则是一个重要的谈判目标。

初创企业负责人必须确保：针对与第三方权利发生冲突的情况，许可协议准确规范了所有相关的权利和义务。特别是由于第三方权利冲突而无法（不再）使用许可产权，造成的经济损失会对作为被许可人的初创企业构成危险。协议签订前再仔细的检查也不能提供百分百的保障。因此，必须确保许可协议包含相关保证条款。

许可人至少应向初创企业保证他可以自由地处置所涉知识产权，并且在订立合同时他未发现任何可能影响所涉知识产权有效性的事实。在违反担保的情况下，许可人应赔偿初创企业的利润损失以及任何其他损害，例如知识产权因第三方无效请求而失效所造成的损失。

通常情况下，许可人不对合同所涉知识产权或相关发明的商业可开发性承担任何担保责任。

6.2.4.4 许可人破产

许可人破产是许可合同法领域最棘手的问题之一。本质上,问题是许可人资产的破产程序启动后如何评估许可和许可协议。根据许可人所在国的破产法,破产管理人通常可以选择继续或拒绝履行破产许可人与初创企业之间的许可协议。因此,如果破产管理人拒绝履行许可协议,就会出现问题。原则上,如果履约成本或履约对破产资产带来的风险超过与初创企业签订许可协议带来的预期许可收入,破产管理人会选择拒绝履约。这时,初创企业就得停止使用相关知识产权。在大多数情况下,对破产的许可人提出损害赔偿请求在很大程度上是徒劳的。

因此,在考虑"购买或许可"的问题时,初创企业负责人应该考虑到这一点。当对许可人的经济实力有合理怀疑时,就应更多地考虑购买知识产权。

尽管如此,笔者建议在许可协议中规范许可人破产产生的问题。对此没有普遍的合同表述或原则。判例法着眼于各个缔约方、许可类型和个案中的具体合同结构(参见 Henn et al., 2017:§9, p. 236, para. 141)。初创企业负责人至少应在合同谈判期间与经验丰富的律师讨论这些问题。

6.2.5 研发合同

技术驱动型初创企业,尤其是在初始阶段,因为其自身尚不具备足够知识和经验,通常依赖于与专业公司的合作或委托专业公司进行开发。在实践中,往往通过签订**研究和开发合同**(以下简称"**研发合同**")进行合作。研究是指基础研究,而开发通常侧重于生产技术或应用成熟的原型。将研究和开发区分开来并非易事,因为二者常常交叉共存。

6.2.5.1 背景知识产权

为使受托方(签约方)能够提供约定的开发服务/研究服务,很多情况下初创企业需要提供相关的**背景知识产权**。如果背景知识产权包含公司机密,则应通过签订合同明确规范保密义务。

> 提供背景知识产权的合同条款
> 在研发工作需要委托方的背景知识产权的情况下,委托方确保在合同有效期限内提供给受托方所述知识产权的使用权,所述知识产权只能用于本合同目的,且不可转让,也不可分许可给他人。[Henn et al., 2017: Annex 14, p. 454, §6 (3)]

重要的是,应尽可能准确地描述初创企业的背景知识产权,并将其作为附件附加到合同中。如果初创企业负责人知道委托的开发工作受到第三方权利限制（即不能自由实施），应以书面形式通知开发人员。

6.2.5.2　前景知识产权

初创企业应保护好正在形成中的发明，并将其作为知识产权加以利用，与此相关的条款也应被纳入研发合同。如果受托方不是自然人而是公司，则应检查其所在国家是否有关于发明权转让的具体法律规定。例如在德国，有德国雇员发明法。第3章中介绍了有关德国雇员发明法的详细情况。条款示例如下：

保护和开发发明的合同条款

……受托方已与其员工（包括研究人员、代表、顾问和再受托方）达成有效和充分的协议，或将采取一切必要措施，确保将上述受托方员工创建的前景知识产权转让给受托方。特别强调的是，受托方将不受限制地将其员工完成的可申请专利和/或实用新型的发明转让给自己。（Henn et al., 2017: Annex 14, p.454）

从初创企业负责人的角度来看，研发合同起草的核心要素是：在合同有效期，受托方在研发工作期间所创造的知识产权、著作权以及技术秘密（"前景知识产权"）只属于作为委托方/客户的初创企业。知识产权权属的合同条款可撰写如下：

知识产权权属合同条款

（1）在合同有效期，受托方在研发工作期间所创造的知识产权、著作权以及技术秘密（"前景知识产权"）只属于委托方，并在此或按照如下规定由受托方全部转让给委托方。

（2）在前景知识产权由受著作权保护的作品组成的情况下，受托方应向委托方转让前景知识产权的使用权，这种使用权不受时间和空间限制，可转让，可分许可。该使用权包括复制、分发以及将前景知识产权向公众开放，使之有权利以各种已知类型方式加以使用，包括编辑和进一步开发前景知识产权，并在上述范围内使用由此产生的成果。

（3）受托方及其员工（包括研究人员、代理人、顾问和再受托方）将采取一切必要措施将由上述员工创造的前景知识产权转让给委托方。特别要强调的是，受托方可不受限制地使用其员工创造的可申请专利和/或实用新型的发明。（Henn et al., 2017）

建议引入一项法律条款，使作为客户的初创企业能够申请专利，这样可以避免后期转让带来的风险。

通常情况下，应当授予受托方对"前景知识产权"的简单使用权，但该使用权不可转让、不可再许可且不得允许受托方在受第三方委托进行研究的情况下使用。

6.2.6　与自由职业者的合同

6.2.6.1　初始情况

初创企业与**自由职业者**合作进行开发的情况并不少见，尤其是在公司的早期阶段。自由职业者是根据服务或工作合同为公司工作完成订单的个体经营者，而他本人并不是该公司的成员。他不受劳动雇员法普遍适用条款的约束。这意味着任何现有的关于雇员工作成果转让的规定也不适用于自由职业者。为了获得与自由职业者所签订合同有效期内可能产生的知识产权，初创企业通过合同规范对相关工作成果的处理是非常重要的。

与自由职业者订立的合同应规定：自由职业者在合同有效期内创造的工作成果，无论是发明、受著作权保护的工作成果还是技术秘密，都完全属于作为客户的初创企业；初创企业可以自由处置这些工作成果。

6.2.6.2　重要规范领域

为了实现上述目标，跟研发合同的内容类似，与自由职业者的合同也必须明确地约定初创企业对工作成果的权利将在何时、何种程度上产生，以及如何将这些权利转让给初创企业。

与自由职业者的合同条款可以制定如下：

> 关于处理自由职业者工作成果的合同条款
> 自由职业者在取得工作成果时授予委托方对工作成果的使用权，这种使用可以是已知或未知的类型，在空间上、时间上和内容上不受限制，具有独占性且不可撤销；以及授予委托方对工作成果的所有权，该所有权具有独占性且不受限制，建立在工作成果基础上，且可以转让。委托方有权不受限制地复制工作成果，对其进行处理，将其转换为其他表现形式，并以其他方法和方式对其进行更改、扩充或补充，以不变或变化的形式传播，以有线或无线方式公开复制，授予再许可，并在有偿或免费的情况下转让本合同范围内授予的所有使用权。

只要由此产生的工作成果可以受到知识产权的保护，初创企业就应该有权独立申请相应的知识产权保护。所以建议初创企业以自己的名义直接申请和注册知识产权。如果自由职业者首先以自己的名义申请知识产权，则无法保证是否能真正实现将知识产权转让给初创企业。

有关初创企业接管可受保护的工作成果的合同条款

只要创造了可以受知识产权保护的工作成果，自由职业者应立即书面通知委托方。委托方可以自由地在国内外以自己的名义申请或注册相关知识产权，维持或放弃或以任何其他方式继续处理相关申请或权利。自由职业者将在前述方面向委托方提供全面的支持，特别是会将这些工作成果的权利包括发明权转让给委托方。为此目的，自由职业者应向委托方提供所需的信息，并作出所有必要的声明以及采取一切必要措施。自由职业者不得以自己或第三方的名义申请或注册知识产权，或直接或间接地支持第三方这样做。

上述条款示例体现了如何将工作成果的权利尽可能分配给初创企业，也考虑到了知识产权对初创企业潜在投资者和买家的重要性。当然，在与自由职业者的谈判中，上述目标并不总是能百分之百地实现。企业必须与自由职业者在谈判中探讨进一步的细节和妥协的可能性（例如，自由职业者保留对工作成果的简单、不可转让的使用权）。至关重要的是，初创企业负责人在与自由职业者开始合作时，就应该意识到这些规定的重要性。合同目的（服务描述）、奖酬的准确定义，以及对工作成果处理的相关规定都应该成为与自由职业者订立合同的核心组成部分。

6.2.7 职务发明

6.2.7.1 适用范围

符合保护条件的发明可能来自初创企业或创始人圈内，也可能来自圈外的第三方，还可能由初创企业的员工在雇佣关系下完成。针对这些发明的转让，不同的国家或地区的管理规定各异，为此初创企业必须遵守其所在国家或地区的具体法律规定。对于初创企业来说，最核心的是要知道自己是否有权获得发明的权利、如何将权利转让给自己，以及必须向每位发明人员工支付多少补偿（如果有的话）。以下示例列举的是德国的情况。

在德国，**德国雇员发明法**旨在为作为雇主的初创企业和作为雇员的员工之间建立利益平衡，该法适用于雇员在其工作过程中创造出了可申请专利的发明的情况（详见本书第3章）。雇主有权主张对其雇员发明的转让权，而雇员发明人则有权获得合理的补偿。

在德国，可根据官方颁发的雇员发明补偿指南来确定要求补偿的金额。

德国雇员发明法规定：职务发明应转让给公司。因此，对于以技术为导向的初创企业，遵循德国雇员发明法中规定的有关职务发明的正规程序非常重要

（另见本书第 3 章）。这里通常包括初创企业内部的发明报告程序、初创企业对发明转让声明的形式和时间要求、发明人奖酬额的合理确定及其支付、可能递交的知识产权申请的权属关系的明确以及初创企业放弃权利时的陷阱避让。关于这些内容，Reitzle 等人（2020）针对德国以及其他国家（特别是美国、中国以及一些欧洲国家）进行了突出说明。

6.2.7.2 权利和义务

很粗略地说，德国初创企业和雇员（发明人）针对职务发明的基本权利和义务如下表 6.2 所列。

表 6.2 初创企业及其雇员发明人的权利和义务

员工（雇员）	初创企业（雇主）
• 雇员必须在完成发明后立即以书面形式（例如通过电子邮件、传真或信函）报告发明（德国雇员发明法第 5 条）。 • 在发明报告中，雇员必须描述技术任务、其解决方案和职务发明的形成。 • 雇员还必须向雇主报告自由发明（德国雇员发明法第 18 条）。为此雇员必须提供足够的信息以使雇主能够评估该发明是否确实是一项自由发明。如果自由发明属于雇员的工作范围，雇员必须在雇佣关系期间在合理条件下允许雇主使用发明（德国雇员发明法第 19 条）。 • 雇员保留作为发明人的权利。特别是，他有权被列为发明人。 • 作为雇主使用发明的回报，雇员有权利要求获得适当的补偿（德国雇员发明法第 19 条）。	• 雇主必须立即以书面形式向雇员确认收到发明报告的日期。 • 对于不符合要求的发明报告，如果雇主在 2 个月内没有提出反对意见说明在哪些方面需要进行补充修改，则应视为符合要求。 • 自收到合乎规定的发明报告后，雇主有 4 个月的时间确定其是否主张或放弃对职务发明的转让权。如果雇主不想主张该权利，其必以书面形式向雇员声明放弃相关发明。如果雇主未在上述期限内这样做，则该发明被视为已被雇主主张转让权（德国雇员发明法第 6 条第 2 款）。 • 雇主主张职务发明的转让权后，发明的所有权利均转让给雇主。特别要提到的是，只有雇主有权利并有义务，例如，在欧洲专利局或德国专利商标局申请专利和使用专利（德国雇员发明法第 13 条）。对于雇主不希望获得知识产权保护的国家，雇主必须将职务发明放弃给雇员（德国雇员发明法第 14 条）。

6.2.7.3 重要的合同规定领域

为了确保能够获得职务发明的权利，重要的一点是，需要遵循上述程序并记录好相关过程。仅出于这个原因，对所有涉及发明报告和发明转让的声明都应以书面形式作出。建议在与雇员签订的雇佣合同中明确规定如何处理职务发明。初创企业负责人应牢记不得在雇佣合同中规定损害雇员利益的权利和义务（参见德国雇员发明法第 22 条第一句）。雇佣合同可以有如下规定：

关于处理职务发明的合同条款

职务发明

（1）对于在职务工作中单独或与他人一起完成的所有工作成果（包括对公司运营的改进建议以及由此产生的所有权利），必须立即报告雇主，并且在雇佣关系终止后，雇主可以独家使用发明成果，不受时间、主题或地点的限制。

（2）即便工作成果不能归因于具体分配的工作，但只要与业务活动相关，上述（1）中的规定也适用于该工作成果。如果工作成果的产生应归因于工作建议，则可以认为它与业务活动有关。

（3）对与工作相关的或根据工作建议创作的所有受著作权保护的作品，雇员允许雇主拥有独家使用权——该使用可以通过任何形式进行，具有独占性，且不受限制。

（4）这些使用权通常包括：复制上述作品的权利，将其转换成图像、声音和数据载体的权利，对其处理、分发、重新设计或翻译的权利，以及以修改后或原始的形式发布和利用的权利。雇主也有权将权利全部或部分转让给他人或允许他人使用。

（5）雇主在行使使用权时没有义务注明作者姓名。

（6）雇员将这些权利转让给雇主，其补偿要求以支付奖酬来满足。即使在雇佣关系终止后，奖酬协议仍然有效。

（7）德国雇员发明法适用于发明。

6.2.7.4　总经理/董事会成员的职务发明

总经理和董事会成员的发明属于特殊情况。初创企业的总经理和董事会成员是各股东机构或各股东机构成员，而非雇员。因此，总经理的发明不是职务发明，因此有关职务发明权转让的具体法律规定（取决于初创企业所在国家/地区的法律规定）通常不适用于此类发明。股东的发明同样取决于初创企业所在国家/地区的法律规定。股东发明在特定情况下可能受雇员工作成果分配相关法律的约束，具体相关情况应该由相关国家的发明人法专家进行核查；在其他情况下，必须以与处理总经理发明相同的方式处理股东的发明。为了确保总经理、董事会成员和股东的发明也能够成为初创企业的财产，与他们签订的合同应明确规定公司有权获得他们可能完成的发明以及公司是否应为此支付额外奖酬。相关规定可以用如下方式撰写：

关于处理总经理发明的合同条款

发明

（1）在本合同有效期内，总经理所作出的发明（无论能否申请专利或实用新型）、技术改进建议和对组织的改进建议，以及计算机软件（以下统称"发明"）的相关权利均只属于公司，公司无须为此支付任何额外奖酬。总经理应立即将发明的有关情况报告公司或公司指定的相关人员，并应在公司谋求专利或其他知识产权保护时尽最大可能支持公司。

（2）在本合同有效期内，总经理所准备的与公司或其附属公司当前或未来商业活动有关的所有书面文件和所有受著作权保护的作品均为公司或其附属公司的专有财产，公司或其附属公司无须为此支付额外奖酬。公司或其附属公司拥有全球范围的独占性的、不受限制的使用权。本规定同样适用于与公司或附属公司有关的重要创意、公式、应用、方法、开发、改进和发现。

如果没有这种合同约定，初创企业就有失去获取相关发明的风险。因此，上述条款应该包含在与总经理签订的每份合同中。

综上所述，在知识产权的获取方面，在相关合同中约定有效转让条款对于保证初创企业拥有知识产权极为重要。这不仅适用于直接获取知识产权或其使用权的情况（购买或许可协议），也适用于初创企业在与第三方合作期间可能产生的知识产权。如果签订的合同不包含转让条款（例如与自由职业者的合同出现该情况），初创企业负责人应尽快补救，签订后续的转让协议。

6.3 与投资者的投资协议

最晚在专业风险投资者的第一轮融资中，就要通过知识产权尽职调查对权利链进行审查，即审查由发明人或原创者向初创企业转让或交接权利的合同。现有的专利转让协议或许可协议通常要附在与投资者签订的投资协议中。

6.3.1 对初创企业股东的担保

投资者通常要求初创企业的创始人/合伙人在知识产权方面提供相当广泛的**担保**。创始人对此需要谨慎对待，因为在违反担保的情况下，除了会有投资者对初创企业提出的损害赔偿要求，创始人/合伙人个人通常还得按投资协议承担高额赔偿。

简而言之，在担保责任上，独立担保和无过错担保承诺是有区别的——前者保证了投资协议中提供的担保的客观正确性,后者则是创始人尽其所知提供的担保。在尽其所知提供担保的情况下,初创企业的股东/总经理的主观认识是决定性的。如果投资协议中没有任何相反的规定,投资者即要承担举证责任,证明创始人知道有违反担保情况的存在。

在合同谈判中,投资者会尽量将担保范围扩大到客观和无过错担保的范围。例如,在尽职调查和投资协议的准备阶段,一种典型的(对于初创股东来说非常糟糕的)条款如下。

> 向投资人担保的原则性条款
> 作为投资的一部分,初创企业将在尽职调查程序完成后向投资者保证:初创企业拥有所有相关的知识产权,所述知识产权完全符合一切可适用的法律规定。

这样的条款非常危险,因为至少针对"完全符合一切可适用的法律规定"这点而言,创始人无法客观地知道其真实性。合同能够留有多少余地还取决于创始人(以及企业委托的法律顾问)的谈判技巧。自然,如果有多个投资者有兴趣签订投资协议,初创企业的谈判地位也会相应提高。因此,对初创企业来说,上述示例条款作为**投资协议的原则性条款是不可接受的**。

为了准备投资者尽职调查,初创企业管理层应该将所有与知识产权相关的文件按时间顺序完整地录入资料库中。在实践中,专业投资者会在知识产权尽职调查之前向初创企业管理层发送一份包含所需信息和文件的需求清单。这个需求清单可能会根据具体情况而有所不同,但大致可参照本章表6.1的审查清单。除了投资者发来的需求清单外,初创企业管理层还应经常检查是否有关于知识产权情况的其他信息或文件。资料库存放的所有文件原则上必须被视为对投资者已知。因此,根据笔者的个人经验,应该尽可能多地将知识产权信息放入资料库。从这个意义上说,应该请公认的服务商进行自由实施检索,将最新的检索报告存入资料库,并将其作为投资协议的附件。这样做可确保投资者知晓自由实施的结果,由此降低了初创企业管理层和股东的潜在责任。

6.3.2 投资协议条款

如上所述,针对知识产权,投资者希望在投资协议中获得初创企业股东尽可能广泛的担保。投资协议中的相关担保条款可以撰写如下:

> 向投资者担保的合同条款
> B拥有下列资产……包括技术和运营秘密、知识产权(特别是专利、实用新型、外观设计、商标等)和受著作权保护的作品(例如软件)(统

称为"知识产权"），因此拥有可以继续当前商业运营和进行未来商业运营所需的所有知识产权。创始股东不拥有与 B 的商业运营相关的其他知识产权。在知识产权不可转让的情况下，在知识产权有效期内，B［……］对知识产权享有独占性、无偿、不受限制、不可撤销的使用权，其中，使用形式不限。知识产权不受创始人或第三方的任何合同或法律权利的限制；不存在雇员发明赔偿要求。知识产权既未处于任何对 B 业务有负面影响的未决程序（异议、撤销、无效或者更正程序）之中，尽创始股东所知也不存在被第三方侵权或侵犯第三方知识产权的情况。(Weitnauer et al., 2016: p. 615, §5.5)

在违反担保的情况下，即如果后来确认初创企业负责人关于知识产权的担保声明不正确，则相应融资轮次的投资者通常可以要求初创企业创始人或前股东（非创始人股东）承担违约担保的法律后果。一般来说，投资者会要求立即恢复有关担保适用的情况（所谓的**对物恢复**）。如果对物恢复不可能完全实现或实现不充分，创始人或前股东通常必须支付**赔偿金**。

由此可见，初创企业创始人应在合同中清晰记录知识产权情况，据此在尽己所知前提下进行准确担保。

只要初创股东知道或必须知道担保标的，投资者就有权在投资协议中要求创始人或前股东提供客观的、与知情程度无关的担保，例如初创企业是否已向第三方授予知识产权许可，或者第三方是否已因知识产权受到侵犯而向初创企业索赔或威胁要提出索赔等。

对于初创企业目前的经营活动是否侵犯了第三方知识产权或技术秘密的问题，其答案则有所不同。在这种情况下，创始人无法断定在世界某地是否的确存在初创企业侵犯第三方知识产权的情况（在不知情情况下）。即使再仔细的自由实施检索也不能完全排除这种风险。因此，这方面的合同担保应始终选用无过错担保的形式。

除了谨慎区分不同类别的合同担保，创始人或股东还必须将违反投资合同担保的法律后果以最高赔偿额加以限制。绝对合同责任的限额不应超过投资者在该轮融资中投资额的 100%。只要初创企业方担保人不存在主观故意或重大过失的情况，通常应将赔偿金额按投资者投资的一定百分比（例如 20%）来加以限定。

此外，强烈建议为创始人违反合同担保的个人赔偿额设定上限（封顶）。否则，在最坏的情况下，担保人甚至可能面临破产。根据投资者的投资金额，每人最高赔偿上限不应超过 10 万欧元。

至于是否以及在多大程度上可以在投资协议中规范赔偿责任，这还要取决于创始人的谈判技巧和投资者对初创企业的兴趣。然而，为担保限度进行艰苦的谈判是值得的。对于投资者在合同担保及其法律后果方面所提的要求，不可过于匆忙或过于大度地去迎合。

6.4 企业出售（资本退出）

对于风险投资资助的初创企业来说，其重要退出渠道是出售企业。如果首次公开募股难以实现（与美国相比，近年来在欧洲只有相对较少的初创企业选择这一路径），交易出售往往是投资者在可控的时间范围内从初创企业收回投资的唯一途径（专业投资者的平均投资期限为 3～5 年）。因此，在投资协议中经常会出现所谓的拖售条款。该条款规定：如果赞成出售企业的股东数量超过投资协议中所定义的数量（例如，这些股东单独或共同持有初创企业50%以上的股份），那么所有初创企业的股东都有义务（也包括创始人）出售企业。

6.4.1 企业买方的知识产权尽职调查

在公司收购协议的准备阶段，潜在买方会像前几轮融资中的投资者一样在尽职调查过程中彻底检查初创企业的知识产权情况。

如表 6.3 所示，公司购买者在购买前对知识产权进行审查所依据的清单与本章表 6.1 中专利购买时所列出的清单没有显著差异。

表 6.3　公司收购时的知识产权审查清单

知识产权种类	审核点和信息
• 专利 • 实用新型 • 技术秘密 • 计算机软件	• 权利人 • 注册号或申请号 • 状态（申请/注册） • 优先权 • 保护期限、剩余期限 • 受保护的国家 • 知识产权管理 • 许可 • 知识产权历史 • 法律纠纷或面临他人发起的法律纠纷 • 第三方提供的知识产权

尽职调查记录了初创企业的知识产权情况。为尽量降低初创企业或股东在企业收购协议中可能出现的担保违约的责任风险，所有与知识产权有关的文件都应被清楚完整地录入买方建立的资料库。在收购企业的情况下，买方原则上必须视为已经知晓保存在资料库中的信息。买方或其聘请的顾问或人员通过知识产权尽职调查或其他方式已经知道或能够知道的所有信息和情况均被视为买方已知——这类信息尤其包括来自资料库文档的所有信息。因此，还建议在资料库中存放一份最新的自由实施检索报告。

在企业收购协议中应明确指出：买方已通过尽职调查深入地检查了所有知识产权文件，并且买方和其所聘请的顾问和人员有机会通过卖方为买方专门设立的资料库获得所有知识产权相关信息。

6.4.2 企业收购协议中的担保条款

无论是股权交易（购买初创企业的股权）还是资产交易（购买或转让初创企业的资产和权利），从知识产权角度看，**缺陷责任协议**都是企业收购协议的重要部分。而且几乎每一份企业收购协议中的担保和保证条款都是由合同双方通过单独协商确定的。在谈判中，买方总会要求卖方在企业收购协议中作出所谓的无过错担保承诺。在独立担保承诺的情况下，买方的权利直接来自约定的担保本身。买卖双方在很大程度上可以自由约定担保的前提条件和法律后果。这种约定与仅在卖方尽其所知的情况下提供的担保有所不同。在卖方尽其所知提供担保的情况下，除非合同另有规定，否则买方必须证明卖方或股东已知或能够知道。

根据知识产权尽职调查的结果，买方将与卖方协商收购协议的担保条款。企业收购协议中的**典型担保条款**可撰写如下：

企业收购担保的合同条款

在公证本合同以及公司股权转让的时候，卖方以独立无过错形式向买方保证（除非以下另有规定），以下信息正确且完整：

知识产权

- 本公司是本合同附件所列专利、实用新型和外观设计、商标、公司名称、商号和域名及地址（以下统称"知识产权"）的不受限制的权利人，并且是本合同附件中所列知识产权许可的不受限制的被许可人。许可未终止。获取和维护知识产权和许可的费用已全额支付。第三方无权获得合同所涉知识产权或技术秘密的任何许可或其他权利。

- 据公司所知，在本合同公证时，本公司目前的业务活动并未侵犯

6 以知识产权为重点的初创企业合同起草

任何第三方的知识产权或第三方的名称权。在前述方面，无人对本公司提出过禁令请求或威胁要求赔偿。

与在融资时提供担保一样，企业必须在**尽其所知**的情况下谨慎地为不侵犯第三方知识产权作出担保。尽管进行了认真的自由实施检索，但初创企业的负责人最终可能仍无法确定是否存在相关第三方权利。

除了这些标准担保，买方可能还会要求卖方对知识产权提供进一步的担保，细节视具体情况而定。相关条款必须与经验丰富的并购律师一起写入企业收购协议。

如果后来发现一项或多项担保全部或部分不适用，买方可以要求初创企业在合同规定期限内将状况恢复到假定未违反有关担保的情况（对物恢复）。如果对物恢复不可能全部实现或实现不充分，买方有权获得赔偿。

与投资协议一样，如果并非因卖方故意或重大过失发生担保问题，通常应将卖方的赔偿责任按购买价格的一定百分比来加以限制。

最后，如果买方已经知道或应该已经知道企业收购协议中存在不正确担保（例如，从存放在资料库的文件可以得知），则应同意**免除责任**。如下是一类典型条款：

> 排除卖方责任的合同条款
> ……如果买方知道在签署本收购合同时所作的担保不正确，则卖方的责任将被免除。在签署本合同之前买方已经在所谓的尽职调查范围内彻底检查了卖方的法律和经济情况。买方及其顾问和聘请人员有机会在卖方专门为此目的设立的资料库查阅文件。因此，买方或其聘请的顾问或人员通过尽职调查或其他方式知道或能够知道的所有信息和情况均被视为买方已知。为此，尤其是资料库的文件提供的所有信息应被视为已知。[Beck'sche Online – Formular Vertrag, 2019：20.3 share deal，§ 6 para. (5)]

本章展示了初创企业"生命周期"中涉及知识产权的各种合同案例，最后一节展示了初创企业出售时的合同条款要点。本书未涉及初创企业单独出售知识产权或将自己的知识产权许可给第三方的情况。买方的审查程序或单独出售知识产权的合同条款与公司收购协议的审查程序及其知识产权条款没有显著差异。在初创企业向第三方授予许可的情况下，应注意仔细界定合同范围。特别应该注意的是，初创企业在授予独占性许可时应非常谨慎，并将可能的独占性与合同明确规定的条件联系起来，如果该规定的条件不能得到满足，独占性许可就应失效。

7

用价值驱动的知识产权战略保护未来业务

鲁道夫·弗赖塔格（Rudolf Freytag）[*]

7.1 引　言

　　新业务开发和创新型增长被很多企业视为重中之重。技术发展（尤其是数字化的发展）正激发创新动力、提供新机遇，但也为现有业务带来了风险。

　　很多企业将发明披露的数量和知识产权的规模作为衡量其创新能力的标准并为其感到自豪。因此，这些企业投入大量资金和人力，尽可能多地为研发部门的发明申请专利。

　　不过，对企业而言，必要情况下应用知识产权来制约竞争对手以防止其影响企业自己进入市场，这时知识产权组合的价值才得以彰显。与此相反，常常会出现令人沮丧的情形：实践证明，也有号称强大的知识产权组合在具体情景中可能作用不大甚至难以实施。

　　所以，企业面临的问题并非获得足够多的知识产权，而恰恰在于获得正确的知识产权。衡量是否正确的标准在于，这些知识产权能否就保护企业的现有及未来业务实现最佳效果。

　　业务发展的不确定性越大，通过构建知识产权组合来保护未来业务就越困难，但也越重要。新技术的发展、客户需求的变化及新竞争对手进入市场等因素难以预测，可能对企业的业务发展产生重大影响。

---

[*] 鲁道夫·弗赖塔格博士，西门子下属子公司 Siemens Technology Accelerator GmbH 首席执行官。

不过，从这个意义上讲，可以通过知识产权对未来业务进行有效保护。笔者拥有几十年从业经验，不管站在成熟企业还是初创企业的角度，都对这一点深信不疑。

解决方案便是系统地执行**价值驱动的知识产权战略**（Freytag et al., 2019）。本章将探讨价值驱动的知识产权战略在理论和实践中的含义、如何实施该战略以及需要特别注意之处。

对于初创企业而言，有效保护未来业务这一问题具有极其特殊的意义：一方面，初创企业通常刚开始探索合适的商业模式，可能必须突然改变当前阶段的业务方略；另一方面，初创企业必须在最开始就向投资者证明企业未来的业务会受到知识产权的良好保护，因为这种保护是投资者作出投资决策的关键因素。

虽然初创企业是本书的重点讨论对象，但下文中的所有观点也可适用于成熟企业。这不足为奇，因为不论企业规模大小，保护未来业务都是基本问题。但对于刚进入市场的新企业而言，洞察到这一点非常重要，因为新企业的规模发展壮大后，也不必放弃价值驱动的知识产权战略的基本方略。

在进入主题之前，本章还有两个注意事项：下文将详细介绍知识产权战略及其实施方法。本章会重点从战略和企业维度展开讨论，然后从理论角度和实例应用对该知识产权战略进行审视。战略－企业维度为知识产权战略在法律维度上的制定提供了指南，法律维度则决定了如何在不同司法管辖区发展、应用、维护和捍卫知识产权。对于法律层面的内容，请参阅本书的其他章节，尤其是第1章。本章中的术语"知识产权"与"保护权"是同义词——更准确地说，是任意形式保护权的同义词，其中不仅包括了发明专利，还包括实用新型、外观设计、商标和著作权（重点参阅第1章第1.2节）。

为了站在初创企业的角度以清晰实用的方式解释本章的整体思想和概念，我们先来看看电动滑板车初创企业的案例研究。这个案例是虚构的，笔者会使其尽可能接近初创企业在"实际生活"中的经济现实。

7.2 电动滑板车案例研究

电动滑板车是由带电池的电机驱动的脚踏滑板车。传统滑板车仅由单腿推动产生的机械力驱动，已有几百年历史。最近，这种滑板车越来越受儿童和年轻人的欢迎，成为他们上学或去地铁站的代步工具，因为其易于操作，只需几个简单的步骤即可将其折叠起来随身携带。

现在，为传统滑板车配备电机后，它们在短距离出行方面的优势吸引了越来越多的成年人。这些电动滑板车与公共交通或共享汽车服务相结合，以紧密衔接且环保的方式帮助城市居民往返于家门口和目的地。它们连接了家门口或目的地与其他交通工具之间的"最后一英里"。

这些滑板车被分配到"微型移动"市场。"微型移动"的其他解决方案包括私人自行车、租赁自行车、私人汽车及停车乘车服务、出租车、迷你公交路线、步行等。微型移动市场不断变化，竞争将表明哪种方法最为成功。电动滑板车肯定会在该市场中发挥重要作用，它们目前在大城市的迅速传播就证明了这一点。

电动滑板车的全球热潮很快也暴露了问题：电动滑板车的续航里程短，因为踏板下方的空间小，只能安装体积相对较小的电池；此外，电动滑板车的制动距离通常很长，让人难以接受，因为车轮小，很难安装强大的制动系统。

我们虚构的电动滑板车初创企业的创始人改善了这些问题。创始人在其硕士学位论文中介绍：自己开发了高度创新的电动轮毂电机，可直接安装到滑板车的后轮以节省空间。因此，这种驱动原理与使用经典电机的驱动有很大不同，后者需要链条和变速箱将动力从电机传输到后轮。链条和变速箱都是维护密集型组件，也需要安装空间。

轮毂电机有两种操作模式：它既可以作为节能驱动，提供比具备相同电池容量的经典电机更远的续航里程，也可以作为强大的制动系统，将制动能量另外存储到电池中，从而进一步增加充电电池的续航能力。

电动滑板车初创企业的创始人认识到，轮毂电机解决了电动滑板车的两个主要问题："续航里程"和"制动系统"。因此，创始人希望通过自己的发明革新电动滑板车市场。他们为未来的初创企业设想出以下三种商业模式，这三种模式在产品种类、客户利益和竞争形势方面存在显著差异。

商业模式1——电动滑板车销售： 一种选择是开发、制造并销售电动滑板车。为了使创新型轮毂电机成为想要购买电动滑板车的客户的决定性购买标准，潜在买家必须能够将轮毂电机在续航里程和制动系统方面的优势视为极其重要的客户受益价值，并认为它们比提供其他替代驱动方案的供应商所售卖电动滑板车的续航里程和制动系统更优越。示例电动滑板车初创企业的竞争对手不仅是电动滑板车的其他供应商，还包括微型移动市场的所有技术方案（如自行车、出租车、停车和乘车服务）的供应商。

商业模式2——电动滑板车共享： 示例初创企业可以在市中心提供滑板车自行租赁服务，将其作为滑板车销售的替代方案。这种电动滑板车微型移动服务的客户受益价值与商业模式1的客户受益价值完全不同：客户的主要兴趣点在于通过智能手机进行租赁和支付、随处可见数量充足的功能性滑板车、滑板车的电池已充电。购买情景下的两个优势——强大的制动系统和远距离续航在共享租赁模式中没那么重要。此市场及示例企业的竞争对手主要是租赁自行车的供应商。

商业模式3——电动滑板车轮毂电机供应：示例初创企业可以重点关注轮毂电机开发所具备的核心竞争力，开发此类电机并将其销售给不同的电动滑板车制造商。此类客户群的价值关注点在于大小、重量、能源效率、制动力和价格等因素。示例初创企业的竞争对手是此市场中配备电机和传动装置的经典驱动的供应商。

电动滑板车初创企业的创始人只有在制定系统性商业战略的过程中明确目标业务后，才能在第二步基于这些考量量身打造知识产权战略，有效保护这一未来业务。接下来我们将陪伴示例企业度过这段激动人心的旅程。

7.3 什么是价值驱动的知识产权战略？

企业的各项职能，无论是研究、开发、营销、生产还是知识产权，都从整体上对企业当前和未来的业务成功起到推动作用。

要做到这一点，企业的所有负责人必须对价值驱动的知识产权战略的确切含义及如何针对性地推进该战略有相同的理解。这些问题将在下文进行探究。

图7.1显示了价值驱动的商业战略的构建方式及价值驱动的知识产权战略对其有何贡献。此图建立了本章的基本逻辑结构，也可作为进一步考虑的方向框架。

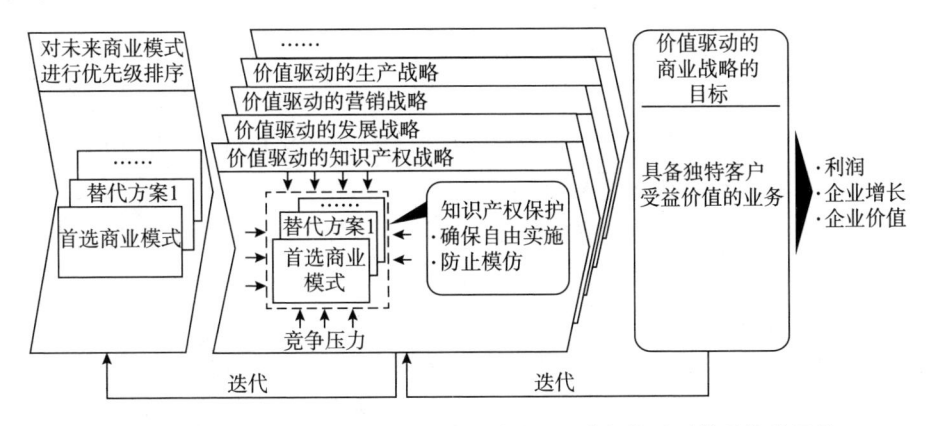

图7.1 价值驱动的商业战略及价值驱动的知识产权战略对其所作的贡献

7.3.1 以独特客户受益价值为目标的业务

客户并不购买产品或服务——客户购买客户受益价值。反过来，客户带来一定程度的支付意愿。这种支付意愿的高低取决于客户认为商品或服务的价值有多大及与竞争产品或服务相比其预估价值有多高。从企业的角度看，这意味着各企业间互相竞争的是客户受益价值。

因此，企业的任务是用在竞争中脱颖而出的独特客户受益价值赢得客户认可并留住客户。如图 7.1 所示，此客户受益价值会影响财务参数，例如利润、企业增长和企业价值。有别于其他竞争者的独特客户受益价值会为企业提供诸多优势：企业可以实现溢价，因此能获取可观的利润，在细分市场中快速发展。这样，企业便能获得极大的资金流，一方面来源于营运收入，另一方面来源于金融投资者发现了企业的潜力而对企业投入的资金。之后，这些资金可被用于进一步发展，该企业的价值增长速度也因而会高于其竞争对手（Christensen et al.，2003；Dodgson et al.，2014；Gassmann et al.，2011；Narayanan et al.，2009；Weibel，2013；Wurzer et al.，2016）。这种商业战略叫作"价值驱动的商业战略"。相应地，对此作出最佳贡献的知识产权战略叫作"价值驱动的知识产权战略"。

在这种情况下，有一点非常重要：商业战略的内容必须以客户受益价值为导向。如果战略的计划和实施得当，上述财务变量（如利润、企业增长和企业价值）整体会朝着正确方向发展。虽然在具体的运营过程中仍然可能会出现错误，但相比之下，如果只以股价为导向或一切措施都以提升股价为导向，那么出现的错误往往会更严重。许多致力于使股东价值最大化的企业迟早会因为客户迁移而从市场上消失；它们的命运告诉我们一家企业将财务指标作为主要管理参数将会有什么样的后果。因此，财务数据本身并不是该战略的直接目标，而是一个重要标准，该标准用来衡量实施以客户受益价值为导向的商业战略的运营有效性和实施效率。

如果企业想在财务方面取得成功，通过客户受益价值带来尽可能高的支付意愿则至关重要。此时必须满足以下三个条件。我们会基于电动滑板车初创企业来介绍如何满足这些条件。

- **存在客户受益价值**：客户群认为商品或服务是否具备特定价值很大程度上取决于该客户群的需求。如前文所述，与只想短期租赁电动滑板车因而更关注租赁流程的舒适度及便捷性的客户相比，购买电动滑板车的客户更需要考虑的条件是"较长的续航里程"和"强大的制动系统"。

- **客户受益价值被感知**：客户只有在感知到客户受益价值的情况下才会愿意支付。很多情况下（如产品中视觉可识别的特征）这并不是什么问题。但对于产品的无形特性，必须先让其可以被客户感知到。在示例电动滑板车的"销售"场景中，客户必须能立马发现轮毂电机拥有强大的制动系统。然而，这种电机在视觉上并不明显，外行人很难将其与普通的电力驱动区分开来。因此，企业创始人必须考虑如何将与轮毂电机相关的客户受益价值可视化，从而在视觉上吸引潜在客户的眼球。例如，电动滑板车创始人可能会受到跑车制造商的启发，用引人注目的彩色闪光轮辐设计凸显其高性能制动器的与众不同。因此，积极塑造对客户受益价值的感知与提供客户受益价值本身一样重要。

- **客户受益价值高于竞争对手所提供商品或服务的客户受益价值**：客户受益价值不是绝对量，而是相对量，以同类竞争产品或服务的感知价值为导向。感知差异决定了购买决策尤其是客户的支付意愿。由于具有极其相似客户受益价值的产品或服务最终会导致价格竞争，因此商业战略的目标必须是创造独特的客户受益价值并很好地保护该价值，这样客户才能准备好支付与竞争产品或服务相比存在的显著溢价。所以，在电动滑板车的例子中，企业创始人必须考虑如何基于自己发明的轮毂电机来创造十分独特且可保护的客户受益价值。为此，他们必须着眼于市场上已经存在的驱动及制动技术，开发并提供具备类似甚至更大客户价值的驱动及制动技术的替代方案。鉴于存在这些竞争产品，创始人必须强调自己产品的价值更强大，并在竞争中对其加以保护。示例电动滑板车初创企业面临的问题是：基于特定技术的商业理念往往难以保护，因为总是存在出现新型卓越技术的危险。后文会讨论如何在应用知识产权战略的过程中处理这个问题。

7.3.2 对未来商业模式进行优先级排序

我们再次回顾图 7.1：它概述了实现具备独特客户受益价值的商业模式的方法：

- **第一阶段**：首先考虑未来要实行的商业模式和可用的替代方案。
- **第二阶段**：然后将这种优先级排序转化为企业内部各个职能部门的特定职能战略，包括研究、开发、营销、生产、财务和知识产权职能。
- **迭代**：有了新见解后，可能必须调整首选商业模式和各职能部门的战略。为了安全起见，对商业模式的优先级排序应至少每年审查一次，例如可以在规划预算时进行此类审查。

我们先来看第一阶段，即"对未来商业模式进行优先级排序"。

- 商业模式描述某个组织为哪些客户产生什么客户受益价值（客户视角）

以及该组织如何提供该客户受益价值（运营视角）。因此，商业模式回答了以下问题：

- **客户视角**：谁、出于何种原因、用怎样的方式、为什么（产品/服务）付了多少钱？
- **运营视角**：该组织如何及以多少成本产出"什么（产品/服务）"？

在对未来商业模式进行优先级排序时，有必要在企业内部研究关于客户、市场、技术和竞争对手等影响因素的假设。然后必须通过市场研究、客户和专家访谈、产品原型、试销和类似活动来仔细检验这些假设。最后，企业基于假设来确定自己更愿意实施哪种商业模式以及哪些商业模式可作为替代方案（如图 7.1 所示）。

不过，并非所有企业都以相同的方式执行此步骤。相反，成熟企业和初创企业之间有时存在巨大差异。

成熟企业的优势在于它们已经成功经营了很长时间，从而拥有经过实践验证的商业模式。因此，成熟企业会考虑可能影响其商业模式的因素以及如何利用机会进一步发展并规避风险。然后，它们会基于这些发现来制定首选的未来商业模式及其可能的替代方案。

对于初创企业来说，起步会更难，因为刚开始时企业是没有业务的，自然也就没有经过验证的商业模式。初创企业在发展过程中会经历两个主要阶段，如图 7.2 所示。

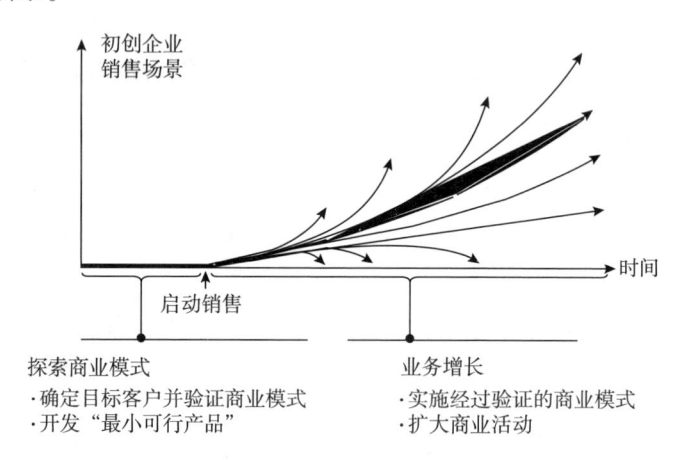

图 7.2　初创企业的发展示意

- **探索商业模式**：在这个阶段，初创企业致力于在快速迭代的"构建-测试-学习"循环中将商业理念具体化。初创企业将确定正确的客户及其需求并用原型验证商业理念假设，以便尽快推出第一个可销售的"最小可行产品"。这可能导致最初的商业理念发生重大变化，甚至包括对商业理念的完全否定和重新定位。商业模式中如此剧烈的"摆动"叫作"回转运动"。

● **业务增长**：此阶段以"启动销售"为起点。初创企业将实施之前验证过的商业模式，目标在于尽快扩大业务量。

图 7.1 下半部分是用于整合新知识的迭代循环，这对所有类型的企业来说都很重要，但对初创企业尤其重要，因为它们的业务才刚开始发展。因此，在初创企业中，图 7.1 中的迭代循环叫作"构建-测试-学习"循环。

在构建未来的商业模式时，成熟企业和初创企业都必须考虑以下基本因素。

● **技术、监管和社会经济趋势**：就所涉及的机遇和风险而言，目前影响所有企业的基本技术趋势是数字化。然而，正如对柴油车污染物水平的讨论所示，不断变化的监管要求也会极大地改变一个行业。社会经济趋势不容低估，例如现在年轻人购买汽车的兴趣就急剧下降。

● **市场和行业力量**：企业通常对其细分市场中的直接竞争对手有很好的了解，但会忽略使用截然不同的方法来提供更优客户受益价值的新竞争对手——长期低估新型数码相机供应商的模拟相机制造商便是如此。某些细分市场的基本盈利能力问题也很重要：在许多市场中，例如汽车行业的供应商业务，价格压力非常大，不可能实现两位数的利润百分比，而医疗产品达到两位数利润百分比却很正常。

● **宏观经济力量**：销售市场和资本市场的全球状况也会对企业的商业模式产生重大影响。保护主义倾向及相关关税等障碍可以迅速让富有潜力的销售和制造国家变得毫无生气。

企业的所有职能，无论是战略、创新管理、研究、开发、营销、生产、财务还是知识产权职能，都参与商业模式的制定和优先级排序过程。在成熟企业中，这些职能通常由各部门履行；而在初创企业中，特别是在初始阶段，不同职能得由创始团队的同一批成员履行。尽管如此，对于初创企业而言，从所有职能的角度来看商业模式也很重要。

7.3.3 作为价值驱动的商业战略一部分的知识产权战略

图 7.1 中第一阶段"对未来商业模式进行优先级排序"的结果是，企业所有职能部门对企业未来的商业模式及其可能的替代方案有一致的理解。

在此基础上，第二阶段将制定价值驱动与特定职能战略。对第一阶段创建的起始位置及目标达成共识是确保这些特定职能战略互相协调、面向同一目标的必不可少的前提。目标即通过实施首选商业模式或其替代方案创造独特的客户受益价值。因此，特定职能战略以最佳方式支持价值驱动的商业战略的整体方法，同时自身也受到最佳价值驱动。

所以，在图 7.1 的第二阶段，研发部门制定技术和产品开发的价值驱动战略，营销部门制定产品发布和销售的价值驱动战略，生产部门制定提供生产能力和制造技术的价值驱动战略。与此同时，知识产权部门制定价值驱动的知识产权战略。接下来我们对该战略进行介绍。

价值驱动的知识产权战略的目标是通过知识产权尽可能有效地保护未来的商业模式及其替代方案，从而对打造具备独特客户受益价值的业务作出贡献。此战略必须完成两项不同的任务，如图 7.3 所示。

- **确保自由实施**：此任务旨在确保企业在实施首选未来商业模式时不会对第三方知识产权造成侵权。这些实施活动是未来商业运营的先决条件。
- **防止模仿**：此任务在法律上确保企业在市场上提供独特的客户受益价值（参见图 7.1 右侧）。知识产权的建立可以防止他人模仿企业的产品或服务，从而阻碍其成为市场中的竞争对手。

确保自由实施	未来业务的有效知识产权保护	防止模仿
·确定实施商业模式时可能造成的知识产权侵权 ·避免可能造成的知识产权侵权： 　·改变方法 　·获得许可或购买知识产权		·构建知识产权组合 ·对自身实施的商业模式进行知识产权保护 ·对商业模式的替代方案进行知识产权保护 ·知识产权受到侵犯时进行维权

知识产权保护支持自由实施

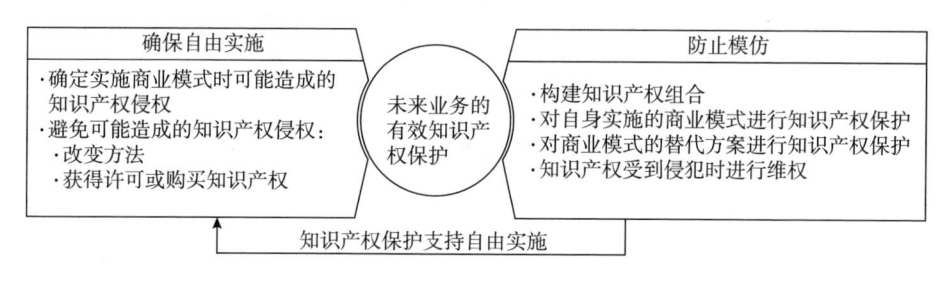

图 7.3　价值驱动的知识产权战略

如图 7.3 所示，"防止模仿"对"确保自由实施"有追溯效力，因为对企业自身实施的商业模式进行知识产权保护也可能支持其未来的自由实施。

为确保企业可以自由实施，必须对所有相关国家进行检查，确定企业未来的商业模式或其替代方案的实施是否侵犯第三方的权利，如第三方的发明专利、实用新型、外观设计、商标或著作权。

总而言之，这项工作花费较大，但很有必要。如果企业自身的技术实施受到第三方权利约束，则必须及早采取补救措施。此时可以采用两种基本方法，如图 7.3 所示。

- **改变方法**：在这种情况下，可以选择不同方法，努力避免对知识产权造成侵权。我们回到电动滑板车初创企业这个例子：如果企业认识到轮毂电机的一个设计细节受到潜在竞争对手的专利保护，则可对电机进行重新设计以避免侵犯此专利。同样，如果计划使用的企业名称或产品名称受到涉及应用电动滑板车的第三方的商标保护，则必须选择新名称。对于已分配的互联网域名，初创企业也必须采取类似的方式来应对。

- **获得许可或购买知识产权**：对上述改变方法的替代选择是，从实施商业模式会对其造成侵权的知识产权所有者手中获得许可或购买知识产权。通常情况下，仅限于自身使用领域的许可已经足够。比如，电动滑板车初创企业如果发现其轮毂电机设计细节的专利持有者只活跃于建筑业的大型发动机业务领域，则可以尝试获取仅限在微型移动市场使用该专利的独占许可。对于全球标准化技术，如电信领域的标准技术，其专利持有者甚至有义务按照"公平、合理、非歧视"的条款授予许可。

为了防止出现模仿，企业可以利用知识产权是禁止权这一事实。为此，如图 7.3 所示，企业的目标便是建立合适的知识产权组合。要实现这一目标，可以自主开发知识产权或从第三方获得许可或购买知识产权。如采取这种方式，必须考虑在哪个国家需要什么样的保护。为确保通过实施以此种方式创建的知识产权组合能够防止模仿，知识产权组合必须具备如下特点。

- **对自身的实施进行知识产权保护**：计划实施的首选未来商业模式及其替代方案受各种知识产权的保护，如发明专利、实用新型、外观设计、商标或著作权。这样可以防止潜在竞争对手直接复制客户产品或服务。在知识产权保护框架内，电动滑板车初创企业不仅必须保护轮毂电机的基本技术，还必须通过外观设计保护上文提到的彩色设计元素——这些元素通过轮辐闪光来吸引客户关注轮毂电机，从而提高其客户受益价值。

- **对替代方案的实施进行知识产权保护**：企业除了阻止竞争对手直接复制其产品或服务外，还希望阻止对手采用规避方式或寻找其他替代方案来提供相同或相似的客户产品或服务。因此，有必要考虑竞争对手在这种情境下可能会有什么方案，并通过各种知识产权对该方案的实施进行保护。此处的重点并非真正实施企业自身的客户产品或服务，而是防止他人实施。比如，电动滑板车初创企业因此还需要考虑到与轮毂电机具有相似价值的其他电机和制动方案，为其申请专利，从而使潜在的未来竞争对手望而却步。

价值驱动的知识产权战略是独特的战略竞争工具：该战略和其他价值驱动职能战略的相似点在于它们都有助于创造独特的客户受益价值；不过，它在以下几点上与其他职能战略有很大不同。

- **知识产权是禁止权**：知识产权的所有者可以禁止第三方做某件事。从这方面来讲，知识产权与企业的所有其他职能有很大不同——后者只能以提供比竞争对手更好的产品或服务为目标，而不能以任何方式直接影响该竞争对手。

- **知识产权会对未来产生影响**：根据法律和国家的不同，知识产权的禁止效力影响通常会延续到未来10年以上。企业所有其他职能部门的活动对未来没有此种约束力，而是依赖市场和竞争条件。
- **知识产权有优先权**：是否授予知识产权不仅取决于内容问题，还取决于申请日期，因为通常只有第一个申请人会被授权。因此，就采取知识产权行动而言，重要的不仅是申请知识产权，而且要快速申请。这在出现商业危机时尤为重要：由于成本原因而减少的知识产权申请量通常无法通过之后增加申请量来弥补。但是，对研发等所有其他业务职能，这种做法在很大程度上能行得通。

7.4 实践中的价值驱动的知识产权战略

上文介绍的主题是价值驱动的知识产权战略的概念。我们已经了解价值驱动的知识产权战略如何与企业所有其他职能的战略活动相互作用，以及如何从概念上应用价值驱动的知识产权战略为未来业务建立有效的知识产权保护，从而有针对性地将知识产权战略用作独特的战略竞争工具。现在我们将内容转向商业实践，看看如何以结构化的方式讨论未来商业模式，并探讨如何从中逐步获取知识产权保护。

7.4.1 用"商业模式画布"描述商业模式

可以借助"商业模式画布"（参见图7.1）展示对未来商业模式及其替代方案的优先级排序，这样一来，企业所有职能部门的员工必定会对企业的未来拥有相同的愿景。

事实证明，就企业未来的商业模式进行讨论时，"商业模式画布"（Blank et al.，2012；Osterwalder et al.，2019；Ries，2011）的方法在实践中非常有效。"商业模式画布"最初主要用于初创企业，但现在也很受成熟企业的欢迎。

我们以电动滑板车初创企业为例来看"商业模式画布"：对于本章开头概述的三种可能商业模式，创业团队决定暂时不实施"电动滑板车共享"模式，因为该模式需要的初始资金似乎太多，且难以将滑板车分散到城市各处。"电动滑板车轮毂电机供应"商业模式也被搁置，因为团队觉得此业务的盈利潜力太小。与潜在客户进行初步讨论后，团队发现"电动滑板车销售"似乎很有前景。因此，电动滑板车团队起草了"商业模式画布"的初稿，如图7.4所示。

7 用价值驱动的知识产权战略保护未来业务

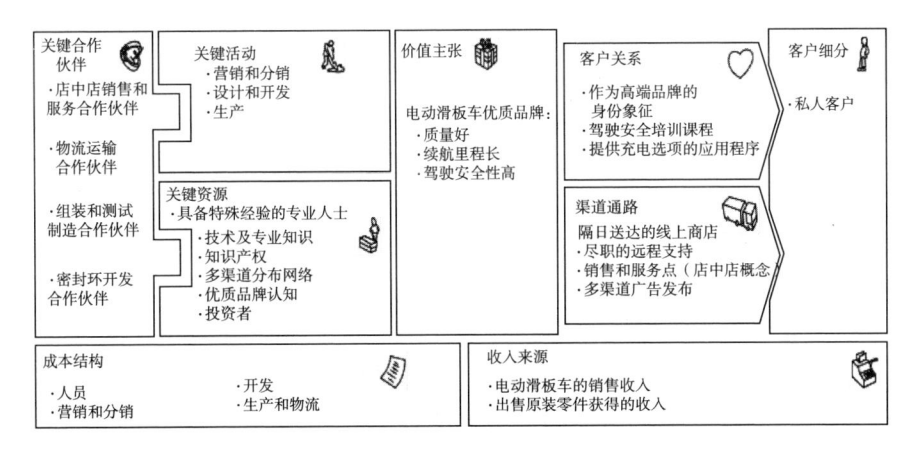

```
关键合作伙伴          关键活动            价值主张           客户关系              客户细分
·店中店销售和         ·营销和分销         电动滑板车优质品牌  ·作为高端品牌的       ·私人客户
 服务合作伙伴         ·设计和开发         ·质量好             身份象征
·物流运输             ·生产               ·续航里程长         ·驾驶安全培训课程
 合作伙伴                                 ·驾驶安全性高       ·提供充电选项的应用程序
·组装和测试           关键资源                                渠道通路
 制造合作伙伴         ·具备特殊经验的专业人士                  ·隔日送达的线上商店
·密封环开发           ·技术及专业知识                         ·尽职的远程支持
 合作伙伴             ·知识产权                               ·销售和服务点（店中店概念）
                     ·多渠道分布网络                         ·多渠道广告发布
                     ·优质品牌认知
                     ·投资者

成本结构                                  收入来源
·人员        ·开发                        ·电动滑板车的销售收入
·营销和分销   ·生产和物流                   ·出售原装零件获得的收入
```

图 7.4 "电动滑板车销售"商业模式的"商业模式画布"草图

"商业模式画布"描述了一种特定的商业模式，其特点包括想用该模式交付的某种独特客户受益价值（客户视角）以及企业想要交付该客户受益价值的方式（运营视角）。如果想看看不同的商业模式，需要为每个商业模式创建单独的"商业模式画布"。

首先，我们通过回答以下两个问题来描述商业模式：

● **客户视角**：谁、出于何种原因、用怎样的方式、为什么产品/服务付了多少钱？

● **运营视角**：该组织如何及以多少成本产出"什么产品/服务"？

"商业模式画布"准确回答了这些问题（参见图 7.4）：客户视角位于右侧，由"客户细分"（"谁"）、"价值主张"（"什么"和"何种原因"）、"收入来源"（"多少钱"）和"客户关系"以及"渠道通路"（合起来为"用怎样的方式"）等模块来表示。运营视角位于"商业模式画布"左侧，由"关键活动"、"关键资源"和"关键合作伙伴"（合起来为"如何"）与"成本结构"（"多少成本"）组成。

在实践中，我们通常会将基本方案的扩印件挂在墙上，通过研讨会来制定商业模式的具体内容并将其填入画布中的各个模块，"画布"一词便是由此而来。将商业模式可视化后，讨论参与者显然更易达成共识。因此，"商业模式画布"也非常适合应用在跨职能战略研讨会中，例如，可根据图 7.1 对未来商业模式及其替代方案进行优先级排序。

要实施价值驱动的知识产权战略，企业必须对"商业模式画布"中的九个模块都进行保护。此外，知识产权战略还必须考虑跨越模块界线的要点。因此，深入了解这九个模块对于价值驱动的知识产权战略的制定至关重要。下文的简短描述仅为简介，如需了解更多详细内容，请参考已作为示例引用的文献。

价值主张： 如本章开头所述，企业的主要目标是为其客户提供比竞争对手的同类产品或服务更具客户受益价值的产品或服务。这是为了结合相应的支付意愿来触发客户作出购买决定。因此，最好先从"价值主张"和"客户细分"两个相互依赖性极强的模块开始制定"商业模型画布"。迥异性有助于实现独特的客户受益价值，如产品的特别性能、客户具体定制产品的特殊可能、独特的设计或节省成本的特殊可能。这些特殊性最终都可通过提供软件服务（SaaS）而获得解决方案，客户以此便可以避免在自己的计算机上购买、安装和操作软件，而只需支付每月的用户费用。

根据图7.4，示例电动滑板车初创企业给自己设定了成为电动滑板车高端品牌的目标。从客户的角度来看，高端不仅体现在电动滑板车优质的材料和做工上，还特别体现在两个方面：充电电池的续航里程长和强大制动系统所保障的驾驶安全。该初创企业的创始人相信自己发明的轮毂电机会在续航里程和制动系统方面给企业带来巨大的竞争优势。

客户细分： 与"价值主张"相匹配的客户细分在特征上也可能有很大差别。例如，产品或服务可以针对大众市场、利基市场或高度多样化的市场。还有一些商业模式可以同时面向差异很大的客户群，这些模式被称为"多边"模式，其中包括如信用卡公司采用的商业模式。信用卡公司需要大量信用卡用户，但同时也需要大量可以使用该信用卡的商店。亚马逊（Amazon）和爱彼迎（Airbnb）等互联网平台也以这种模式运作。

根据图7.4，示例电动滑板车初创企业最初只想解决客户细分中私人客户的需求。就微型移动而言，这些客户希望无论将其作为专业还是私人出行方式，都能实现舒适、快速、安全的短距离行驶。之后，初创企业可以相对轻松地扩展其商业活动，向电动滑板车租赁企业出售电动滑板车。

渠道通路： 客户受益价值必须以适当的方式抵达"客户细分"。"渠道通路"部分描述了企业如何让客户了解自己的产品或服务、客户如何将其和竞争对手的商品或服务进行对比评估、购买过程和产品或服务的交付怎样运作及购买流程结束后对客户的售后服务如何。所有这些活动都可以通过许多不同的方式（如间接通过互联网或直接通过零售店或销售代表）来进行。企业还需要决定这些活动应该由自己的组织或合作伙伴执行，还是两者共同执行。

根据图7.4，示例电动滑板车初创企业通过各种渠道接触私人客户。有经验的客户可以从线上商店订购电动滑板车并通过送货上门服务将其送至家中。此外，企业还提供尽职的远程支持来答复客户咨询。对于想要先亲自获取信息或试驾电动滑板车的客户，应当通过销售和服务点与其联系。为了树立高品质的品牌形象，企业需要和优秀的销售和服务合作伙伴（如领先的运动或自行车商店）一起实践具有相应企业设计的店中店方案。广告则通过社交媒体、印刷媒体和活动营销等多渠道来发布。

客户关系：每家企业都想拥有对其满意的长期客户。为此，企业必须明确自己希望与客户建立什么样的关系及如何以具备成本效益的方式维持关系。不同商业模式可能要采取不同的方法。有些商业模式高度依赖销售或服务部门员工的个人建议。有的商业模式中，客户更喜欢通过互联网或自动贩卖机获取自助服务。有些商业模式很成功，因为企业推出客户忠诚计划，让客户觉得自己属于享受特殊权益的群体。显然，客户关系的设计与渠道通路的设计密切相关。

该电动滑板车初创企业希望成为电动滑板车的高端品牌。为了实现这一目标，企业必须特别重视客户关系，其中包括将品牌定位成有较高品质要求和较强支付意愿的现代人的身份象征。免费的驾驶安全培训课程等特殊客户活动可以增强客户忠诚度。提供电动滑板车公共充电选项概览的智能手机应用程序与专属条件相结合，可以让使用电动滑板车的客户随时轻松出行，提升客户忠诚度。

收入来源：收入来源的设计也必须与客户受益价值相适应。客户只愿意为能带来具体价值的东西付费。付款方式或时间也会影响客户受益价值。可以想到的选择包括产品销售、出租或租赁（如房地产或汽车）、基于消费的用户费（如酒店住宿）或非基于消费的通道费（如体育俱乐部的会员资格或智能手机资费的统一费率）。定价和折扣也有多种选择。包括喷墨打印机在内的许多商业模式也使用组合收入来源的方式，如低初始成本和高后续消费成本的结合。

根据图7.4，示例电动滑板车初创企业有两个主要收入来源：一方面来自电动滑板车的销售，另一方面来自向销售和服务合作伙伴出售原装零件获取的收益。

关键资源：关键资源描述企业实现预期客户受益价值所需的资源。人力资源是大多数企业尤其是需要具备特殊知识和经验员工的企业的重要资源。生产设施、零售商店、车辆、计算机设备等物理资源和财务资源一样，也可以是关键资源。对于初创企业来说，财务资源包括用风险资本进行融资；而对于成熟企业来说，则是进入其他形式的资本市场，例如银行的信贷额度。关键资源的一个重要部分是保护企业商业模式的知识产权组合。

根据图7.4，示例电动滑板车初创企业已将企业人员确定为关键资源，这些人员必须在机械电子学、软件开发、设计和营销方面具备特殊专业知识。轮毂电机技术及相关的专有技术和知识产权一样，也是成功的关键。知识产权应当用其独特的客户受益价值有效保护商业模式。对市场认知进行精心培养使其将企业视为高端品牌也是企业成功的重要资源。此外，初创企业仍需争取的投资者也是关键资源，因为只有投资者的资金实力及其支持才能让企业迅速扩大规模。

关键活动：从运营的角度看，关键活动描述了企业交付客户受益价值所必需的核心竞争力。就产品业务而言，这些通常包括开发、设计、测试和制造方面的竞争力。在汽车维修或医疗服务等服务型业务中，关键活动通常在于有效解决某些问题的能力并具备相应知识和质量管理体系。在基于互联网平台的商业模式中，关键活动通常包括运营人员可以应用人工智能的方法高效分析平台交易并得出优化平台运营的结论。

电动滑板车初创企业拥有为私人客户提供创新产品的典型企业关键活动：营销和销售、设计和开发、生产。

关键合作伙伴：与其他企业建立合作伙伴关系是商业成功的重要组成部分。企业自己执行所有活动、掌握所有资源的做法毫无意义，也没有必要。对于有多个同类供应商的非关键零件或服务，企业完全可以向合作伙伴购买，而且通常还能获得比企业内部生产更有利的成本优势，因为供应商的产量要大得多。关键合作伙伴是那些与自身商业模式的运作相关并且通常不容易替代的合作伙伴，其中包括分销合作伙伴或与其他企业联盟的战略制造合作伙伴。在可接受条件下有必要获得其专利许可的合作伙伴也是关键合作伙伴。初创企业如果与成熟企业在双赢合作伙伴的理念设计下建立合作伙伴关系，则会受益良多 (Freytag, 2019)。为避免混淆，在"商业模式画布"中，"客户"和"合作伙伴"是不同的参与者，而在日常商业活动中，这两个术语通常被用作同义词，以强调与客户的密切关系。

根据图 7.4，店中店销售和服务型合作伙伴对于示例电动滑板车初创企业具有决定性意义，因为这是该初创企业以快速且具有成本效益的方式建立广泛影响力的唯一途径。大部分组装和测试工作被外包，大部分组件也从外部购买，其中也包括内部开发的轮毂电机。这种电机由合约制造商制造，还使用与开发合作伙伴共同开发的高度创新型密封圈等部件。在之后制定知识产权策略的过程中，我们会看到密封圈是成功关键，所以密封圈的开发合作伙伴是电动滑板车初创企业的关键合作伙伴，而普通密封圈肯定是非关键的外购零件。

成本结构："商业模式画布"的运营层面会导致业务运营的成本消耗。"成本结构"的目标在于确定主要的成本块和其驱动因素。例如，企业必须准确了解商业模式中固定成本和可变成本的组成部分，以及哪种成本的下降可能与销量相关。这就为成本、流动资金和财务规划以及相关的优化方案提供了基础。成本规划和销售及财务规划都属于商业计划的财务分支。

在电动滑板车初创企业案例中，除人员外，营销、销售及开发也是具备显著固定成本特征的大型成本块。另外，由于合作企业承担外包工作，生产和物流成本在很大程度上是可变的，具体取决于电动滑板车的实际销售情况。

7.4.2 用系统的方法确保自由实施并防止模仿

在为未来的首选商业模式一起准备"商业模式画布"后，企业所有职能部门的负责人，尤其是知识产权专家，对未来商业模式的独特客户受益价值及其实施便有了清晰的共同愿景，对于该首选未来商业模式的可能替代方案也是如此。图7.1所示的第一阶段到此结束，企业各职能部门的负责人现在可以根据图7.1所示的第二阶段制定各自的价值驱动职能战略。因为在第一阶段大家已对企业未来达成了共识，之后就能很好地协调各部门的职能战略。

现在我们来看看企业知识产权职能部门的活动，详细了解如何在实践中制定和实施价值驱动的知识产权战略。

通常情况下，初创企业不能像成熟企业一样依赖内部的知识产权专家，所以它们会通过咨询经验丰富的外部专利律师来获取知识产权专业知识。为了让初创企业的外部专利律师对价值驱动知识产权战略的制定提供针对性的支持，专利律师需要像成熟企业的内部知识产权专家一样充分了解关于未来商业模式优先级排序和目标独特客户受益价值的讨论。理想情况下，专利律师应当参与这些讨论。下文（从专利律师的角度）描述的内容也可作为本书第1章和第2章的补充。第1章从总体上对知识产权的各个法律层面进行了概述，对此，第2章以医疗技术初创企业为例（参见第2.5节）进行了具体介绍。

为了制定如图7.1所示的价值驱动的知识产权战略，需要根据图7.3所示的关于首选未来商业模式及其替代方案的描述，将以下任务列入议程。

- 确定企业实施商业模式时的潜在侵权行为，然后以规避设计、获得许可或购买知识产权的方式来避免相关潜在问题，确保自由实施。
- 建立知识产权组合，保护企业商业模式及替代方案的实施，进而防止他人模仿。

下列是关于系统制定价值驱动的知识产权战略的指导方针，经证实，这些方针在实践中卓有成效。尤其要注意的是，企业应该：

- 逐一检查"商业模式画布"的各个模块以确保完整性，但也应有意识地查看跨越模块界线的要点。

- 在所有考虑因素中，始终将独特的客户受益价值理念放在首位。商业模式是该理念的代表，知识产权战略应对该理念作出贡献。将该理念放在首位有助于将"商业模式画布"中的各模块视为重要方向，同时不忽视基本目标。知识产权战略，尤其是用于防止模仿的知识产权保护，并不总是和"伟大的创意"有关。小的想法如果能带来预期结果，也同样重要。

- 始终有意识地利用发明专利、实用新型、外观设计、商标、著作权等所有可能的知识产权类型作为保护手段，以避免在无意中仅过度关注发明专利。为有效防止模仿，还应检查各类型知识产权能在何种程度上进行结合，以优化保护效果。

- 检查获取许可或购买知识产权会在何种程度上优于自行申请注册。

- 确保对未来可能涉及的所有相关国家进行分析。

- 将知识产权战略视为内部或外部知识产权专家与企业其他职能部门员工之间的团队任务，不仅考虑研发部门，还要考虑营销、生产、采购等其他企业部门。在成熟企业中，这些职能通常由各部门履行。而在初创企业中，这些不同的职能往往只能靠同一批创始团队成员承担。

- 要考虑到所有竞争对手。不仅是企业所在行业及目前活跃于其中的竞争对手，活跃在完全不同行业的企业也可能与初创企业存在竞争关系：它们可能拥有具备跨行业影响技术的知识产权，或者在未来突然以"颠覆性"竞争对手的身份出现在企业所在行业，很可能提供完全不同的方法来实现相同的客户受益价值。

- 必须既要涵盖首选商业模式，又要涵盖其替代方案。如果替代方案与首选商业模式仅略有不同，那么确保自由实施和防止模仿会产生强大的协同效应。然而，如果替代方案明显偏离首选商业模式，两者重叠部分很小，那么额外费用会相当可观，并且在许多此类情况下有必要把重点放在关键领域而不谋求完全覆盖替代方案。

在以下这几个方面，对时间的掌控会起到至关重要的作用：

- 要确保自由实施必须对第三方知识产权是否造成侵权进行测试，而这种测试只能在某个时间点进行，因此，必须定期在适当的时间段重复该测试。

- 知识产权是禁止权，一般来说，其第一个申请日期最重要。因此，申请速度必须快。

- 市场、技术和竞争环境在不断变化，知识产权战略必须作出相应调整。重大变化甚至可能对首选未来商业模式产生影响。无论如何，必须定期检查首选未来商业模式的有效性，其作为预算周期的一部分，至少要每年检查一次。

有效的价值驱动知识产权战略及其实施只能通过咨询经验丰富的知识产权专家来实现。对初创企业而言，此类专家通常来自外部专利律师事务所；对成熟企业而言，此类专家来自内部的知识产权部门。

7.4.3 示例和实践中的注意事项

前文对价值驱动的知识产权战略的制定提供了基本建议，下文将再提供一些实用建议进行补充。但这些仅是笔者的个人建议，与其相关的注意事项也并非详尽无疑。考虑到不少初创企业家对知识产权可能仅具备初步认识的情况，笔者仍以电动滑板车初创企业作为示例来补充实用建议。

企业创始人致力采用以下方式确保电动滑板车的业务能够自由实施：

- 由于企业创始人在大学读书时就开发了轮毂电机，因此他们必须明确自己在多大程度上拥有该发明的权利。如有必要，创始人必须与大学就购买知识产权或获得许可的条件进行谈判。本书第 3 章（特别是第 3.2.6 节——关于在大学作出发明的特殊情况）从专利律师的角度详细介绍了这个问题。在第 4 章中，大学研究所负责人对此主题补充了意见并提供了实用建议。

- 由于轮毂电机的构造细节已经受到某电机制造商的专利保护，因此创始人必须考虑能否以不同的方式设计该部件或协商获取许可。该许可仅限于在微型移动领域和某些国家使用电机的构造细节可能就足够了。

创始人希望通过一些措施防止他人模仿电动滑板车业务，这其中包括：

- 申请注册商标来保护企业名称和徽标。

- 创始人为轮毂电机技术申请了若干专利，并且尽可能将专利权利要求概括得比较宽泛。在区域申请策略中，企业要确保覆盖和未来业务相关的所有国家。由于创始人希望尽快在展会上展示电动滑板车，而发明专利的审查和授权需要一定时间，因此他们同时申请了实用新型。实用新型的保护效果没有发明专利强，但授权速度更快，而且如有必要，仍然可以依靠其权利要求主张禁止竞争对手的权利。

- 为了让轮毂电机和与之相关的附加价值更加易于识别，创始人在轮毂电机上添加了闪光轮辐等引人注目的设计元素，并用外观设计对其进行保护。轮辐还配有简短悦耳的旋律，一打开电动滑板车就会响起。创始人将这段旋律作为"声音标识"进行了商标保护。

● 轮毂电机的一个重要设计细节是将轴密封在电机外壳上的密封件，以防止滑板车进入深水坑时有水流入电机。创始人与专业密封件制造商一起开发了这种密封件并针对该密封件在微型移动领域申请了保护，这样便能防止该制造商向潜在竞争对手提供相同的密封件。

● 由于重量对于轮毂电机起着重要作用，因此未来的电机可考虑不用铸件的形式打造，而是通过3D打印工艺以轻质和极稳定的蜂窝结构制造。尽管创始人目前不打算以这种工艺制造电机，但是为了防止新的竞争对手进入市场并保留对这种方法的使用权，他们正考虑这种替代方案的外观，并为相关方案设计和必要的制造方法申请专利。

在数字化过程中，使用软件制定知识产权战略越来越重要。与软件相关的发明不能受到知识产权保护因而无须处理的观点不仅普遍，而且也会造成严重不良后果。有关知识产权和软件的详细信息，请参阅 Schwarz 和 Kruspig（2017）的文献。此处仅提及几个重要方面。

● 原则上而言，软件的源代码受著作权保护，无须通过进一步申请程序获得保护。不过，这种保护只有助于禁止直接复制源代码，利用程序代码背后的基本逻辑重新编程不受这种保护的影响。

● 在大多数国家，软件本身不能获得专利权。但是，如果软件是解决技术问题过程中的一部分，则很可能可以获得专利权，且该专利也具有禁止他人使用的作用。

● 最后，还必须仔细考虑开源软件的使用。一方面，开源软件库对软件开发的快速发展有巨大帮助；另一方面，开源并不意味着"自由获取"。一旦开源软件的用户不再限于自身使用而将其作为产品的一部分传递给第三方，就必须遵守基本的开源软件许可协议，如 GNU（General Public License，通用公共许可）。遵守这种协议的最简单情况是只需提供原作者名字即可。不过，使用开源软件时，自动同意许可协议也可能出现这样的情况：与该开源软件集成后的个人软件会自动成为相同许可条件下的开源软件（即"著佐权"）。所以，一般来讲，除非明确必须采用依靠开源软件间接推广自己商业模式的策略，否则无论何时我们都不希望发生这种情况。关于开源软件的更多信息可以参考第1章，特别是第1.3.1节和第1.4节。

这些实例突出地说明需要制定知识产权战略的领域有多么广阔和重要，而

7 用价值驱动的知识产权战略保护未来业务

这种重要性又是多么频繁地遭到低估。因此我们必须建议初创企业集中力量处理好知识产权这一主题。

7.5 价值驱动的知识产权战略在组织中的实施

到目前为止，本章所描述的价值驱动的知识产权战略已经在实践（无论是初创企业还是成熟企业）中多次证明了自己的价值。

尽管如此，在许多企业中，发明驱动的知识产权战略的方法仍然在传统上占据主导地位。这种方法的本质是将知识产权用于保护企业内部的发明。该方法有严重的弊端，笔者将在下文对其进行详细讨论。充分了解价值驱动的知识产权战略和发明驱动的知识产权战略之间有何区别是在组织中建立价值驱动的知识产权战略方法的先决条件。

这一问题对于初创企业和成熟企业都是有意义的：二者都要确保企业的所有员工从价值驱动而非发明驱动的角度理解知识产权战略，这种理解并不因为组织的规模不同而发生变化。

价值驱动的知识产权战略与发明驱动的知识产权战略的对比如图 7.5 所示。

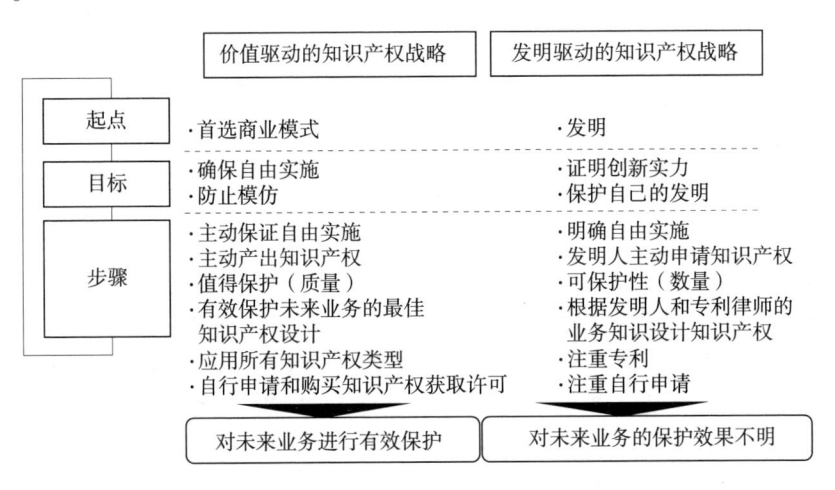

	价值驱动的知识产权战略	发明驱动的知识产权战略
起点	·首选商业模式	·发明
目标	·确保自由实施 ·防止模仿	·证明创新实力 ·保护自己的发明
步骤	·主动保证自由实施 ·主动产出知识产权 ·值得保护（质量） ·有效保护未来业务的最佳知识产权设计 ·应用所有知识产权类型 ·自行申请和购买知识产权获取许可	·明确自由实施 ·发明人主动申请知识产权 ·可保护性（数量） ·根据发明人和专利律师的业务知识设计知识产权 ·注重专利 ·注重自行申请
	对未来业务进行有效保护	对未来业务的保护效果不明

图 7.5 价值驱动的知识产权和发明驱动的知识产权战略之间的差异

7.5.1 价值驱动的知识产权战略和发明驱动的知识产权战略之间的差异

两种战略的主要差异在于起点不同：

- 在价值驱动的知识产权战略中，起点是跨职能部门从战略上对未来商业模式进行的优先级排序。如图 7.1 所示，由此起点推出职能战略，尤其是知识产权战略。这意味着企业所有职能部门负责人对未来商业模式共同进行优先级排序后，会对未来抱有相同的愿景，然后努力尝试通过职能战略将这一愿景变为现实。

• 发明驱动的知识产权战略的起点是开发人员在企业内部完成的发明。开发人员知道自己必须为企业的创新能力作出贡献，因而会以作出发明为目标。

起点不同直接造成价值驱动的知识产权战略和发明驱动的知识产权战略的目标不同：

• **价值驱动的知识产权战略**与有效保护未来业务有关，其中有两项任务是必须完成的：确保企业的自由实施以便执行首选的未来商业模式，同时防止竞争对手模仿该商业模式。

• 相比之下，在**发明驱动的知识产权战略**中，发明人旨在展示自己的创新实力，从而为企业的创新产品和服务作出贡献。此外，发明人希望通过知识产权保护自己的发明创造，这样只有自己所在的企业才能使用其发明。各开发人员持有发明报告和授权专利的数量经常被作为企业的重要创新指标，并且往往是可变薪酬的组成部分。

价值驱动的知识产权战略和发明驱动的知识产权战略目标有所不同，由此导致不同的处事方法和实际效果：

• 根据图 7.3，**价值驱动的知识产权战略**分析在实施首选商业模式时是否可能侵犯第三方知识产权及如何避免侵权行为，进而主动确保企业的自由实施，以便执行该商业模式。此外，企业积极构建知识产权以防止模仿。上一节以"商业模式画布"为例说明了如何在这方面进行努力，同时也清楚表明知识产权的保护价值最重要，因此知识产权的质量也最为重要。关键之处在于要准确获得对未来业务实现最佳保护所需要的知识产权。正如上文实例所示，这包括将所有类型的知识产权考虑在内并用系统的方法加以利用，同时除企业自己的申请外，还要检查在个案中获得知识产权许可或进行购买是否可能是更好的选择。

• 相比之下，**发明驱动的知识产权战略**的重点并不在于明确未来业务的自由实施。知识产权部门通常受开发部门委托，在开发过程结束时进行"专利清算"。产品管理部门中涉及外观设计或商标的申请委托也是如此。根据定义，在发明驱动的知识产权战略中，知识产权申请由发明人主动提出，发明人认为自己发明了有趣的东西，可能会成功申请专利。因此，战略的重点是可保护性而不是保护价值。是否提交申请获得保护及申请的结构如何取决于发明人和专利律师对企业当前和未来商业模式的了解。此外，发明通常属于开发部门的工作领域，所以比起其他类型的知识产权，专利会更受重视。由于创新实力以企业的专利申请数量来衡量，因此获得许可或购买的知识产权最多只在清算知识产权时发挥作用，根本不是知识产权战略的组成部分。

这意味着价值驱动的知识产权战略有针对性地为首选的未来商业模式提供有效的知识产权保护。另外，上文在比较两种方法的差异时也提到：发明驱动的知识产权战略对未来业务的保护效果尚不清楚。

在此背景下，商业环境的稳定性也发挥了决定性作用：企业在市场上活跃的时间越长，商业环境的变化就越小，价值驱动的知识产权战略和发明驱动的知识产权战略之间的区别就越不重要。这是因为可以假设企业已经拥有足够的知识产权组合，企业的所有员工对商业模式及其进一步发展都非常了解，也知道重点所在。在这种情况下，开发部门会提供"正确"且"充分"的发明报告，而产品管理和营销部门对外观设计和商标的保护给予"正确"且"充分"的考虑，知识产权部门则清楚地了解如何进行知识产权布局并密切关注侵犯第三方知识产权的可能性。

但是，由于现在无法假设商业环境的稳定，因此价值驱动的知识产权战略对于企业的成功，尤其是对下列两种类型企业的成功至关重要：

- **对于初创企业**：根据定义，这种企业没有稳定的业务，但正在寻找商业模式（参见图7.2）。仅出于这个原因，初创企业就必须采取价值驱动的知识产权战略。如上文所述，这种方法也完全符合"商业模式画布"方法论——该方法是初创企业的标准战略工具。
- **对于数字化时代的成熟企业**：数字化及其带来的转型蕴含着巨大的机遇，但也存在很大风险。以前十分稳定的环境正变得越来越不稳定。从战略上讲，可以通过情景分析和对这些情景进行优先级排序来应对与未来业务相关的不确定性。这正是图7.1中价值驱动的商业战略的起点：未来的不确定性越大，首选未来商业模式和潜在的替代方案就越不同，知识产权战略就越要确保首选商业模式及其替代方案都能得到充分保护，以尽可能为未来做好准备。这样，价值驱动的知识产权战略的应用就成为数字化转型过程中的竞争优势。

关于上述价值驱动的知识产权战略和发明驱动的知识产权战略之间的差

异，笔者刻意给出了非黑即白的描述，以触及观点的核心内容，而现实中肯定包含不同程度的灰色地带。

此时，您可能会问自己：在应用价值驱动的知识产权战略的过程中，我们该如何处理研发部门的发明人自发的新颖构想？这似乎与图 7.1 所示的价值驱动的知识产权战略的流程不相适应。当然，企业会对发明人的构想进行考虑，但此处的决定性问题同样是要应用何种标准。如果先应用价值驱动的知识产权战略的标准并问自己如何将该构想融入对未来商业模式的有效保护中，那么您已经向前迈出了重要的一步。如果该构想根本不适合首选未来商业模式及其替代方案，或者有很多其他的应用途径，那么企业可以考虑将其出售或授予相关知识产权许可以从中获利。因此，在应用价值驱动的知识产权战略的过程中，自发的新颖构想也很受欢迎且具有其自身价值。不过，重要的是区分这两个问题：这种新颖的构想对未来业务的有效保护有何贡献？该想法在未来业务之外的商业价值是什么？

西门子（2019）等成熟企业有自己的组织单位负责处理超出自身业务重点的知识产权和技术的商业化工作。例如，一些企业会出售用于人类保健的医疗产品，可以将保护这些产品的知识产权许可给动物保健领域的企业并将授权许可限制在"动物保健"领域使用。该做法值得参考：这样一来，西门子就能在不受其人类医疗保健主要市场的限制下获得额外收入。

7.5.2　建立价值驱动的知识产权战略的方法

图 7.5 描述了价值驱动的知识产权战略和发明驱动的知识产权战略之间的差异，而这些差异也自动从组织的角度定义了知识产权职能在企业应用两种战略时所扮演的不同角色。

在使用**价值驱动的知识产权战略**的情况下，知识产权职能部门从战略制订之初就参与其中（参见图 7.1），并对未来商业模式的优先级排序发挥了很大作用：

- 特别值得一提的是，这意味着知识产权专家也要讲战略、营销、开发和生产部门的"语言"，可以制定"商业模式画布"等战略方法，并要熟悉企业战略及市场、技术和竞争环境的内容。从战略层面到知识产权专家层面的转移工作，特别是因此需要做的法律术语翻译工作，必须由知识产权专家本人而非其他职能部门的同事完成。
- 按照这种方式，知识产权工作是业务中不可分割的一部分，与企业其他组织职能部门密切联系。尤其是对企业的其他同事来说，知识产权职能部门对企业成功所作的贡献显而易见。

反之，**在发明驱动的知识产权战略**中，知识产权职能部门通常只参与产品开发的最后阶段：

- 知识产权职能部门通常在专利申请方面与开发部门进行重要互动，却难以激励开发人员提交足够数量的发明报告；而等财年快要结束时，开发部门会变得特别有创造力，提交大量发明报告以达到其发明数量目标。这种情况并不少见。

- 企业其他职能部门认为知识产权职能部门在很大程度上与业务脱钩，将其视为对市场没有深入了解、与业务关系不大的法律部门。这种印象往往被以下事实强化：在与他人发生知识产权冲突的情况下，实践证明所谓的强大知识产权组合毫无用处，在法律上难以实施，因为它不能充分涵盖实际的商业模式。

在实践中应该如何**解决**这一问题？

- **初创企业**有机会从一开始就确保自己执行价值驱动的知识产权战略。这对初创企业尤为重要，特别是考虑到资源有限，企业需要让投资者相信其知识产权组合的可靠质量。

- 对于**成熟企业**而言，有必要在深思熟虑后进行管理变革，将传统上确立已久的发明驱动的知识产权战略转变为价值驱动的知识产权战略。该变革必须得到管理层和企业所有组织职能部门负责人的支持。

上文介绍了价值驱动的知识产权战略和发明驱动的知识产权战略的区别及知识产权职能部门在企业中扮演的相关角色，现在我们可以较好地通过具体案例分析企业目前处于这两极之间哪个位置以及有哪些主要的变革起点。

实践证明，这种做法在成熟企业中取得了成功：首先在研讨会上从理论和具体实践案例两方面向与知识产权相关的员工解释价值驱动的知识产权战略的方法，然后可以按照图7.1所示的流程在企业内开展跨职能部门试点项目。如果能让所有员工见证这些试点项目的成功，那么价值驱动的知识产权战略的应用就可以在此基础上继续向整个企业推广，从而持续建立价值驱动的知识产权战略的方法。

7.6 总　结

企业的任务是通过提供优于竞争对手的独特客户受益价值来赢得客户满

意。因此，客户受益价值是每个企业商业战略的正确目标。这样的商业战略也叫作"价值驱动的商业战略"，相应的知识产权战略叫作"价值驱动的知识产权战略"。

价值驱动的知识产权战略可以有效保护未来业务：

- 价值驱动的知识产权战略的制定和实施是价值驱动的商业战略制定和实施的组成部分，分两个主要阶段进行（参见图7.1）。
- 在第一阶段，仔细进行战略分析，以首选未来商业模式和可能的替代方案的形式定义企业愿景。企业所有职能部门，无论是战略、研究、开发、营销、销售部门还是知识产权职能部门，其负责人都参与这项活动。
- 在第二阶段，企业所有职能部门的负责人在此基础上为其职能部门制定相应的价值驱动战略，使首选未来商业模式的愿景成为现实，同时为潜在的替代方案做好准备。
- 通过价值驱动的知识产权战略有效保护未来业务及其潜在替代方案有两层含义："确保自由实施"和"防止模仿"（参见图7.3）。这样能够保证计划实施的首选未来商业模式不会侵犯第三方权利并通过建立知识产权组合而尽可能使其他企业难以作为具备相同或相似产品/服务的竞争对手进入市场。

价值驱动的知识产权战略对初创企业尤为重要：

- 初创企业必须从一开始就寻找正确的商业模式（参见图7.2）。为此，它们对市场、竞争和技术作出假设并进行测试，从而逐步构建未来的商业模式。初创企业还必须从一开始就考虑其未来业务的知识产权保护问题，必须确保自己的业务能够自由实施，同时防止潜在的竞争对手模仿自己的商业构想。投资者在作出投资决定时会仔细审视这些要点。
- 因此，对于初创企业而言，价值驱动的知识产权战略非常适合于同步寻找正确的商业模式及其保护。在初创企业中，"商业模式画布"经常被用作构建商业模式的工具。画布中的九个模块完整而清晰地映射了商业模型的相关元素（参见图7.4，其中涉及示例电动滑板车企业）。当初创企业在实践中应用价值驱动的知识产权战略时，要考虑九个模块中的每个模块如何确保自由实施和防止模仿。初创企业必须考虑所有类型的知识产权，包括发明专利、实用新型、外观设计、商标和著作权，并以前瞻性的眼光思考区域申请策略。

价值驱动的知识产权战略对于成熟企业也必不可少：

● 成熟企业一旦无法再假设商业环境的稳定，就只能通过价值驱动的知识产权战略有效保护未来的业务。发明驱动的知识产权战略与此不相适应（参见图7.5）。

● 这种形势的变化在当今数字化浪潮及其带来的变革中尤为普遍：3D打印和物联网（Internet of Things，IoT）等新技术将改变成熟企业的现有商业模式并启用新的商业模式。成熟企业将面临新竞争对手以破坏性方式带来的压力。

● 价值驱动的知识产权战略的基本原则及其实施对于成熟企业和初创企业毫无差别。这意味着如果初创企业现在开始实施价值驱动的知识产权战略，随着时间推移，即便其发展为规模更大的成熟企业后也无须对此作出改变。

因此，价值驱动的知识产权战略是初创企业和成熟企业有效保护未来业务的独特战略竞争工具。

8

初创企业生命周期中的知识产权管理

克里斯蒂娜·鲁宾斯基（Christina Lubinski）[*]
克里斯托夫·维比格（Christoph Viebig）[**]

8.1 引 言

知识产权是企业的重要资产。但是很多企业，尤其是资源受限的初创企业，却往往低估了知识产权的战略价值和重要性。尽管管理知识产权是大多数成熟公司的核心工作，但初创企业的创始人经常忽略这一点，直到这方面出现显而易见且不容忽视的问题。然而，持续、主动的知识产权管理却可以帮助创始人摆脱困境，并且可以为其公司提供重要的竞争优势。

尽管学者们已经开始研究知识产权的重要性，但在学术研究和创业实践中却仍然低估了主动和持续管理企业各项法务工作的战略价值（Bagley, 2008, 2010; De Leon et al., 2017）。毫无疑问，初创企业在早期阶段有很多机会从知识产权中获得价值。本书的其他章节主要详细介绍了不同类型的知识产权（**参见第 1 章**），而本章则以研究的视角从战略管理和创业学研究层面对当前有关知识产权管理的文献进行一个系统的概述。笔者将特别针对以下三项研究发现进行阐述——笔者认为这三项发现与创始人和创始团队的工作重点密切相关。

首先，知识产权管理是一个不断变化的指标，它在企业的生命周期中是动态发展的，创始人应避免对其知识产权管理采用一成不变的模式，而应保持灵

---

[*] 克里斯蒂娜·鲁宾斯基，哥本哈根商学院教授。
[**] 克里斯托夫·维比格，哥本哈根商学院职员。

活性和适应性。基于已建立的企业生命周期模型，笔者列明了创始人在企业生命周期的不同阶段会面临的与知识产权相关的问题并说明了如何最好地解决这些问题。

其次，知识产权管理与企业合规性是交织在一起、密不可分的。知识产权应该是初创企业在早期阶段的一个关键活动领域，因为它体现了股东们就企业未来发展所关心的问题。由于初创企业在早期尤其缺乏出色的业绩记录，专业化的知识产权管理成为一个重要的信号，对股东们来说尤为重要并极有价值。因此，企业可以通过知识产权管理向外部股东们发出值得信任的信号——这也体现了一个突出问题：企业的"创新责任"（Stinchcombe，1965）。

最后，对于许多新企业来说，知识产权管理的复杂性不仅源于在本国管理知识产权的需求或愿望，同时也来自其跨境需求。走出国门让它们接触到不同的法律环境，管理难度也随之增大。因此，本章最后探讨了初创企业在跨境知识产权管理中一些最常见的问题。

正如本章节将要阐述的内容，创始人在权衡取舍时会经历许多涉及知识产权的挑战。笔者列明并讨论了这些与知识产权相关的权衡取舍中最普遍的几种情形，并说明了它们最常出现在初创企业生命周期的哪个阶段。权衡取舍对创始人来说是一个挑战，因为没有最佳解决方案。相反，创始人需要根据对利弊的评估作出回应，并要考虑短期和长期后果。通过讨论常见的权衡取舍方案，笔者为初创企业创始人提供了一套路线图，以便他们能系统地、主动地管理好其知识产权。

8.2 生命周期模型和企业合规性

在各个组织机构中，知识产权管理都是动态而非静态的活动领域。对于初创企业来说尤其如此。在初创企业早期阶段，知识产权管理经常作为"枢纽"，从根本上决定企业的商业模式、技术和团队结构，因此介入了企业发展的不同阶段。随着初创企业的发展，知识产权管理的要求和机遇也随之发生变化。

笔者以企业生命周期模型为框架，展示在学术文献中探讨、争论已久的知识产权挑战。生命周期模型通常按时间顺序呈现知识产权挑战，以便帮助我们了解它们何时出现以及创始人如何更好地加以应对。在这里，我们不得不提醒读者：理想化并具有代表性的企业生命周期是不切实际的空想。初创企业无疑会在不同的时间点以不同的方式经历各个阶段之间的过渡。所以，了解企业生命周期各个阶段之间的过渡对创始人来说非常重要，因为这有助于他们展望未来,为即将面临的知识产权挑战做好规划和准备工作。

知识产权管理通常要解决一个双重问题:①管理企业知识产权的最佳方法是什么(内容)?②知识产权战略如何影响一个处于早期阶段的企业的合规性(信息)?最近的学术研究密切关注了初创企业的合规性,并发现其合规性与企业对知识产权管理战略价值的理解存在关联。在下一节中,我们首先将简要介绍有关生命周期模型和合规性的文献,然后将阐述处于早期阶段的企业随着时间的推移会面对的具体知识产权挑战。

8.2.1 企业生命周期模型

商业历史学家艾尔弗雷德·D. 钱德勒(Alfred D. Chandler)(1962)是最早介绍并系统探讨公司发展阶段可预测性的学者之一。从那时起,不同的生命周期模型在各个学科得到开发并展开测试(Gaibraith,1982;Kazanjian,1988;Greiner,1997;Fisher et al.,2016)。总的来说,不同的模型都传达了相似的观点,它们之间的差异通常更多是由于语义表述的不同造成的,而不是由内容差异引起的。在本章中,我们遵循格雷格·费希尔(Greg Fisher)等人(2016)的模型。主要原因有二。首先,该模型是为了描述处于早期阶段的企业而设计的。尽管它是专门为科技初创企业开发的,但对于更关注外部融资而不是自筹资金或主要依赖社会力量的非科技企业,该模型同样适用。因此,它符合我们分析的目的。其次,更重要的是,该模型是为数不多的同时包含两方面内容的模型之一,既阐述了企业发展不同阶段之间的过渡,又指明了伴随发展而出现的具体合规性问题。该模型所述初创企业生命周期如图8.1所示。

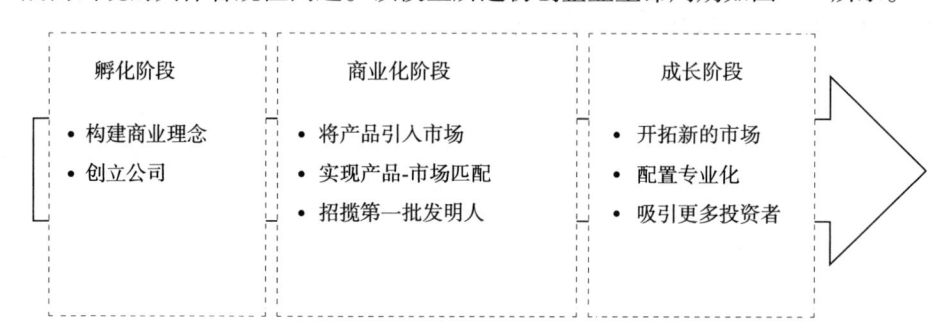

孵化阶段	商业化阶段	成长阶段
• 构建商业理念 • 创立公司	• 将产品引入市场 • 实现产品-市场匹配 • 招揽第一批发明人	• 开拓新的市场 • 配置专业化 • 吸引更多投资者

图8.1 费希尔等人(2016)提出的初创企业生命周期模型

费希尔等人(2016)提出将创业发展描述为三个阶段:①构思阶段,即创始人第一次察觉到一个商业理念并依此建立企业;②商业化阶段,创始人实现产品-市场匹配的需求,外部投资者进入企业;③成长阶段,此时需要注入大量资本来扩展业务、建立正式的组织结构和拓展新市场。

这三个阶段不仅在企业的活动方面有所不同,而且在进一步发展所需的资源方面也存在差异。在其中的每一个阶段都会有新的股东入场(例如天使投资人、风险投资公司或战略合作伙伴)。对于初创企业创始人来说,协调这些关系通常具有挑战性,因为每个股东都遵循不同的惯例,并且对他们与创始团队的关系有不同的期望。

8.2.2 构思(孵化)阶段

企业家在这一阶段发展形成了商业理念并创立了公司。这一阶段的主要特征是创始人资源非常受限,创始团队民主决策。企业文化的典型特点是不拘形式、富有创意,企业具备很少或尚未形成正式的职能和标准化流程(Wasserman, 2012)。即便企业处于生命周期的最初阶段,创始人也已经面临一系列涉及知识产权的问题——具体来说,他们也许会面临前雇主或其他重要员工提出的知识产权的权利主张。创始人还面临的问题有何时开始应对知识产权挑战以及如何与外部伙伴进行合作。此外,创始人还需考量知识产权管理和战略在建立企业的合规性和专业性方面能发挥出何种作用。

8.2.3 商业化阶段

从构思到商业化阶段的过渡有几个标志性的"转折点",例如完成第一个产品或服务的开发、实现产品-市场匹配,以及对家人和朋友之外的投资人完成了一轮外部融资。在这个阶段,天使投资人和经过选择的种子期风险投资家会成为具有吸引力的企业融资来源(Fisher et al., 2016),知识产权管理如何影响企业与这些投资方的关系便成为这个阶段的问题。在商业化阶段,投资方的关注点逐渐从技术风险和产品开发转向专业销售和市场营销以及更正规的流程和更少的以共识为导向的集中决策(Wasserman, 2012)。在这一阶段,具体且显著的里程碑式进展变得更加重要。坚实的知识产权管理以及与知识产权律师的合作伙伴关系可以转化为创始人的竞争优势。这一阶段的主要知识产权挑战包括不断进行的事关资源分配的权衡取舍(现在投资与以后投资的权衡)。通常,也正是在这一阶段,企业的产品或服务开始获得较高的知名度,而竞争对手对企业产品或服务的权利主张也会随之增多,由此引发一系列新的知识产权问题,对创始人在知识产权管理方面采取的总体手段形成考验。

8.2.4 成长阶段

最后,在成长阶段,企业会寻求更广泛的资金来源,包括风险投资家和

（如果适用）机构投资者，例如启动公开募股。此时，通过标准化的产品线或服务线，企业将会获得稳定的收入流。企业结构和流程走向正规化、书面化并获员工们理解。决策权更多地分散到各个职能部门和公司层级，高层管理团队不断丰富实践经验（Wasserman，2012）。因投资者在初创企业董事会中话语权较大，上述进程将得到进一步强化。先前的研究表明，对于初创企业董事会中的风险投资家通常带有将公司专业化的目标（Hellmann et al.，2002）。在增长和扩张阶段，之前讨论的大部分知识产权问题大体已经获得解决，然而，跨越国界的知识产权管理问题往往变得更为突出，如果不及早加以解决，就会带来一系列新的知识产权挑战。

8.2.5 初创企业的合规性

知识产权保护对于企业的竞争力和商业成功显然至关重要。不仅如此，知识产权在建立初创企业的声誉方面也扮演着重要角色。初创企业往往缺乏里程碑式的成绩，因此，正如引言中所指出的，它们面临着"创新责任"（Stinchcombe，1965；另见：Aldrich et al.，1986）。这种创新责任会增加失败的风险，而管控好这些风险并与股东们建立信任关系是创始人工作的一个重要部分。美国风险投资家德莫特·伯克里（Dermot Berkery）（2008：1）曾尖锐地指出："大多数新公司最终都失败了。投资者知道这一点，但创始人却不相信，或者至少不愿意相信这一点。"因此，对初创企业来说，如何应对合规性的挑战异常重要。

对于初创企业来说，要想实现合规性，一个简单但重要的途径就是建立并巩固具有防御性的知识产权。一项针对初创企业成功要素的研究表明，知识产权与初创企业的经济成功是相互关联的（Mann et al.，2007；Schwarzkopf，2016）。因此，初创企业创始人和投资者之间的关系以及前者在谈判中的地位，在很大程度上取决于初创企业管理知识产权以及成功将上述关联性和价值传达给外部股东的能力。

有关企业合规性的研究领域非常广泛（其概览参见 Suddaby et al.，2017）。一些学者已将其研究发现应用到初创企业家的实践当中（Fisher，2016；Islam et al.，2018）。马克·C. 萨其曼（Mark C. Suchman）（1995：574）将合规性定义为"一个广义的认知或设想，即在某个由规范、价值观、信仰和定义构建的社会系统中，实体的行为是可取的、正确的或适当的"。因而知识产权管理对相关的外部股东具有信号效应，从而会导致加强或破坏企业合规性的直接后果。

莫妮卡·A. 齐默尔曼（Monica A. Zimmerman）和杰拉尔德·J. 蔡茨

（Gerald J. Zeitz）（2002）发现新企业存在"合规性门槛"，低于该门槛的初创企业不太可能筹集到必要的资源。在初创企业还没有达到第一个合规性门槛之前，很难吸引投资者和其他重要的合作者。然而，合规性与资源获取之间的关系并非线性关系，虽然最低限度的合规性对吸引投资对象来说是必要的，但随后继续增强合规性只会带来投资额的略微增长（Pollock et al.，2003）。由此，我们可以得出结论：在从一个生命周期阶段到下一个生命周期阶段的过渡期间，当创始人需要说服新的股东群体相信企业的潜力时，合规性就显得尤为重要。与知识产权管理一样，初创企业的合规性也不是静止不变的，它可以通过积极管理而得到提升，也可能会因为不可取的、不正确的或不适当的处理而被削弱或被破坏（例如，参见 Elsach，1994；Jonsson et al.，2009）。因此，企业不仅得构建其合规性，还必须持续保持其合规性，必要时还需对其进行修复（Garud et al.，2014）。

通过对有关企业生命周期及企业合规性的文献进行简短概述，我们可以得出结论：对知识产权需要进行全面的管理。创始人应该关注知识产权管理以及专业化的知识产权管理对外部股东产生的信号效应，这二者密不可分。先前一项关于企业生命周期的研究发现：创始人应特别关注不同生命周期阶段之间的过渡，因为在过渡阶段容易出现新的知识产权问题，这对企业的生存和成功都会产生长远影响。

8.3 构思阶段的知识产权挑战

在构思阶段，创始人最容易因为日常活动中许多看似更紧迫的问题而忘记或忽视知识产权管理。然而，在这个阶段，创始人已经会遇到一系列知识产权和合规性挑战，这些挑战可能会变成严重的短期和长期问题。此外，在创业初期资源稀缺，需要谨慎分配，而这时候许多创始人还缺乏法律知识，也缺乏与专家的接触。

8.3.1 信息的权衡

当新企业成立时，核心成员（创始人、早期员工）先前存在的雇佣关系往往会成为一个值得关注的问题（**详见第 4 章**）。有的创始人会在刚刚走出校门或尚未就业时就开始创业。然而，还有很多创始人是在仍然受雇于另一家公司的同时决定自己冒险创业。在这种情况下，重要的是要检查清楚前雇主是否会对员工的创新构想主张权利，是否会通过实施相关协议来阻止员工为了另一家公司的利益而使用相关构想、机密信息和客户联系方式。前雇主可以获得临时禁令，禁止创始人通过使用相关机密信息或联系前雇主的客户来开展其商业活动。

在这种情况下，雄心勃勃的创始人会权衡应该何时向雇主透露自己对初创企业的构想。及早通知雇主可能有助于就知识产权进行协商（参见下文），使问题能尽早解决。但是，这一做法也同时提醒了雇主注意员工的意图和相关构想。在意识到其潜在价值后，雇主可能会出于战略原因决定自主开发或阻止其他人采用这些构想。

当员工产生一个商业构想时，通常很难说清楚这个构想是在何时、何地以及如何首次出现的。员工是在工作时间还是在空闲时间产生了这个构想？他们是基于工作中的经验产生该构想的吗？雇主对创新构想和机密信息所拥有的权利因国家（在较大的国家）或地区而异。雇佣合同条款也是因国家或地区不同而各有特质。最后，员工在公司中的角色也会影响前雇主对权利归属的划定。例如，相比低级别员工，享有高薪待遇的高层管理者会受到更严格的限制。

当人们离开以前的雇佣关系去创业时，时间通常是眷顾前雇主的。雇主可以不采取任何行动，一直等到他们前雇员的企业取得一定成功（无论是出于金钱还是战略原因），然后才决定采取相应措施。悬而未决的诉讼威胁将抑制初创企业在新业务上的尝试。如果企业仍然不顾一切地开展业务，则会为未来的融资机会造成障碍——这是例如早期员工、银行、合作伙伴或可能考虑投资的家人和朋友这些外部股东认定企业合规性的重要因素。

因此，尽快协商出解决方案对初创企业来说最为有利，最好是在相关个人离开其前雇主之前。正是在这个时候，雇主最清楚：如果没有员工的努力，创新构想永远不会实现。因此创始人讨价还价的能力在这时尤为重要。初创企业可能要放弃一部分股权以换取前雇主对发明的权利主张——这主要取决于前雇主的权利主张有多强硬。尽早决定积极管理知识产权而不是等待拖延到问题发生，这样做的好处是提高可预测性并为初创企业提供未来进行谈判的合规性。这一策略也适用于初创企业的所有雇员，他们的雇佣合同应明确将所有新产生的知识产权转让给公司，以避免未来发生冲突。对于所有这些问题，专家的建议可以帮助公司减轻挑战。

8.3.2 专利申请的权衡

如果某人在仍受雇于前一家公司时（在创立新企业之前）产生了一个可申请专利的构想，一个需要权衡的问题便是提交专利申请的时机。虽然对于雄心勃勃的创始人来说，较早的申请日期通常有利于为用于市场竞争的专利申请要求优先权，但前雇主也很可能辩称该人是在其受雇期间完成的发明创造，这样一来，相应的权利可能就会属于前雇主。因此，提前与雇主达成协议对于长期保护知识产权至关重要。

8.3.3 资源的权衡

即便与前任雇主没有任何问题，在创业之前，雄心勃勃的创始人们仍需要确保取得技术知识产权、著作权或商标权。手头不宽裕的初创企业需要权衡的另一个现实问题是：一方面，较早地在知识产权管理上投入时间和资源的时候也正是所有其他早期经营活动（例如开发产品、开发服务或平台、招聘员工、租用办公空间、建立网站等）缺乏资源的时候，由此可能导致启动进程减慢，尤其是在需要律师服务的情况下更需要大量资金支持知识产权管理；而另一方面，取得知识产权保护通常又是企业运行方案验证过程中的决定性要素，也是吸引新员工、合作伙伴，尤其是投资者的必要条件。在此有个典型案例：德国初创企业 Curaluna 公司开发了一种"智能尿布"，可在需要更换尿布时立即向手机发送警报。该公司的创始团队在德国电视节目"Die Höhle der Löwen"（狮子洞，类似于英国节目"Dragon's Den"、美国/澳大利亚节目"Shark Tank"，或中国深圳卫视的"合伙中国人"）的一集中成功地推销了他们的创新构想，并获得了评委之一卡斯滕·马斯迈耶（Carsten Maschmeyer）的投资意向。然而，在节目结束后的尽职调查中，这位经验丰富的投资者发现这家初创企业最终未能就其发明获得关键专利，因而撤回了投资意向（Schäfer, 2018）。

8.3.4 时机的权衡

资源的可利用度是处于早期阶段的初创企业需要考虑的一个方面，而还需考虑的另一个方面则是知识产权管理的行动时机。随着时间的推移，创始人对于他们的产品/服务会有更多的认知，产品越来越贴合市场的需求，企业的主要价值取向也越来越明确——这将有助于申请最合适的知识产权保护。但这些认知在企业发展的第一阶段是不清晰的。反过来说，如果在企业发展周期中拖延对知识产权进行管理，则存在的风险是无法获得或需付出更高代价才能获得必要的知识产权。

许多创始人，甚至为创始人编写指南的作者，都低估了时机权衡的重要性。例如，精简创业模式（Ries, 2011）——初创企业的著名创业方法——建议"尽早认识错误"和"抓紧改错进步"，意味着测试和迭代产品和服务，而不是关起门来进行开发，不考虑市场反馈。虽然这种方法在寻找贴合市场的产品方面具有很大优势（产品贴合市场需求是标志企业向商业化阶段过渡的主要指标之一），但它也是有代价的。一方面，这种方法为竞争对手提供了重要信息，使他们可以充分利用这些信息来进行开发并获得知识产权保护。另一方面，这种方法向公众公开了技术或至少其中的重要部分，必然会使申请专利和获得其他重要知识产权的保护变得更加困难。

8.3.5 构思阶段的公共机构

对于正在考虑将时间或金钱投入初创企业的股东们来说，积极从事知识产权管理无疑是一个强有力的积极信号。然而，在构思阶段早期，由于资源有限，在知识产权管理过程中，创始人会经常发现自己在寻找时间和资金的挑战中挣扎。这时，公共机构和公共项目可以在应对这些挑战方面发挥重要作用（Islam et al., 2018）。

在深入了解公共机构之前，让我们先来看看一个需要确保获取知识产权的特殊情况，即从大学分离出子公司的情况（**更多相关信息请参见第 5 章**）。有关这方面的创业学研究正变得越来越重要。这一研究领域的核心关注点便是知识产权问题和大学研究的普遍商业化（Rothaermel et al., 2007）。大学发展越来越需要迎接超越其传统研究和教育使命的挑战，于是大学也开始参与创立企业（或为此成为合伙人）并将其学术研究成果投入商业运用（Shane, 2004）。鉴于大学在调整知识产权激励政策方面的需求日益增长，许多大学成立了"技术转让办公室"来管理大学分离出子公司的过程（**参见第 4.2.2 节**）。这类办公室无偿或以极低的成本为初创企业的知识产权管理提供有形和无形的支持。

同时，技术转让办公室还帮助管理与知识产权相关的冲突。如布朗温·H. 霍尔（Bronwyn H. Hall）等人（2001）指出的那样，在研究的预期成果可用性较低且研究时间较短的情况下，公司和大学之间就会出现大量的知识产权问题。这时，经验不足的创始人应当与熟悉技术转让的官员合作——后者能够帮助创始人预测并处理好知识产权的相关问题。

最后，为了应对资源分配方面的问题，公共机构会为处于早期阶段的初创企业提供支持。德国政府通过提供建议和财政资助来支持初创企业保护知识产权。德国联邦经济事务和能源部曾拨专款实施"WIPANO 计划（依靠专利和标准传输知识及技术"计划），该计划协助企业在德国和海外进行研究、设计、申请专利并帮助企业承担此类活动的费用。所有在过去五年内未申请专利的企业都可以参与该计划。通过这种方式，即使是新成立的小型公司也可以开始制定知识产权管理战略并挖掘一系列的知识产权（Bundesministerium für

Wirtschaft und Energie Öffentlichkeitsarbeit，2017；Erk，2018）。通过加速专业化进程，WIPANO 计划帮助企业实现从构思到商业化阶段的过渡。

8.4 商业化过程中的知识产权挑战

当初创企业过渡到商业化阶段时，许多早期知识产权问题造成的长期影响都会显现出来。未解决的问题在该阶段成为企业发展的严重阻碍。这些问题往往会影响到企业与早期外部投资者的关系。鉴于初创企业通常缺乏清晰的衡量标准，投资者只能根据可感知的团队实力和商业计划的潜能来进行评估——这无疑是个挑战（Sahlmann，1997）。由于这个阶段投资者主要用软标准来评估初创企业，因此向投资者和其他股东传递积极的信号就变得非常重要。

8.4.1 咨询服务的权衡

如果企业已经在战略上准备好保护和运用其知识产权，投资者会认为该企业更为合规（Fisher et al.，2016：392）。整体性知识产权管理战略的要素之一就是选择律师或律师事务所作为防御伙伴。这使创始人面临另一个权衡：对于资源有限的初创企业来说，可能难以负担价格高昂的专业法律服务；然而，当涉及极为复杂的知识产权问题时，选择廉价的法律服务也可能存在隐患，例如相关律师可能缺乏识别未来潜在问题的经验。

此外，选择律师也能向外部合作伙伴和投资者传递积极的信号。投资者会避免投资可能面临诉讼的公司，除非他们对诉讼结果非常自信。出于这个原因，选用一家受到初创企业和投资者群体广泛认可的律师事务所是值得的，其中就包括与投资者有着长期合作的律师事务所。对处于资源匮乏困境的创始人来说，在评估一家律师事务所时不仅要考虑律师的资质，还要考虑向外界传递的信号效果。所选律师事务所的质量和风格都会向特定人群（比如潜在投资者以及可能正在考虑主张权利的创始人前雇主）展现其专业素养。

此外，通过与律师事务所稳定的合作伙伴关系，企业还能建立起戴维·奥罗斯科（David Orozco）（2010：694）所称的"法律知识"，即"经理和律师之间的团队学习成果"。从长远来看，这可能会发展成为学习常规并成为企业的竞争优势。如果企业发现自己需要规律性地处理知识产权事务，并且自身的企业价值与知识产权息息相关，那么企业甚至可以考虑自己聘请知识产权律师。

8.4.2 专利注册的权衡

专利授权的过程通常需要数年时间。因此，创始人应当在商业化阶段尽早考虑申请专利。在德国，专利可以通过德国专利商标局或欧洲专利局进行注册（在中国，中国国家知识产权局负责审批专利）。在选择哪一种注册程序时，创始人不仅要考量其可行性，还要考虑这一决定的战略成果。

与在欧洲专利局提交专利申请相比，在德国专利商标局申请专利要快得多，也更节约成本。但是，通过后者取得的专利仅在德国有效。当然，发明人也可以选择在欧洲专利局提交专利申请，如果申请被接受，欧洲专利局将授予欧洲专利；完成在其选定的所有成员国生效的工作后，申请人将在相应成员国拥有国家专利。此外，发明人还可根据《专利合作条约》递交国际申请，该选项可以覆盖更广的地理范围。发明人可以在德国专利商标局或欧洲专利局提交 PCT 国际申请，这样即可在多达 153 个成员国"预订"其专利长达 30 个月。通过这种方式，创始人就能争取时间来决定进入"真正重中之重的"国家，即在对企业未来增长和扩张意义重大的国家申请专利保护。在选定国家后，PCT 国际申请需要在上述国家通过审查才能被授予该国专利，这会给初创企业带来一些额外的成本。由于产品的前景尚不明朗，创始人通常很难决定在哪里申请专利。然而，即使是在某个特定环境中建立初创企业并改进其产品或技术，创始人也必须批判性地反思其发明的全球潜力，即努力做到扎根本土、放眼全球。

8.4.3 保护范围的权衡

除了决定需要获得专利保护的关键市场之外，创始人还需要考虑他们想要申请的专利类型。安吉拉·德·威尔顿（Angele De Wilton）（2011：10）描述了初创企业在专利保护范围上面临的战略权衡。她认为：如果一项专利范围较小且仅仅描述了产品的核心内容，但其描述的功能"解决了一个长期存在的问题、涉及标准必要特征，或者相对于其他已知技术方案对用户具有更广泛的吸引力"，那么该专利也可能具有很高的价值。然而，申请范围较小的专利不仅需要花费更多时间，通常还需要聘请报酬较高的技术或法律专家。此外，针对范围小的专利更容易找到替代方案——由于对核心功能每处细节的描述都过于精确狭窄，竞争对手可能找到与原始专利略有不同的替代解决方案，而不会侵犯原始专利权。

相反，保护范围较广的专利在申请过程中并不需要太多的投入。由于它们不仅涵盖某项特定功能，还涵盖解决问题的更多可能性，因此竞争对手要想在不侵犯专利权的情况下开发替代方案，难度将大大提高。然而，保护范围较广的专利在法律对峙中被认定无效的风险更高。总部位于美国的搜索引擎优化（search engine optimization，SEO）平台 BrightEdge 就经历过一次这样的惨痛教训。该公司对刚刚进入美国市场的德国竞争对手 Searchmetrics 提起专利侵权诉讼。在长达 4 年的官司中，Searchmetrics 的美国分公司宣布破产，然而法院最终裁定相关专利过于宽泛且不够具体，因此宣告该专利无效。最终，这一裁定让 Searchmetrics 重新进入了美国市场（Hüsing, 2018）。

初创企业的知识产权战略对其商业模式也有决定性的影响。在分析具有不同商业模式（例如"按使用付费"、特许经营或多边平台）的初创企业时，阿米尔·博纳克达尔（Amir Bonakdar）等人（2017）发现商业模式与知识产权战略之间联系紧密。因此，知识产权战略的选择不是企业创建过程中孤立或次要的决策，而是设计可行性商业模式中不可缺少的关键要素。其他学者的研究也表明：将其知识产权视为独立于其产品的资产并采取策略利用其知识产权（例如通过许可）的公司更有可能实现国际化和进一步发展（Symeonidou et al.，2017）。在商业化阶段，初创企业经常需要调整其商业模式，甚至从一种商业模式转向另一种商业模式。在这些过程中，创始人需要仔细考虑如何使知识产权战略与商业战略的其他方面保持一致，并在必要时重新进行调整。

8.4.4 权利实施的权衡

随着新企业知名度的提高，竞争对手对知识产权的权利主张可能会对企业业务的进一步发展形成障碍。初创企业与竞争对手进行知识产权对抗的方式各不相同。一些企业试图系统地劝阻竞争对手采取法律行动，而另一些则积极寻找侵权者并向其提起诉讼。如果面临诉讼，一些企业会选择回避，不惜以失去具有潜在价值的资产为代价。其他企业则积极投入解决知识产权冲突的过程中，即使这意味着要承担较大的债务并要将注意力从初创企业的日常运营转移到冗长的诉讼中。

一旦初创企业察觉到侵犯其知识产权的行为，管理层必须决定是否行使其知识产权的权利。无论是在财力还是在时间方面，发起知识产权侵权诉讼的成本都很高。Egym 是一家总部位于慕尼黑的科技初创企业，竞争对手声称 Egym 侵犯了一项专利（EP0853961）并由此进行了三年多的诉讼。2016 年，慕尼黑地区法院第一审判庭作出有利于 Egym 的裁决，即裁定不构成专利侵权。然而，在反思这个诉讼过程时，创始人强调：这一过程所需要的系统投入极高，相比初创企业，拥有更多资源的大公司更有优势（Duran，2016）。卷入知识产权诉讼也可能导致重要股东（如员工和投资者）产生不确定性，从而丧失公司的合规性。投资者通常会避免投资陷入诉讼的企业；关键员工也可能会犹豫不决，因为他们无法完全确定如果企业输掉官司，他们的工作能否得到保障。

合规性的丧失不仅关系到参与诉讼的公司，甚至可能会影响到整个产品或市场类别。与在成熟市场中逐步进行技术创新的产品相比，具有颠覆性创新的产品更容易失去合规性。因此，在相对较新的细分市场中，初创企业如果担心公众过度关注案件进而对整个产品或市场类别产生怀疑，可能会因此推迟对专利侵权者的诉讼。

推迟诉讼的另一个原因更具战略意义。使用他人知识产权的竞争对手可能已经围绕该知识产权构建了整个商业流程。因此，无论是实际诉讼，还是具有威胁性的诉讼，都可能让该竞争对手遭受巨大损失。在大多数情况下，使用他人专利的时间越长，侵权损失就可能会越大。提供智能手机视频识别软件的德国公司 IDnow 对其直接竞争对手 WebID 提起诉讼。IDnow 赢得了最初的诉讼，WebID 不得不暂时改变他们使用的技术（Schlenk，2017）。这无疑是这家初创企业遭遇的重大挫折，迫使创始人大幅改变其商业流程，直到 WebID 最终在 2020 年的上诉程序中胜诉（IT Finanzmagazin，2020）。

8.4.5 合 作

最后，合作也可以成为知识产权管理的一个合理方法。德·威尔顿（2011）建议将潜在的竞争者视为可能的合作伙伴，而不是对其进行威胁。尤其是在初创企业还不能或不愿意进入市场时，发放知识产权许可可能是一个回报丰厚且在经济上有利可图的策略。在某些情况下，为了持续开发新市场的目标，公司甚至会战略性地决定放弃知识产权。2014 年，特斯拉首席执行官埃隆·马斯克（Elon Musk）发表了一篇博客文章，表示特斯拉允许他人免费使用其专利（Musk，2014）。尽管该决定起初看上去似乎对其公司发展有害，但它具有明确的战略目的。通过允许其竞争对手使用其专利制造电动汽车，特斯拉成功让当时规模很小的电动汽车市场飞速发展起来（Chambers，2014）。市场上其他的汽车制造商几乎都是国际品牌，它们不会愿意支付许可费以加强其竞争对手特斯拉的实力。由于这些业界知名企业当时仍在大力投资内燃机的研发，加快电动汽车市场发展的唯一途径就是让它们自由使用现有专利。尽管放弃专利的做法要求公司已经拥有一定的市场地位，但它是公司快速过渡到成长阶段的一种选择。

8.5 成长阶段的知识产权挑战

在成长阶段，初创企业会从最初的市场频繁地向外扩张。在这个扩张过程中，创始人需要调整他们的知识产权战略以适应新的市场，并要考量不同的文化和法律环境。进入成长阶段的初创企业已经成功地在本国市场建立了它们的商业模式，其业绩记录甚至可能使它们成为并购关注的目标。与此同时，过渡到成长阶段也会面临更大的变革和风险——它可能"为企业重新设定好创新责任的闹钟，将企业再次置于失败的风险之中"（Fisher et al., 2016: 392）。认真制定并精心执行一套国际知识产权战略可以帮助企业降低风险，增加对潜在买家的吸引力，为企业独立地成熟壮大奠定基础。

8.5.1 创始人蓝图

当初创企业第一次进入国外市场时，创始人经常会认为自己"仿佛"还在熟悉的环境中作决定。他们坚持自己对"事物运作方式"的想法，却忽略了重要的环境差异。这种有时被称为"创始人蓝图"的现象出现在许多企业事务中，例如招聘（Wasserman, 2012）或股权分割和工资分配（Baron et al., 2002）。在处理这些事务时，创始人往往会根据先前从不同环境下获得的不相关经验作出决策。

针对知识产权管理事务，进入国际市场的初创企业创始人在不熟悉国外法律和文化背景的情况下很容易陷入将其"知识产权蓝图"作为决策依据的风险。为了避免"既定蓝图陷阱"，创始人首先需要调查清楚不同的背景并在此条件下梳理自己的（可能有限的）决策思维；通过与其他初创企业以及本地或国际知识产权律师的对话，创始人可以更好地了解文化和法律差异。其次，创始人需要批判性地反思并最终挑战自己的既定蓝图。不断质疑自己对陌生环境的理解并仔细分辨通过调查获得的知识与基于无关经验产生的想法之间的不同，这一点至关重要。

在过去的几年里，德国的初创企业越来越国际化，尤其视美国为其最重要市场（GTAI, 2019）。庞大的美国市场吸引这些企业向美国扩张，在美国开设分公司甚至将总部搬到大西洋彼岸，其根本原因在于那里有蓬勃发展的投资者环境，尤其是风险投资以及卓越的人才。风险投资者通常要求他们投资的初创企业在地理位置上位于附近的区域，这样更有利于风险投资者加强掌控，同时也更方便初创企业的创始人接触风险投资者的网络和资源。然而，要在美国成功经营一家企业，创始人需要清楚并克服他们在德国或欧洲形成的"蓝图"，全面了解包括知识产权法规在内的美国法律制度。虽然对美国法律体系中初创企业的知识产权问题进行全面讨论超出了本章的范围,但笔者仍将通过以下段落简要介绍美国有关知识产权法规的一些重要差异(更多详细信息参见 Bagley et al., 2018)。

8.5.2 知识产权管理的法律环境——普通法和大陆法

美国的法律体系是普通法系,其基础在于法院对法律纠纷的裁决作为在先判例对后续同类冲突或纠纷具有约束力。该法系在英语国家占主导地位,也是西方世界的两大法律框架之一。另一法律体系是大陆法系。德国采用大陆法系,以涵盖许多具体情况的通用法律或更抽象的法律为基础。在后一种法律体系下,决定法律冲突解决办法的不是在先判例而是通用法律。对于知识产权而言,两类不同法律体系之间的差异对解决知识产权相关争议的方式以及对专利和商标申请处理方式都有决定性影响。

德国的专利注册是基于"先申请"原则。首先向德国专利商标局或欧洲专利局(如同中国国家知识产权局)申请专利的一方将被授予专利。美国是世界上最后一个转用在先申请制的国家(2013 年之前美国采用"先发明"原则)。虽然现在两国授予专利的一般原则是相同的,但在商标注册方面,两国仍存在显著差异。在德国,商标注册也依赖于"先申请"原则。最先注册商标的公司或个人拥有使用该商标的权利。相比之下,在美国,商标注册是基于"先使用"原则,即第一个使用商标的人有权注册商标。虽然美国的创始人也可以在使用之前注册商标,但与德国相比,这不能保证没有另一家公司已经在使用该商标并且仍然有权进行商标注册。这种差异对于向美国市场扩张的德国初创企业来说很重要,同时也表明企业需要尽早进行商标注册。

8.5.3 知识产权和雇员

在国际化发展阶段,知识产权挑战不仅出现在公司与竞争对手的关系中,也出现在公司内部。雇员可以接触到各种商业机密,例如客户联系方式、制造技术或业务流程。为了将业务要素作为商业秘密加以保护,位于美国的公司需要对其定义为商业秘密的内容进行声明,并要制定策略以使其"保密",否则公司很难在法律冲突中行使涉及商业秘密的相关权利。如果关键雇员接触到商业机密后离开公司,无论他们是去为竞争对手工作还是创办自己的企业,在与原公司的竞争中他们都会处于有利位置。意识到此类竞争优势的存在后,美国部分州(如纽约州等)允许适用所谓的竞业禁止协议。但也有某些州(如加利福尼亚州等)则是禁止使用竞业禁止协议的——这对雇员十分有利,保障了他们更换雇主的权利（Marx et al.，2015）。上述竞业禁止协议确保雇员在离开公司后的一段时间内不得为前公司的竞争对手工作，也不得在同一空间和行业中创办新公司。竞业禁止协议的实施必须在时间和地理范围上具有合理性。

签订竞业禁止协议这种类型的法律合同对处于企业成长和国际化阶段的初创企业来说是颇具代表性的做法。一方面，它表明德国创始人需要突破他们在本土形成的既定蓝图。美国的初创企业在国际化阶段是具有优势的，因为它们在预期特定国家之间以及特定国家内部的知识产权法规差异方面已经训练有素。另一方面，在成长和扩张阶段，创始人还需要重新思考如何进行知识产权流程管理以及如何处理好雇员与公司知识产权的关系。

8.5.4 国际知识产权管理

在国与国之间，不仅围绕知识产权和冲突解决的法律环境不同，而且针对其不同的文化、语言和商业态度还需要制定不同的知识产权战略，尤其是在品牌/产品名称、商标和外观设计方面。有时，一些名称在国外市场上已获商标注册。在这种情况下，公司需要考虑是购买商标更切实可行还是以新商标进入市场更为可取。德国初创公司 Junomedical 的创始人在计划将其 eHealth 平台推向市场时，发现"Junomedical"已被人抢注商标。为了避免法律冲突并在国际上拥有单一品牌名称，他将公司名称调整为"Qunomedical"（Project A Services GmBH & Co KG，2017）。更改产品或公司名称的另一个原因是外语中一些意想不到的含义或内涵。旅游平台 GoEuro 在向欧洲以外的市场扩张中将其名称改为"Omio"（Fockenbrock，2019）。创始人兼首席执行官纳伦·沙姆（Naren Shaam）对于更名的解释是："［在过去 15 年中］GoEuro 为我们提供了良好的服务，支持我们为数百万前往欧洲和在欧洲境内旅行的客户提供了便利。但我们的雄心远大于欧洲"（Omio，2019）。在考虑为初创企业重新命名时，创始人必须仔细权衡：究竟是选择在所有市场使用统一的公司或产品名称，还是在不同市场使用不同的名称。在各个不同市场拥有多个产品或公司名称是成本较低的策略，因为商标只需要针对特定国家或地区注册。但是，这种策略可能会淡化和降低品牌或产品的价值。尤其是在为公司成长筹集额外资金或准备资本退出的过程中，模棱两可的品牌战略可能是有害的。

在资本退出或获得新的增长资本时，知识产权可以发挥重要作用。风险投资者和其他机构投资者都很重视稳固的知识产权尤其是专利的价值，将它们视为企业成功的积极信号（Conti et al.，2013）。风险投资者不仅会挑选具有强大知识产权战略的初创企业，还支持它们进一步开发有价值的知识产权

（Baum et al.，2004）（**对知识产权与风险投资之间的关系将在第 10 章中更详细地讨论**）。在与机构投资者和其网络中的其他公司直接合作时，初创企业可能会创建共享知识产权。在共同开发知识产权的过程中，初创企业可以充分利用它们的开发能力，以较少的投入更快地产生有价值的成果。但是，共享知识产权也可能会导致一些问题，特别是在其中一家公司被收购的时候。初创企业需要针对不同情况进行富有前瞻性的规划。至关重要的是，不要只考虑一种情形而孤注一掷，而是要针对各种可能性做好准备。"如果－则－否则"（"if－then－else"）条款可以帮助创始人不仅考虑到达到里程碑时的情形（"if－then"），同时还考虑到未到达里程碑时的应对措施（"else"）。企业常犯的一个错误是仅针对"乐观"的情况做好了准备，但在如何处理其他可能的情形上未能达成共识（Wasserman，2012）。因此，对可能出现的正面和负面事态都做好准备是初创企业取得长期成功的关键。

8.6 结束语

在其生命周期的每个阶段，初创企业的知识产权管理都是并且应该都是企业的核心工作部分。精心设计的知识产权战略会给企业带来显著的竞争优势：它可以为竞争对手设置进入市场的壁垒或设置其他障碍；降低总体成本；通过许可或利用特许经营模式带来收益。事实上，商业策略和战略性的知识产权管理紧密相连并相互影响。同时，知识产权战略也是帮助初创企业应对合规性挑战的重要方面。在没有商业成功记录或明确评估标准的情况下，投资初创企业通常被认为是有风险的。初创企业越是能管控风险并针对可预测的挑战提出令人信服的策略，就越能吸引股东们参与其中。随着初创企业经历不同的发展阶段即构思阶段、商业化阶段或成长阶段，初创企业面临的挑战是需要不断让股东们相信企业对其技术和市场风险的管控潜力和能力。而制定知识产权战略则是企业接受诉讼挑战时需要完成的中心任务；如果未完成好这一任务，初创企业可能就要放弃提升其市场价值的重要且有效的方式。

重要的是，知识产权管理并不是一项一成不变的工作。随着初创企业的发展，企业所面临的知识产权挑战和机遇也在不断变化。特别是从一个阶段到下一个阶段的过渡时期尤其需要管理层的关注，因为知识产权管理在这段时期会迎来新的挑战。这些挑战除了知识产权管理的新内容，还包括随着过渡期出现的新"合规性门槛"。在其发展的每个阶段，初创企业都必须同新一批股东一起积极实现企业的合规性。此外，获得合规性需要持续的投资。因此，对知识产权及其相关认知的全面管控有助于创始人顺利地从一个阶段过渡到下一个

8 初创企业生命周期中的知识产权管理

阶段。

  知识产权管理对公司外部（竞争对手、投资者、机构）和内部（员工、联合创始人）都存在影响。知识产权决策其实通常就是各种权衡取舍。例如，在构思阶段，雄心勃勃的创始人可能需要决定如何以及何时通知前雇主他们准备创业的打算（对信息的权衡）。及早通知雇主可能有助于就知识产权权属问题进行具体对话，但这样做也有一定风险，即会提醒雇主注意到相关构想的潜在价值。另一个权衡是关于提交专利申请的时机（对专利申请的权衡）。虽然较早的申请日通常可以让雄心勃勃的创始人享受发明人的权利，但也更容易让前雇主辩称相关发明创造是在创始人受雇时期完成的，从而获得该发明的某些权利。在企业生命周期的每个阶段，创始人都面临资源分配的挑战：他们要决定将多少资源投入知识产权管理中（对资源的权衡）——在早期阶段，对于资源匮乏的创始人来说，这是一个艰难的决定。过多的投入可能会导致创始人忽略其他工作任务，从而减慢启动过程。然而，如果投入太少，没有确保获取必要的知识产权，则又可能会让早期员工、合作伙伴，尤其是投资者失去与初创企业合作的信心。这类显而易见的困境可能需要由公共机构来协助处理。

  虽然在通常情况下，尽早并积极主动地进行知识产权管理似乎更可取，但在缺乏足够信息的情况下，建议创始人推迟相关知识产权活动（对时机的权衡）。在许多初创企业中，创始人慢慢才意识到产品要如何适应市场的需求并弄清产品的主要价值何在。初创企业要基于这些细节来申请最合适的知识产权保护。另外，滞后提交申请显然存在一定风险，例如企业可能因此无法获得或付出更高成本才能获得必要权利。

  当要提交专利申请时，创始人仍需要作一些权衡取舍。首先，他们需要选择法律服务或律师事务所。虽然选择经验丰富的律师可能会需要一大笔资金，但这种选择对于外部股东们来说等于传递了积极的信号（对咨询服务的权衡）。其次，还有关于专利保护范围的权衡。申请一项保护范围较窄的专利，其前提条件是还存在比较多的技术秘密，但这样申请的风险是，竞争者更容易找到规避该专利的技术方案。相比之下，一项保护范围较广的专利在法律冲突中却更难实施权利（对保护范围的权衡）。最后，初创企业在处理法律冲突的方式上可能有所不同。不主动出击追究知识产权侵权者意味着可能会失去一些有价值的资产，但不会影响对其他商业活动的注意力；虽然继续追究侵权行为意味着对资产的充分利用，但也必须忍受冗长的诉讼及其高昂的成本（对权利实施的权衡）。这些重要权衡的概况如图 8.2 所示。

— 157 —

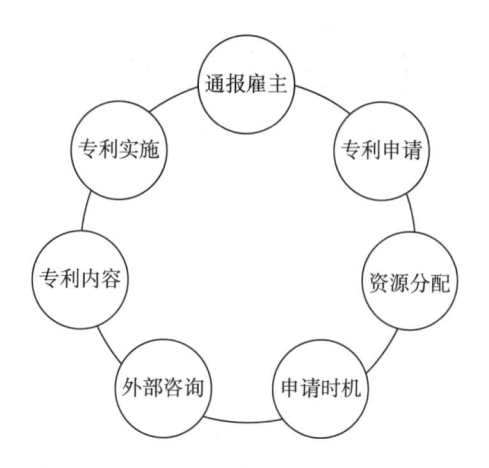

图8.2　初创企业创始人申请专利所需最重要的权衡概况

在知识产权管理的许多方面，初创企业都需要专家的建议。事实上，康斯坦丝·E. 巴格利（Constance E. Bagley）（2008：378）认为，对于企业管理团队来说，与律师进行富有成效的对话并合作解决复杂问题的能力是一种对创新和竞争力具有重要意义的管理能力。笔者在此要补充的一点是：这种对话不仅有助于针对可预见的知识产权问题进行预判并做好准备，而且还可以处理好与创业既定蓝图相关的问题（创始人可能会基于以前的经验作决定，而以前的经验不一定切合现在实际的情况）。当涉及不同的法律环境时，处理好这一点尤其重要，因为事实上看似微小的差异可能会导致截然不同的结果。创业团队需要决定是否以及如何与一个相匹配的合作伙伴打交道，该合作伙伴可以帮助企业协调好知识产权管理所涉及的法律与战略。

尽管初创企业的知识产权管理需要持续的投资，但积极的知识产权管理可以为创始人提供重要的竞争优势。与成熟公司相比，初创企业经常被迫从根本上调整其商业模式、战略和团队构成，因而企业必须保持其灵活性并经历一系列的转变。尽管如此，先进全面的知识产权管理在不同生命周期阶段之间的过渡期，在与不同的股东群体争取合规性，以及在支持初创企业取得有利竞争地位等方面仍发挥着至关重要的作用。尽管资源有限，初创企业的创始人是有能力保持法律敏锐度，积极应对知识产权管理挑战的。

9

关于初创企业估值：重点关注无形资产，尤其是知识产权

阿什坎·卡兰塔里（Ashkan Kalantary）[*]

9.1 引 言

从工业时代向服务和信息时代的转变也改变了商业估值和交易市场的框架。数字商业模式通常具有更快的产品周期、生命周期和增长周期。企业突破独角兽公司地位的速度尤其可以说明这一点——这里涉及的是公司估值突破10亿美元大关的时间点（参见图9.1）。

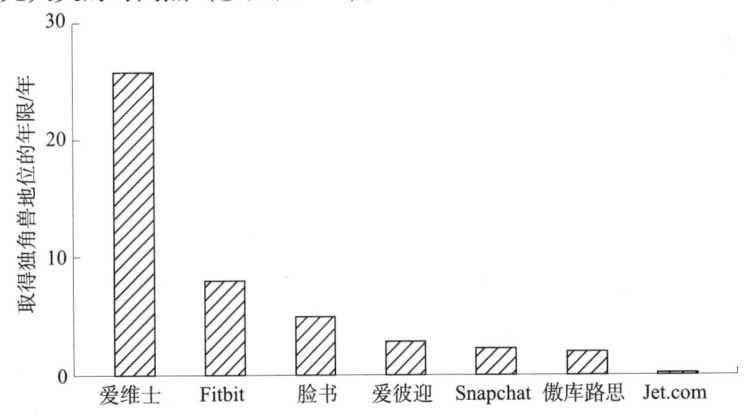

图9.1 公司取得独角兽地位的速度

资料来源：CB Insights, 2019a；Unger, 2016。

---

[*] 阿什坎·卡兰塔里博士，特许注册会计师（ACCA），毕马威会计师事务所（KPMG）交易咨询合伙人、风险投资服务活动负责人。

爱维士（Avast Software）等传统软件公司需 20 多年才能跨越这一限制，但**傲库路思**（Oculus VR）等技术和数据驱动型公司仅需要 14 **个月**即可获得独角兽地位（Frankfurter Allgemeine Zeitung, 2014）。

这种快速增长的基础是现代技术的使用和新型商业模式的结合。此外，全球化和国际市场的开放也极大地推动了这一发展（对比 Kasperzak et al., 2010：21；Stoi, 2003：175；Reimsbach, 2011：3）。

尤其值得关注的是，品牌名称、技术或客户关系等无形资产提高了公司的长期竞争力，从而提高了现金流和增长预期（参见 Kasperzak et al., 2010：21；Stoi, 2003：175；Reimsbach, 2011：1）。从这个发展趋势看，创新和新技术对于公司估值变得越来越重要。

无形资产的可恢复性很重要，例如，在内部重组或公司出售的情况下。特别是对于创新型初创企业，无形资产在企业合并后构成了资产结构的很大一部分。研究表明，在所有行业中，无形资产占购买价格的 50% 以上（参见 Günther et al., 2008：920f.）。因此，公司的正确估值取决于对无形资产的正确估值。目前的例子表明，专利技术在这方面具有更大的相关性。

如图 9.2 所示，2014 年，**傲库路思**被脸书以约 20 亿美元的价格并购（Süddeutsche Zeitung, 2014），接着**傲库路思**申请了多项专利（CB Insights o. J. b）。随后的专利诉讼显示了技术驱动型公司的脆弱性（Wolfe, 2017；Heath, 2017），这个问题本可以通过提前申请专利来避免（另见本章第 9.4 节）。3 年后，也就是 2017 年，脸书收购了德国初创公司 Fayteq，该公司自 2016 年 8 月起已经拥有一项保护其关键技术的授权专利❶（CB Insights n. d. a；TU Ilmenau n. d.；Kyriasoglou, 2017）。这项技术可以帮助人们实时修改现场视频、删除和添加新的图像内容，从而可以针对特定目标群体修改视频和电影。该技术可以应用于各个国家或地区的营销行业。

2014年	2017年
脸书接管傲库路思虚拟现实业务	脸书接管Fayteq减少现实系统：
紧接着：收购之后申请了几项专利	其关键技术实时视频编辑拥有申请日很早的专利申请
→ 随后的专利诉讼	自2016年8月起获授权专利保护

图 9.2 脸书与拥有无形资产的创新型初创企业之间的合并示例

资料来源：自己制作；Facebook, 2014；Kyriasoglou, 2017。

---

❶ "Method and image processing system for removing a visual object from an image", US9412188B2, 即"减少现实系统"。

9 关于初创企业估值：重点关注无形资产，尤其是知识产权

创新驱动的初创企业发展快，具有快速的高市场渗透率及其带来的迅速占领市场的优势，但麻烦的是，这一类型的初创企业存在被模仿的危险。因此，创新驱动的初创企业会特别依赖于对其发明的保护。这里我们可以区别看待基于软件和硬件的商业模式。在技术或硬件密集型行业，即非数字领域（例如医疗技术、虚拟现实、移动性）中的发明保护尤为重要。根据研究，大约24%的德国初创企业专注于非数字硬件（参见 Kollmann et al.，2018：26）。

9.2 估值对象的比例分配

公司估值是对公司未来成功价值的评估。由于其预后特性，它是一个不确定的值。这个值既可以从预期收益（即现金流）中用数学方法估计出来，也可以是交易价格。

在资本市场交易价格市场客观性的估值理论中，优先考虑的是基于单个企业价值的现金流量进行预测。然而，公司的市场估值主要限于资本市场上市公司，因此基于现金流的公司估值在估值实践中具有高度相关性。

在此，现金流量预测构成公司估值的基础。评估各个技术的挑战在于将各个现金流从整体公司现金流中区分开来。虽然可以从历史数据分析中定期推断出整个公司的状况，但这对于财务历史较短或没有财务历史的初创企业来说难以做到。

这种情况与评估创新型初创企业的价值驱动因素类似。与前述示例一样，市场价值存在于无形资产中。

无形资产所具有的某些特征使其估值较为困难：

（1）发明、品牌名称、客户关系是独一无二的。从过去的交易（例如证券或机器）中得出比较价值并不容易。

（2）无形资产的财务增值可能与其他有形资产的财务增值发生相互作用，使得相关现金流难以被区分或剥离。

（3）无法剥离出无形资产的现金流，导致缺乏可用于推断现金流的历史财务数据。

考虑到上述特征，在文献和实践中都能找到推导无形资产对公司的价值贡献的方法。但是，在讨论这些方法之前，还需要进一步界定评估对象。

9.3 知识产权作为无形资产估值的参考框架

虽然不受保护的无形资产之间的界限是模糊的，但对于知识产权，我们却

可以用不同类型加以区分，其好处就在于将要保护的无形资产具体化——这也有利于交易和估值。如前几章所述，知识产权保护能发挥重要作用，尤其是对初创企业而言。在第3章阐明德国雇员发明法对初创企业的重要性和适用性的基础上，下一节将进一步解读知识产权的类型，重点是根据其不同功能，给可以用来保护无形资产的专利进行定位。

工业知识产权有不同类型（参见 DPMA，2019；Kasperzak et al.，2010：183），各类型的保护期限也有所差异。所谓的保护期限一方面是指随着期限届满，无形资产丧失法律保护效力；另一方面是指由于技术进步导致知识产权在技术和经济上的废弃。表9.1列出了不同类型的知识产权及其各自的最长保护期限。

表9.1 知识产权及其最长保护期限

类型	最长保护期限/年
发明专利	20
实用新型	10
注册商标	可无限期续展
注册外观设计	25

资料来源：DPMA，2019。

有关知识产权的详细说明请参见第1.2节关于知识产权的分类。

无形资产的最长保护期限与现金流相关的估值联系紧密，因为它决定了可以产生未来盈余的期限。没有知识产权保护的无形资产在确定该期限时比较困难；但在有知识产权保护的情况下，这个期限是明确的（可续展的商标权是例外）。

下面重点介绍对初创企业技术发明进行保护的知识产权——专利。为了得出现金流，重要的是在第一步中确定要评估的技术是包含一项专利还是分布在多项专利中（参见 Kasperzak et al.，2010：181f.）。因此，为了进一步区分，还需要评估发明专利的不同功能方向（Kasperzak et al.，2010：181f.）：

- 保护功能
- 阻止功能
- 融资功能
- 合作功能
- 库存功能
- 信誉功能

保护功能与初创企业具有最高的功能相关性，是排除第三方使用本专利的基础，可为产权所有者带来垄断收入（至少在专利期限内）。这为初创企业价值的可持续发展奠定了基础。由于获得专利之前通常需要一个漫长而复杂的申请及审查流程，因此初创企业应尽早启动专利申请程序。

阻止功能通常和初创企业的后期阶段更具关联性，因为与保护功能相比，它仅提供间接好处。其目的是通过限制行动范围来阻碍竞争环境——这与市场排斥原则或新研究领域的占领有关（对比 Kloyer，2004：425）。

对于初创企业而言，确保和获取资金具有生死攸关的重要性。在其**融资功能**中，知识产权可用作说服外部投资者的论据（对比 Kasperzak et al.，2010：182）。在很多情况下，新的知识产权申请能够成为启动一轮融资或提高初创企业估值的重要因素（参见 Süddeutsche Zeitung，2014；Facebook，2014）。

对于跨公司的专利，**合作功能**也起着决定性的作用。初创企业通常是跨行业运营。脸书就是一个例子：它收购了傲库路思，现在正为公司启用虚拟现实应用程序。这类以前与媒体领域无关的专利也显现出了重要性。

当申请专利的目的是将来可能的使用，这一做法就体现了专利的**库存功能**。一方面，它有助于帮助企业占领技术领域；另一方面，它能够使企业未来的行动更具灵活性（对比 Mazzoleni et al.，1998：275f.；Hermans，1991：87）。

此外，一项发明专利的公开也可以作为企业成功的标志，从而实现其**信誉功能**（对比 Knyphausen，1993：784）。这对于处于资本退出阶段的初创企业尤其重要。它可以帮助企业在首次公开募股中产生积极的势头。

9.4 评估理由及决定专利价值的因素

无形资产的估值是为了特定目的而进行的。初创企业的专利评估有多种情形：
- 债务融资
- 会计估值
- 争议估值

如前所述，专利价值可以在为未来的融资轮次提供安全保障方面发挥重要作用。在融资轮次中，由于缺乏历史数据，对初创企业的评估通常基于买卖双方的主观想法。考虑到其他资产，基础专利的估值可以作为销售价值的下限。在单次出售的情况下，公司价值应超过所有资产总和的价值。

由于公司增长和借入资本的增加，与会计相关的专利估值起着重要作用。通过发布会计信息，债权人或所有者希望了解专利作为关键价值驱动因素的价值。最迟在公司上市时，专利将依据国际财务报告准则（International Financial

Reporting Standards，IFRS）进行估值。然而，当整个初创企业被出售时，专利估值在根据国际财务报告准则第 3 号进行的购买价格分配中也发挥着重要作用。

最后，在发生法律纠纷时，知识产权价值的确定对于初创企业也起着决定性的作用。这一点在著名的傲库路思案中得到了证明（参见 Heath，2017；Wingfield et al.，2017）。美国控股公司 ZeniMax Media（以下简称"ZeniMax"）指责傲库路思窃取了一项技术的重要元素以及其知识产权，投诉的依据是 ZeniMax 的一名前员工当时帮助傲库路思开发了虚拟现实技术，而 ZeniMax 从未因此得到任何补偿。最终 ZeniMax 赢得了诉讼并获得了 2.5 亿美元的侵权赔偿（Gilbert，2018）。

除了估值的原因，还有几个因素决定了专利的价值，对这些因素必须加以考虑。其中包括法律指标、专利战略和专利功能以及开发过程（参见 Kasperzak et al.，2010：185ff.）。这些与公司的成熟度无关，因此也与初创企业相关。

9.4.1 法定指标

如上所述，专利的寿命与其价值高度相关。专利的剩余期限越短，其经济寿命或预期现金流的期限就越短（参见 Kasperzak et al.，2010：185ff.）。与商标不同，专利一般不会在其有效期内实现价值的提升。但通过营销投资，品牌价值可以随着时间的推移而增加。

专利的保护范围影响其价值：专利所确定的垄断性越大，其潜在回报就越高。因此，专利的权利要求数量、有效地域范围和专利的价值之间成正比关系（参见 Kasperzak et al.，2010：185ff.）。初创企业常常在争取专利保护范围方面感到力不从心。技术发明专利申请的审批过程漫长而复杂。然而，诸如"傲库路思的 VR 眼镜"（Oculus Lense）之类的例子表明在此审批程序中力争获得宽泛的专利保护范围是值得的。

法律纠纷也必须被包括在评估中。胜诉的专利案件可以增加专利的价值，而未决或败诉的专利纠纷则会降低专利价值。这种专利争议对价值的影响被称为专利的冲突价值（参见 Wurzer et al.，2006：4，margin no. 60f.；Harhoff et al.，2003：1352）。

9.4.2 专利战略与目的

并非所有专利都会直接得到实施。公司选择不实施某项专利总有其特定原因；必须将这些原因纳入考量，从而主观地确定专利的价值。这一"特定原

9 关于初创企业估值：重点关注无形资产，尤其是知识产权

因"的价值贡献可能会非常重要，比方说，竞争对手拥有的一项专利具备极高的价值，而初创企业需要利用自己的某项专利来阻止竞争对手实施其专利（参见 Kasperzak et al.，2010：186ff.）。由于资源有限，初创企业必须对此作出权衡，即权衡从阻止或库存功能中获得的收益是否高于专利申请程序所必需的资金投入。

9.4.3 专利实施

为了确定某件专利的价值，需要考虑其对应产生的现金流。使用产品发明（新特征或新使用类型）可以增加销售额，而在使用方法发明的情况下可以提高生产程序的效率。由于这些原因，发明专利的价值与经济成功的概率是相关的。因此，可以从提高销售额或节省制造成本的角度推导出影响专利价值的因素（参见 Kasperzak et al.，2010：188ff.）。

9.5 专利评估手段

专利估值有多种手段，下文将对其进行详细说明。笔者基于基础数据和专利价值的功能对相应手段和方法进行了分类。以下分析说明主要是基于马克·卡斯特德罗（Marc Castedello）等人的理论（参见 Castedello et al.，2018：587ff.；Kasperzak et al.，2010：189ff.；Moser，2011：17ff.）。

9.5.1 以市场为导向的手段

以市场为导向的手段是基于两种方法。第一种方法是假设可以在市场上观察到无形资产的价格。然而除可交易许可外，这种假设的情形在实践中很少出现（对比 Castedello et al.，2018：589）。第二种方法是类比法，是基于市场参与者对过去专利交易的估计，使用已授权专利的交易价格。这里假设了专利技术的价格有可比性，尽管通常情况并非如此。因为缺乏在类似条件下并在接近估值日期时将专利投放市场的比较基础，所以以市场为导向的手段就更不现实了 [Hommel et al.，2007：371（372）；Castedello et al.，2018：589]。尤其是对于创新技术来说，每一项技术都具有其显著特征，因此也不具备可比性。

9.5.2 以净现值为导向的手段

以净现值为导向的手段是指预计未来现金流。由于如上所述的原因，我们无法直接针对单件专利推导出预期的未来现金流，因此在估值实践中得使用其他替代方法，如许可价格类比法（提成率法）、增量现金流法和多期超

额收益法。这三种方法之间也存在一定区别（对比 Castedello et al.，2018：591et seq.）。

许可价格类比法是一种常见的专利估值方法，因为企业经常战略性地利用专利的许可使用权。这一方法是基于成本角度的考虑，即专利持有人节省了从外部获得使用权的成本。根据许可价格类比法，首先需确定无形资产许可所产生的虚拟许可使用费，随后该虚拟许可使用费将被视为增值并在估值日期贴现（对比 Castedello et al.，2018：593f.）。

许可价格类比法结合了净现值导向、成本导向和市场价格导向的估值手段，因此被称为估值方法的"变色龙"[对比 Beyer et al.，2008：388（344）；Castedello et al.，2018：593]。

为了计算上述虚拟许可费，公司首先要确定等价专利的惯常市场许可费率。因此，计算结果是否有意义取决于获取许可费率的数据库的质量。因此，在计算之前必须对许可类比进行彻底分析，例如检查许可与评估对象的可比性以及其他各种参数，包括许可范围、排他性、许可的参考价值（与专利相关的销售额）以及合同合作伙伴的权利和义务。表 9.2 中的数值示例说明了这种方法的应用方式。

表 9.2　使用许可价格类比法的专利估值数值示例

时间/年	1	2	3	4	5
专利相关销售额/万欧元	30	35	42	47	53
税前许可收入/万欧元（3%的许可率）	0.900	1.050	1.260	1.410	1.590
30%税/万欧元	0.270	0.315	0.378	0.423	0.477
税后许可收入/万欧元	0.630	0.735	0.882	0.987	1.113
税后许可收入现值/万欧元（打折系数8%）	0.583	0.630	0.700	0.725	0.757

确定的专利初始价值：33.95 万欧元

在增量现金流法下，我们会将拥有被测专利的实体的现金流与没有该专利的相同实体的现金流进行比较，由此产生的差异可以被理解为专利特定的现金流，这样就可以得出专利带来的额外利润。这种方法的一个先决条件是假定同一业务模式可以具有或没有无形资产，并对两种情况下的虚拟现金流分别进行现实估计。在实践中，这种现金流通常是难以估计的，因为我们很难去描述同一商业模式在没有专利的情况下会是什么样子，对于技术密集型产品和依赖专利的产品来说尤其如此。

9 关于初创企业估值：重点关注无形资产，尤其是知识产权

另一种以资本价值为导向的专利估值方法是多期超额收益法，用于对更多资产进行估值。在这种方法中，公司的预期现金流被支持资产的虚拟租赁利率削弱，这是由所用资本的利息（资产回报）和因使用支持资产引起的价值减值（回报资产）（Nestler，2008：2002ff.）。多期超额收益法假设可以将支持资产的现金流从整个公司的营业额中扣除，然后将剩余的现金流分配给专利。

可以使用两种不同的方法来计算专利为公司创造的收益（参见表9.3）：

- **总租赁法：**与专利相关的息税前利润（earnings before interest and taxes，EBIT）+ 折旧和摊销 – 贡献资产费用（支持资产的支付）= 专利创造的收益
- **资产收益法：**与专利相关的息税前利润 – 资产回报（作为虚拟许可使用费）= 专利创造的收益

表9.3 使用多期超额收益法进行专利估值

与专利相关的息税前利润	
专利相关销售——成本	
总租赁法	资产收益法
+ 摊销和折旧 ./. 贡献资产费用	./. 资产收益
= 专利创造的收益	

资料来源：Kasperzak et al.，2010：193。

多期超额收益法仅适用于资产影响公司未来成功的情况。因此，专利必须代表核心资产。该方法不适用于辅助性无形资产的估值。

9.5.3 以成本为导向的手段

如果在估值日无法确定专利的未来价值贡献，则采用成本法（投资金额的计算）大概估计专利的价值。这涉及将发明的产权成本包括在估值中。使用这种手段确定专利的当前价值有两种方法（对比Castedello et al.，2018：605f.）：

（1）新估价对象的成本根据重置成本法或复制法确定，使用参考当前市场条件的成本信息（IDW S5，para. 49）。

（2）专利的当前价值是通过使用通货膨胀价格指数加权历史成本来确定的（对比Smith et al.，2000：194）。然而，这样一来，经济影响往往没有被考虑在内，这就是专利经常被低估的原因。要解决这一问题，可以使用当前市场价格作为指导。

首先，成本是根据上述方法之一来衡量的。其次，必须考虑价值递减和剩余有效期，因为估值日期与发明日期和专利申请日期不一致。最后，减去专利所产生的费用节约下来的税额（tax savings）。图9.3使用数值示例说明了这种计算方式。然而，因为更高的成本不能等同于更高的收益，这种手段也受到了一定质疑（对比 Dreßler，2006：35）。

成本类型	费用/欧元
研发费用	
人事费用	500000
材料成本	18000
外部咨询费用	10000
	528000
知识产权成本	
专利申请	550
持续产生的专利费用（累计）	3000
	3550
总计	531550
折旧（60%）*	−265775
节税（35%）**	−159465
专利价值	106310

图9.3　使用重置成本法计算专利价值的数值示例

* 在第10年（假设最长期限为20年）。

** 虚拟税收。

9.6　无形财产权的会计处理

无形资产是许多初创企业最大的价值驱动因素之一，例如脸书收购傲库路思的例子。然而，这些无形资产在年度财务报表中仍然鲜有体现，因为许多国家的估值指南并不承认公司内部产生的无形资产。尽管国际会计准则（International Accounting Standards，IAS）第38号要求在某些条件下承认这些增值资产，但其增值潜力仍然有待挖掘（对比 Kasperzak et al.，2010：41）。

9.6.1　根据国家和国际标准对无形资产进行资本化

以下段落讨论了国家标准和国际标准下无形资产资本化的差异。在德国注册的公司可以根据德国商法典（Handelsgesetzbuch，HGB）编制单独的财务报表，此外，还可以根据国际财务报告准则编制财务报表。例外情况只有以资本市场为导向的公司，此类公司的年度财务报表必须按照国际财务报告准则来制定；而对不以资本市场为导向的德国中型公司集团，其财务报表依然以德国国家法律为最重要的会计准则（Startup Guide Ionos，2018）。

原则上，根据国际财务报告准则，内部产生的无形资产使用与收购相同的标准入账。然而，自2010年以来，企业可以选择将开发成本资本化（Hans Böckler Stiftung，2011）。从那时起，会计公司就可以根据德国商法典选择将内部产生的无形资产（例如资产负债表中的专利或其他知识产权）资本化。因为之前初创企业受到禁止将自创知识产权资本化的影响，这一改变对于它们来说尤其重要。

因此，以前税法规定的行动范围非常有限，尤其是财务报告未考虑到基于创始团队开发出的重要产权，结果是初创企业的资产没有得到充分认可，从而使融资变得更加困难（Engel，2010）。

上述将自创无形资产作为资产纳入资产负债表的选项根据是德国商法典第248条第2款。但是，在该条款生效的过程中，如果涉及以下项目，自创无形资产将受到会计禁令的约束（Bundesanzeiger Verlag，2019）：

（1）自创品牌；
（2）印刷品标题（诸如报纸之类的印刷品使用相关特殊名称）；
（3）出版权（著作权，例如授予出版商的作者权利，以及生产和发行文学和音乐作品的权利）；
（4）客户名单；
（5）固定资产的可比权利（例如注册外观设计和实用新型）。

由于很难将上述无形资产的生产成本与一般的企业发展费用明确区分开来，这些无形资产可能就无法被资本化（IAS 38.63）。上述项目可能不允许被包含在资产负债表中的另一个原因在于其独特性，这意味着不存在相关的活跃市场（IAS 38.78）。总体而言，不可能在确定无疑的情况下将这些项目的生产成本与商誉分离开（Bundesanzeiger Verlag，2019）。

如前文所述，不同于德国商法典，在国际财务报告准则的会计中，内部产生的无形资产的资本化不是一个选项，而是一项义务。然而，国际财务报告准则中也存在与德国商法典相同的会计禁令（Hans Böckler Stiftung，2011）。

如果行使德国商法典和国际财务报告准则强制规定的选择权，则会导致公司利润增加，因为产生无形资产的费用不会马上直接影响核算结果，而是会分摊到其假定的使用有效期限上。相应地，后续阶段的核算结果会因相应的摊销费用而减少（Hans Böckler Stiftung，2011）。

9.6.2 无形资产研究成本与开发成本的会计差异

无形资产对于初创企业来说尤为重要，它与专利和外观设计权的开发和后续购买（即申请或注册）有关。而这些专利和外观设计权可以通过资本化变为固定资产，并有助于提高公司的价值。

如果满足一般条件，即知识产权可以得到独立的实施和评估，公司便可选择将其成本资本化（Engel，2010）。

国际会计准则第 38 号规定制造成本分为研究成本和开发成本，而由于这一规定又产生了界定上的问题。根据国际会计准则第 38 号第 54 条，研究成本不得资本化，但必须始终在其发生期间将其计入开销费用。

为了将成本资本化，企业必须将研究期与开发期明确分开。生产成本只有在能够证明会产生未来经济利益的情况下才能在资产负债表中得以显示。而研究活动并非如此，因为其目的是获得新知识以开发新的材料、产品或工艺并确定其应用领域（Hans Böckler Stiftung，2011）。

如果无法区分研究与开发，公司必须将整个生产过程的成本分摊到研究阶段（IAS 38.53；Pellens et al.，2017：398）。

但是，一旦可以根据各种标准证明无形资产的价值含量，就可以认定无形资产的开发成本，将其在资产负债表中给予确认（IAS 38.57）并将其进行摊销。如果累计满足以下条件，则应始终根据国际会计准则第 38 号将开发阶段的可归属费用资本化（Hans Böckler Stiftung，2011；Pellens et al.，2017：398 et seq.）：

(1) 给出了完成无形资产的技术可行性（IAS 38.57a）；
(2) 完成产品的意图以及其后续使用或销售（IAS 38.57b）；
(3) 使用或出售无形资产的能力（IAS 38.57c）；
(4) 无形资产未来经济利益的证明（IAS 38.57d）；
(5) 确保完成、使用或销售的资源可用性（IAS 38.57e）；
(6) 与无形资产开发相关的支出估值（IAS 38.57f）。

如果成本未资本化，则必须将其作为当期费用披露，即使它能满足上面列出的资本化标准，也不得在以后进行资本化（IAS 38.68；IAS 38.71；Pellens et al.，2017：339）。

通过调整摊销期限，可以在无形资产得到有效确认后将产权的实际价值调整为资产负债表中标明的项目（Engel，2010）。一般来说，摊销会增加一段时期的费用并影响该期间的利润。公司有可能根据其经济状况或会计目标调整费用，而这会损害投资者的知情权和当期利润的透明度（Kirsch，2008）。

9 关于初创企业估值：重点关注无形资产，尤其是知识产权

图 9.4 是一个启发式方法，初创企业可以据此决定是否满足无形资产资本化的要求。

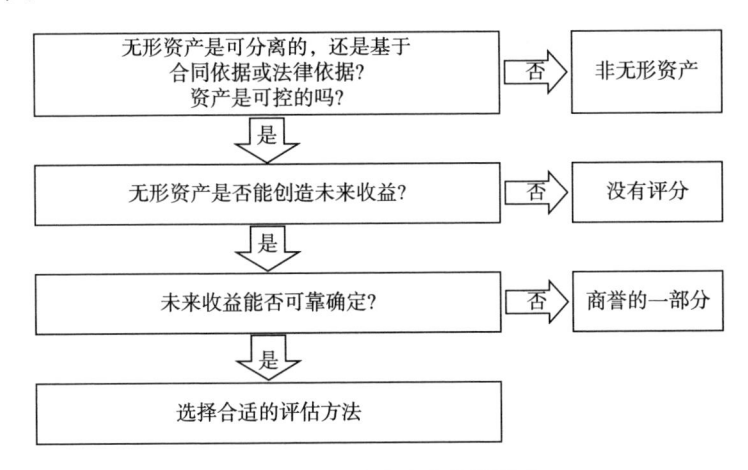

图 9.4　无形资产资本化的要求

资料来源：Siegrist et al.，2007。

9.6.3　无形资产的后续计量

在评估后续资产的情况下，首先必须区分资产是否具有可确定的有效期。为此，必须在获取该资产时确定相应项目是有限期还是无限期的（Kalantary，2012）。根据国际会计准则第 38 号第 91 条，不确定的有效期未必是无限期的。如果没有迹象表明无形资产从某个时间点起不再为公司产生正现金流，则其有效期是无限期的。然而，以增资为目的的未来支出计划并不是无限期有效期的理由（Pellens et al.，2017：401）。

若无形资产有效期是无限期的，则无须进行预定摊销；相应地，对资产应至少每年进行一次减值测试并检查其减值情况（Kalantary，2012）。

如果资产有效期是有限期的，则必须确定其持续时间（Kalantary，2012）。例如，专利的最长有效期为 20 年，通常应在此期间摊销。如果有效期是确定的，国际会计准则理事会提供了两种模型进行后续计量。

对于无形资产的后续估值可选择采用成本法或重估法。在采用成本法的情况下，公司在收购时以成本将无形资产资本化，并通过所有累计摊销和减值损失来减少该价值（IAS 38.74；Hans Böckler Stiftung，2011；Kalantary，2012）。因此，必须定义有效期和摊销方法（Pellens et al.，2017：401）。

根据国际会计准则第 38 号第 97 条，摊销必须在无形资产投入运营时开始。内部和外部因素对有效期的长短是决定性的。以知识产权为基础的无形资

产，其有效期不得超过该知识产权的有效期。如果法定权利是可续展的或几乎可以确定续展，并且与无形资产带来的预期未来收益的比较与重大成本无关，则属例外（IAS 38.94）。折旧方法必须遵循利益的目的及其实现情况。可应用的折旧方法有固定收益法、直线法或余额递减法（IAS 38.98）。利益实现过程不能确定的，采用直线法计算折旧。如果在有效期内发现折旧期或方法的预测明显不正确，则必须根据实际情况调整当前和未来的折旧（Pellens et al.，2017：404）。

重估法以重估时的公允价值为基础。重估金额必须根据累计折旧和减值损失进行调整（IAS 38.75）。只有在针对无形资产存在活跃市场的情况下，重估模型才可能适用于评估无形资产（IAS 38.75；IAS 38.81）。而这通常不适用于无形资产，因此上述重估方法在实践中意义不大（Hans Böckler Stiftung，2011；Kalantary，2012）。

9.7 总　结

本章表明，无形资产在数字化时代变得越来越重要。特别是对于以软件和数字为重点的初创企业来说，专利技术的保值性意义重大。知识产权不仅有助于保护和促进智力及工业创造，而且是保障初创企业创新并吸引投资的决定性因素。

因此，知识产权可以提供决定性的竞争优势。为确保投资者能看到这些被归类为无形资产的资产，无形资产需要被反映在资产负债表中。然而，不仅是债务融资，会计相关的估值和争议价值的确定都可能涉及专利估值。这里的价值驱动主要涉及知识产权的战略、功能和利用。

在实践中，大家已经为无形资产的估值建立了多种估值手段，可以根据企业是否有相应的数据来确定选择哪种估值手段。如果存在活跃市场，可以将已经交易的专利与评估对象进行比较，那么以市场为导向的估值手段更为可取。但是，现实中很少存在有比较对象的活跃市场，因此在大多数情况下我们会使用净现值导向法，根据预期收入进行估值。如果对专利未来价值的预估具有高度不确定性，则应选择基于成本的估值手段。

年度财务报表可以根据国家或国际标准（国际财务报告准则）编制。国家法律要求大多已适应国际财务报告准则的会计规则。例如，不仅可以在购买无形资产时对其进行资本化，而且在某些情况下，内部创建的无形资产也可以资本化。一般而言，针对内部产生的无形资产，其资产负债表可能只显示开发成本而不显示研究成本。后续阶段的计量有两种不同的方法可供选

9 关于初创企业估值：重点关注无形资产，尤其是知识产权

择。成本法在购置时将资产考虑在内，从而通过计划折旧和计划外减值损失来减少价值。相反，重估法涉及定期重估减去计划折旧。由于这种方法必须存在一个活跃的市场，而无形资产很少出现这种情况，因此成本模型在实践中更加重要。

10
从知识产权到首次公开募股

——投资者视角下的知识产权

丹尼尔·布鲁格曼（Daniel Brüggemann）[*]

10.1 引　言

　　风险投资是股权资本市场的一部分。风险投资主要用于资助年轻、成长迅速、以创新为导向的企业，在德语中也被称为机会资本。

　　尽管潜在投资者与初创企业接触的过程可能会因创始人、企业所处的技术领域和发展阶段而具有很大的差异，但对于投资者来说，企业的知识产权地位正在成为一个日渐重要的考量因素（Hadzima et al., 2010）。在技术和生命科学领域尤其如此。

　　风险投资市场是初创企业的主要融资来源之一，竞争非常激烈。年轻企业很多，风险投资人却相对较少。在这样的筹资环境中，投资者会遇到许许多多寻求资金的企业创始人，其计划开发的新技术大多未经验证。这时，一家企业的知识产权状况就可能对投资者的融资决定产生重要影响。

　　研究表明，对于计划上市或计划出售的企业来说，其成功与否跟企业是否拥有知识产权存在很强的相关性。当一家企业在知识产权方面表现良好时，这种相关性甚至更大（Hadzima et al., 2010）。初创企业如果希望获得更多资金以支持其技术开发，就应该拥有良好的专利战略、良好的自由实施性和良好的专利前景。

---

[*] 丹尼尔·布鲁格曼博士，金东资本基金投资合伙人，Diamontech AG 柏林总部创始监事会成员。

10 从知识产权到首次公开募股——投资者视角下的知识产权

因此，本章的目的是让创始人从风险投资家的角度深入了解知识产权的相关性。本章也会讨论到风险投资家对专利要求的看法和经验。

本章将讨论投资者在考虑入股初创企业时如何评估和评价初创企业的知识产权。鉴于德国企业创始人对在国际市场上建立影响力、寻找海外渠道和企业成长资本的兴趣日益浓厚，本章还会以中国为例讨论海外知识产权保护问题。

通过讨论这些话题，笔者希望能鼓励初创企业，让它们在准备跟潜在投资者打交道时多多考虑企业在知识产权地位和知识产权战略上的优势。

10.2 如何为初创企业融资

初创企业可以通过股权资本、债务资本或两者的结合的方式来融资。

公司早期通过创始人的无偿工作——所谓的汗水股权和自我积累——在没有股权的情况下进行内部融资的可能性是极其有限的。因而，为了确保公司的持续发展，外部投资者的融资非常重要（Eilenberger et al.，2008：10）。

除了天使投资和孵化器，典型的自筹资金来源就是风险资本——这也是本章要重点讨论的内容（参见图 10.1）。

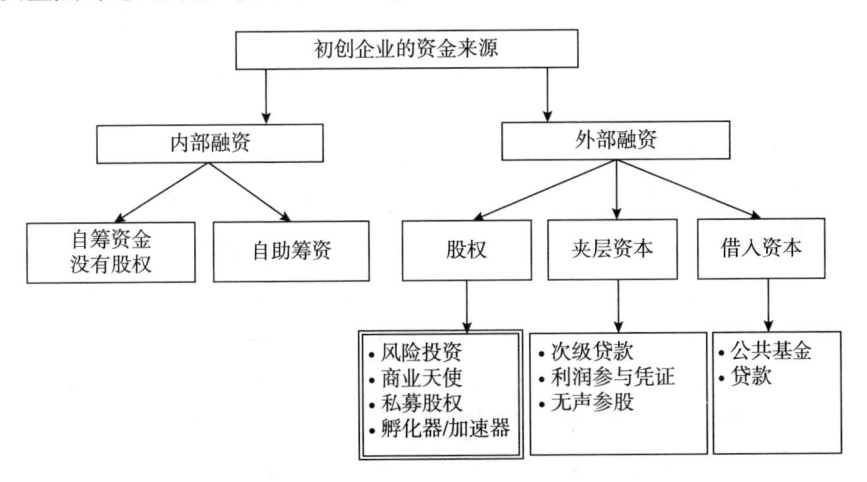

图 10.1 初创企业不同融资渠道

资料来源：Hahn et al.，2014：34。

对于年轻的初创企业来说，大公司拥有的许多融资渠道如银行贷款、发行债券和首次公开募股等都可望而不可得。初创企业通常缺乏可以作为贷款抵押物的有形资产。此外，负现金流也是银行、其他信贷机构以及公共股票市场历来不愿为其商业计划提供资金的原因之一。

由于年轻企业的数量不断增加,过去几十年出现了专门针对新兴企业需求、为其量身定制的融资生态系统,平衡了投资者的风险偏好和初创企业的融资需求。

私募股权基金可以提供营运资金,让年轻的私营企业得以成长和发展。这是一个长期的投资过程,需要谨慎的考量和积极的监控。本章将探讨私募股权中与初创企业最为相关的一个类别,即风险投资。

在企业仍为私人所有的情况下,风险投资家通过购买企业的股份来为尚未证明其价值的高风险、非流动性构想提供资金。初创企业的产品或服务未经市场的检验,风险投资家需要以高回报的前景来说服自己冒险,只有当他们的付出能够获得充分回报时,他们才会承担风险,容忍流动性上的欠缺,为初创企业提供融资支持。

10.2.1 什么是风险投资?

风险投资家主要的投资对象是那些面向大型市场、开发创新产品、具备快速成长前景的年轻企业。风险投资家是一种金融中介,具有三个主要功能:

(1) 分析潜在投资,选择要投资的企业;

(2) 监控这些企业并为其提供增值服务;

(3) 在首次公开募股中出售其股份或将股份转让给战略投资者(例如大公司),以此退出对这些企业的投资。

初创企业团队需要投资资金来实施其商业计划。但这些企业尚处于发展的早期阶段,没有足够的业绩记录来支撑企业从传统来源(例如公共市场或信贷机构)获取投资资金。风险投资家即是向这些初创企业提供股权资本。

尽管只有不到1%的企业获得了风险投资资金,但史蒂文·N.卡普兰(Steven N. Kaplan)和乔希·勒纳(Josh Lerner)(2010)估计,所有真正的首次公开募股中,约有一半是由风险投资共同资助的。威尔·戈纳尔(Will Gornall)等人(2015)估计:曾获得风险投资支持的上市企业约占美国上市企业市值的1/5和研发支出的44%。与这一企业层面的现象一致,罗伯特·S.哈里斯(Robert S. Harri)等人(2014;2016)发现风险投资基金在扣除手续费后的平均表现要优于公开市场。

如图10.2所示,风险投资家充当金融中介,从投资者那里筹集资金,然后将这些资金投给初创企业。事实上,卡普兰等人认为,风险投资非常成功地解决了市场经济中的一个重要问题——在有好点子但没钱的企业家和有钱但没点子的投资者之间搭建了桥梁(Kaplan et al., 2001; Gompers et al., 2001)。

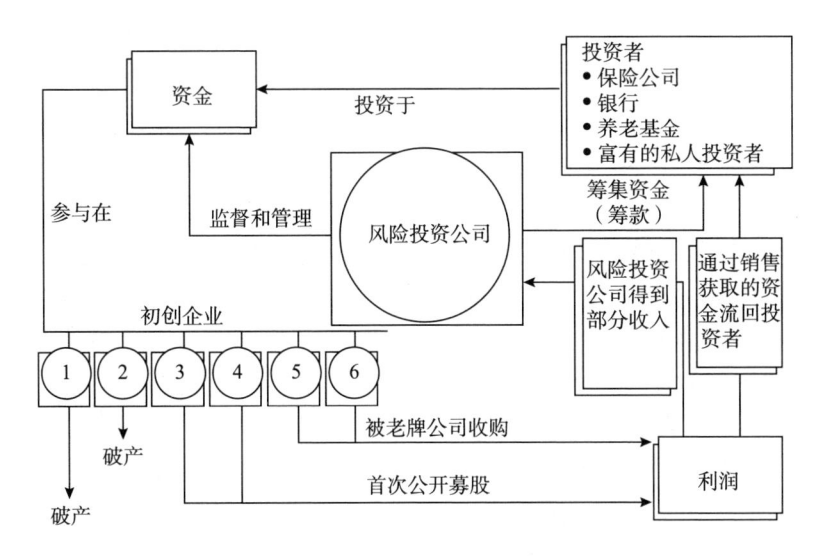

10 从知识产权到首次公开募股——投资者视角下的知识产权

图 10.2　风险投资业务的架构

资料来源：Papendick et al.，2002：128。

  风险投资能够缩小融资缺口并能采取有效举措帮助企业创造价值。受到风险投资支持的企业之所以成功，与这两点息息相关。因此，风险投资家绝非被动投资者。一旦投资了一家企业，他们就会以顾问或企业监事会成员的身份发挥积极作用。他们会监控企业的发展情况，为企业家和管理层制订激励计划并为企业设定财务和产品目标。风险投资公司通常还会通过自己的关系网来提供招聘支持，帮助其投资组合公司寻找人才。一些风险投资公司甚至还帮助其投资对象培养并留住员工。许多大型风险投资公司会主动提供培训、指导和各类解决问题方案，以帮助初创企业高管应对企业规模扩张带来的挑战。此外，风险投资公司还提供顾问、会计师、律师、投资银行家和其他公司的联系方式，而这些公司通常是初创企业产品的潜在客户或者能够帮助企业进行销售。可以说，风险投资是创业生态系统的重要组成部分。

  风险投资并不仅仅是一种融资工具或资产类别。它是企业家精神、未来技术创新和经济增长的核心动力——这是世界各地技术公司进行国际竞争的基本要素。

——BVK，2018

  以上倡议大获成功，致使早期风险资本家建立起来的运营模式至今仍在被沿用（Horowitz，2010）。在这种模式下，风险投资公司对其提供资本的企业拥有部分所有权（Zider，1998）。因此，风险投资融资从传统上弥合了早期

"朋友、家人和傻瓜"❶ 的所谓"3F 融资"与后期融资轮次之间的关键性差距。("朋友、家人和傻瓜"是个略带讽刺意味的金融黑话，指的是通过亲朋关系和"傻瓜"来进行融资。之所以用"傻瓜"这个词，是因为他们甘愿冒着超出平均水平的风险对初创企业进行早期投资）

在缺乏公开市场的流动性和信息透明度的情况下，风险投资以其特定的风险特征给投资者提供了巨大的机会——无论是巨额利润还是巨额亏损。风险投资家对高风险企业的投资意愿至关重要，不容轻视。尤其值得注意的是，这种投资意愿会给创始人带来很大帮助。初创企业资产少，早期很难获得低成本资金。"初创企业的不确定性是其本身所固有的，因为它们的创新产品和商业计划在这个阶段尚未经过实践检验"（Cable，2011）。

初创企业想要在其目标市场中取得早期成功是非常困难的。若是没有了风险投资家，许多具备发展潜力的初创企业在初期发展不顺利的情况下就可能遭到破产清算（Tian et al., 2014）。

风险承受能力的意义不仅在于防止风险投资家过早退出。研究还表明，那些更能容忍失败的风险投资家往往会选择更富创新性的初创企业进行投资。他们所支持的初创企业**首次公开募股的成功率更高，产出的专利数量也更多**，且往往对其目标市场影响更大（Tian et al., 2014）。

10.2.2 美国风险投资情况速览

现代风险投资行业实际始于 1946 年。在前 35 年中，该行业的发展非常缓慢。从 20 世纪 80 年代初开始，养老基金的新资本来源导致了该行业的快速发展。这一快速发展期在 20 世纪 80 年代中期暂停，随后又持续到 20 世纪 90 年代中期。到 2000 年互联网泡沫破灭时，现代风险投资行业已在世纪之交的繁荣到崩溃中达到了巅峰。

从 20 世纪 80 年代起，市场就得以不断增长，直至后来创下历史纪录。2018 年，美国筹集了全球 66% 的风险投资，全球 51% 的风险投资是投给企业的。在美国，信息技术和医疗保健是风险投资的主要领域，硅谷和马萨诸塞州波士顿地区约占美国风险投资总额的一半（NVCA Yearbook, 2019）。

10.2.3 欧洲风险投资市场与美国、亚洲风险投资市场的比较

历经了多年资金不足的阶段，欧洲风险投资行业目前发展良好。然而，研究表明，欧洲风险投资市场存在一定障碍，呈现出明显的赤字。根据德国联邦私

---

❶ "Friends, Family & Fools"，简称 3F。——译者注

募股权公司协会（Bundesverband Deutscher Kapitalbeteiligungsgesellschaften e. V., BVK）的一项研究（BVK, 2018），德国在风险投资领域显然还有待发展。

2017 年，全球约有 11 亿欧元的风险投资投向了德国。然而，在美国，相应数字约为 638 亿欧元。这意味着德国的风险投资总额仅占其国内生产总值（gross domestic product, GDP）的 0.035% 左右。而在美国，这一比例约为 0.371%。

与亚洲相比，德国乃至整个欧洲的数据也越发落后。2012 年，欧洲和亚洲的年度风险投资总额还处于持平状态，但现在两者之间却相去甚远。2017 年，亚洲的风险投资总额就达到了 628 亿欧元，现在几乎与美国并驾齐驱，早已超过欧洲。尤其是在中国，越来越多的中国国家基金以风险投资的形式出现。

因此，与美国和亚洲的企业相比，欧洲的初创企业面对的当地风险投资市场要小得多。

在重要的后期投资阶段，企业必须为其市场准入和增长提供资金，资金问题就变得尤为突出。在这个重要阶段，与亚洲和美国的竞争对手相比，欧洲企业更加缺乏融资机会。在美国，超过半数的风险投资——超过 340 亿欧元——会进入后期阶段。而在欧洲，相应数字仅为 59 亿欧元。平均下来，后期流入美国每家企业的风险投资资金达到 2440 万欧元；在欧洲，相应数字少了约 38%，为 1510 万欧元（2018 年第一季度的中位数；BVK Study, 2018，参见图 10.3）。

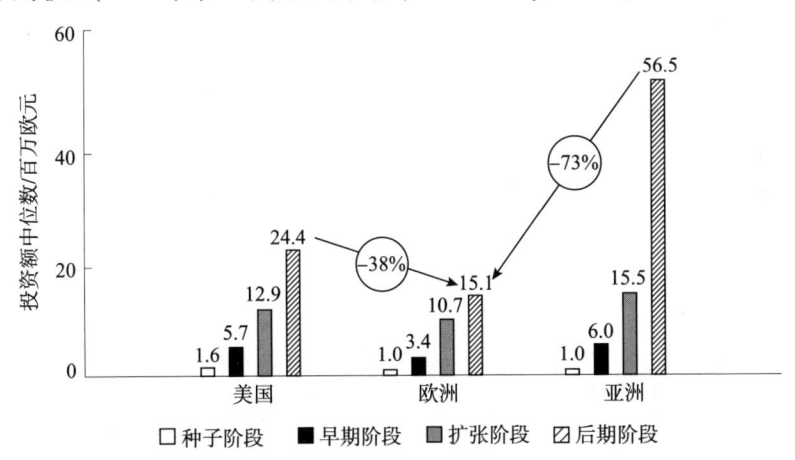

图 10.3　2018 年第一季度按初创阶段划分每家企业的风险资本投资额中位数
资料来源：BVK Study, 2018。

风险投资过少会引发恶性循环。原因一方面是官僚主义和税收障碍太多，另一方面是欧洲机构投资者（如保险公司和养老基金）很少参与风险投资基金。因此，欧洲缺乏能够为后期融资阶段的资本密集型投资服务的大型风险投资基金。这样一来，初创企业给投资者带来巨额回报的成功案例就更少了，很难让企业家们再次将其资本投向这个系统。

所有这些因素都导致欧洲当地企业资本形成不足且规模有限,而这反过来又抑制了风险投资。

德国联邦私募股权公司协会代表200多家私募股权公司提出以下六项措施,以打破这一恶性循环,促进风险投资:

(1) 国家鼓励风险投资基金进行后期投资,建立公私资金的杠杆机制;

(2) 设立由大型私人机构投资者参与的公共风险投资基金;

(3) 国家应积极宣传(德国)初创企业的成功范例,以提高风险投资的总体吸引力;

(4) 完善风险投资的法律框架,尤其在以下几个方面:取消风险投资基金管理报酬(管理费)的增值税,引入风险投资基金税收透明机制,扩大风险投资的折旧可能性,拓宽德国投资补助金对风险投资基金投资的覆盖范围;

(5) 推进养老金制度的现代化进程(加强养老基金保障),鼓励公民参与风险资本市场从而参与数字经济的收入;

(6) 通过卓越计划对大学和科研机构提供支持,帮助其研究成果进入市场,帮助建立创新型的初创企业,从而将其研究成果商业化。

10.2.4 企业的融资阶段

据图10.4显示,由于风险特征和资本需求不同,初创企业在不同发展阶段会与不同的投资者进行协商,为其商业计划争取融资。

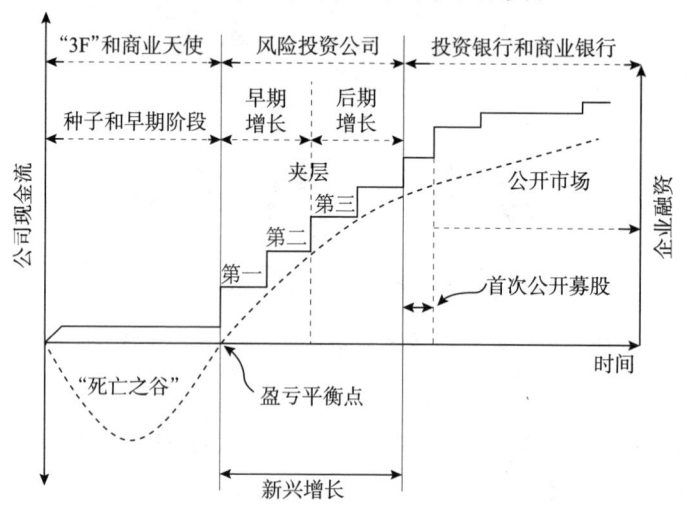

图10.4 初创企业生命周期中的融资阶段

资料来源:Hahn, 2014:p.34。

在早期融资阶段，会有外部资本流入企业。而到了后期阶段，资本只在股东层面流动，比如由企业自身的管理层进行收购（管理层收购）。表 10.1 显示了企业的不同融资阶段。

表 10.1　不同融资阶段的定义

种子融资	为一个构想的成熟和实施提供资金，直至其产出有效成果，做出原型产品，在此基础上为企业建立商业运行方案
创业融资	企业正在筹建中或是刚刚创建，尚未销售产品或尚未进行大规模销售
扩张融资	企业已达到盈亏平衡点或已经产生利润。用于为额外的产能、产品多样化或市场扩张和/或进一步的营运成本提供资金
过桥融资	为企业准备首次公开募股而提供的资金，主要目的是提高股权比率
管理层收购	现有管理层收购企业。管理层持有公司 10% 以上的股份
管理层买入	外部管理层收购企业。管理层持有公司 10% 以上的股份
杠杆收购	股权投资者收购企业的多数股权。管理层持有公司不到 10% 的股份
周转融资	克服困难（如销售问题）之后有望恢复的企业的融资
重置资本	从其他投资者或股东手中收购企业的股份

资料来源：BVK, 1997: 8。

在实践中，企业生命周期的不同阶段并不总是具有清晰的界线，而且每个阶段的长短也可能因企业所属的领域而产生差别。比方说，跟电子商务领域的初创企业相比，生物技术企业的研究阶段要长得多。

10.2.5　将专利作为融资工具

新公司是如何利用专利来促进创新的？经济学家和法律学者都对此进行了研究。一些学者试图用经验法来回答这个问题。他们的观点可以帮助我们理解新技术、专利、初创企业及其融资之间的相互依存关系。

举例来说，布朗温·H. 霍尔（2019）通过回顾相关学术文献，探究了拥有知识资产可能有助于资金筹集的原因。她分析了一系列经验性证据，包括专利所有权及其对公司在不同发展阶段获得进一步资金的能力的影响。据她所称，在大多数技术密集型行业，企业取得的许多积极成果都与已授权或尚未授权的专利申请相关：专利申请有利于吸引风险投资，能够帮助企业获得更多资金，并与企业未来的生存和发展具有正相关性。

卡罗琳·霍伊斯勒（Carolin Haeussler）等人（2014）在其研究中考察了英国和德国的生物技术初创企业，发现申请欧洲专利会提高企业获得风险投资的概率。无独有偶，德克·恩格尔（Dirk Engel）和马克斯·凯尔巴赫（Max

Keilbach）（2007）研究了初创企业的早期融资情况，发现如果企业在创立前向德国专利商标局申请专利，那么在该企业的启动阶段往往就会有风险资本进入。

所以，专利不仅能够通过激励发明人来促进创新，实际上也可以成为一种融资工具（参见 Lemley，2000）。在更广泛的意义上，专利可以充当创新型企业发送信号的工具，可用于消除创新型企业和投资者之间的信息不对称（Long，2002），另见第 8.2.5 节。

投资者需要确定目标企业的创新程度。在早期阶段，他们更是经常要面临这一挑战。在这种情况下，专利组合可以缩小信息差距，帮助投资者更加轻松地确认企业的潜力。

下面介绍投资者对知识产权战略的评估方式，旨在为年轻企业的创始人提供一些思考——要想跟投资者讨论知识产权问题，应该做好哪些准备。

10.3　投资者视角下的知识产权战略

知识产权是技术型企业价值创造的重要组成部分，因此，也是为初创企业筹集风险资本的关键要素。

如第 10.2.1 节所述，风险投资家向年轻和强劲增长的企业进行投资，为企业的扩张提供资金，直至企业出售（将企业出售给成熟的公司）或首次公开募股，这样，风险投资家和其他投资者（如商业天使）就能通过其投资来赚取收益。

然而，风险投资具有高违约风险和信息不对称的特点。在评估初创企业时，知识产权资产带来的市场进入壁垒和先发优势能够为企业的利润前景提供一定保障（Harhoff，2009；Brassell et al.，2013）。

因此，知识产权能够有效地说服投资者和贷款机构，让他们相信企业拥有将其产品或服务商业化的市场机会。有时，一项强大的专利可以带来一系列的融资机会。最后，如果企业计划推出某种创新型产品或服务，拥有了知识产权就保证了一定程度的排他性，只要产品能成功俘获消费者，企业便可借此占据更高的市场份额。

不同投资者对知识产权的重视程度不同，其评价也可能各不相同。然而在实践中，有一个明显的趋势：投资者越来越倾向于将知识产权视为企业竞争优势的来源。因此，投资者和贷款机构对拥有良好知识产权组合的企业也愈发关注。

因而，初创企业的创始人需要了解其知识产权资产的商业价值，确保在必要时邀请专业人士对其进行正确估值，可能还要适当关注一下将自创（即内部创建的）无形资产列入资产负债表都有哪些要求（另见第9章）。无论在何种情况下，只要涉及向潜在投资者介绍企业的商业计划，创始人都应该将知识产权资产和知识产权战略纳入其中。

在制订商业计划、准备投资推介时，初创企业家要特别注意知识产权管理的部分，确保知识产权资产与企业的整体业务战略和目标保持一致。创始人应该清楚地知道企业的知识产权将如何推动其整体业务走向成功，并且能够清晰地向投资者传达这一信息。

当初创企业与潜在投资者交流时，知识产权资产能够为其争取融资的过程增添有力论据。年轻的企业可以从一开始就向潜在投资者证明其未来业务会受到知识产权的良好保护。当企业申请股权融资或贷款时，投资者和贷款机构——无论是商业天使、风险投资家还是金融机构——也都会关注初创企业的创新产品或服务是否受专利、商标或其他知识产权保护。在早期投资中，投资者为了评估投资项目，通常会通过两种方式了解企业信息：商业计划和企业宣传。以下章节中将分别对此进行讨论。

10.3.1 将知识产权战略整合到商业计划中

若是对商业计划进行一个全面介绍，那就超出了本章的讨论范围。下面只探讨一下创始人在制订计划时应该考虑的一些基本的知识产权问题。寻求风险资本的企业通常都拥有自己的知识产权。实际上，除了目标市场和商业模式，知识产权的质量和管理团队通常是风险投资家投资决策中最重要的两个方面。

创始人准备的商业计划囊括了业务和知识产权相关的所有细节。商业计划不仅仅是一份吸引投资者的文件，它还为创始人提供了机会，让他们能够去全面考量企业的业务和增长战略。

商业计划是一个过程，一门学科，而不是一份装订好的文件。创始人的思考范围取决于产品或业务所处的阶段以及市场和融资需求的规模和复杂性。

简而言之，商业计划是由创始人和其所在行业通过案头研究、实地研究、讨论和审议等方式创建的一组生动文件，概述了公司预期的融资和经营方式。

实践证明，制作"商业模式画布"（Blank et al., 2012；Osterwalder et al., 2019；Ries, 2011）是一种展示商业模式的好方法（参见第7章）。商业模式画布侧重于价值创造的架构和盈利模式，而商业计划则主要说明了一些细节问题：如何将公司组建起来？目标市场在哪儿？竞争对手都有谁？需要什么样的融资？商业计划更关注企业外部的利益相关者（尤其是投资者）。

不过在一开始的时候，并不是每家初创企业都需要一份全面的商业计划。尤其是早期的小型项目，其规划过程本身要重要得多，企业应该将重点放在商业模式上。在早期阶段，商业模式（从"商业模式画布"中获取的信息）和简单的财务计划足以快速测试企业对于市场的种种假设。精益创业❶先驱史蒂夫·布兰克（Steve Blank）的一句话常常会被人挂在嘴边："没有任何商业计划能够在与客户的第一次接触中幸存下来。"

然而，为了成功将产品或服务商业化，创始人必须对客户的需求和利益进行现实的评估，对市场和竞争对手加以深入的分析，还要制定出良好的销售策略和正确的融资计划。最后，还有很重要的一点，即创始人要不断地去调整原始计划来适应瞬息万变的环境。

就知识产权而言，商业计划不应涉及技术秘密的层面，只需清楚地展现出知识产权的优势和应用方式即可。

重要的还有不仅要证明知识产权的质量及其潜在的巨大市场，还要证明初创团队具备成功抓住机遇的能力。比方说，应该在商业计划中详述企业迄今为止的成就，包括在前几轮融资、产品开发、合作伙伴关系和其他各个方面的重要里程碑。

对于非常年轻的初创企业来说，如果没有太多可以展示的东西，那么商业计划就应该指向管理团队在以前的项目/企业中获得的成功。这样也可以展现出团队在创业生活中成功克服挑战的能力。

应该让潜在投资者在看完商业计划后清楚他们的资金将流向何处。因此，商业计划要详细且切合实际，再结合以价值为导向的知识产权战略，就能够为投资者提供一张路线图，让他们了解企业一旦获得融资，未来将如何运营。

> **提示**
> **从风险投资家的视角来看保密协议**
> 初创企业家可能会担心风险投资家与竞争对手或其他创始人分享他们对新公司、新产品的构想。然而，在潜在投资项目的初步讨论阶段，风险投资公司通常不会签署保密协议。

---

❶ 一种创业方法论，核心在于先将原型产品投入市场，通过用户反馈来对产品进行迅速的迭代更新。——译者注

10　从知识产权到首次公开募股——投资者视角下的知识产权

为什么风险投资家很少签署保密协议?

● 风险投资家会接触许多初创企业,而且对于同一行业领域中的类似构想,风险投资家可能都会通盘考虑。如果风险投资公司签署了保密协议,且该保密协议对信息的保护范围非常宽泛,那么保密协议会使得风险投资家很难在特定行业投资。

● 对于规模较小的风险投资公司来说,很难调取足够的内部资源来充分监控保密协议的遵守情况,满足和实施此类资源的条件成本非常高。

● 涉及保密协议的审查、谈判和法律咨询是个极其耗时的过程。风险投资公司不可能从一开始就在每个潜在投资项目上耗费这么多精力。与其把宝贵的时间浪费在这上面,风险投资家倒更愿意去为他们投资组合里的创始人提供咨询。

最佳解决方式是什么?

即便是为了更好地展示商业理念,创始人也不必急于披露机密信息;可以将真正敏感的数据或商业机密从演示文稿中删去,留着以后再用。究竟该避免信息泄露的风险,还是要尽力提高潜在投资的可能性,创始人要对此作出权衡。初创企业在接触天使或风险投资商之前,也应先行确认投资推荐者的可靠性。等到后期尽职调查时再来签署保密协议可能更为合适。如果一定要签署保密协议,那么协议的内容应该紧密贴合特定的投资项目,尽量狭义地定义机密信息,不能"一刀切"。

最佳的企业家-投资者关系需要建立在相互尊重和相互信任的基础之上。初创企业创始人可以在适当的时机提出签署保密协议,以此也能展现自己的判断力。

10.3.2　购者自慎——投资推介中的知识产权

"推介"(pitch)一词最初是指广告公司之间为了争夺标的而进行的竞争,如今在许多存在合同争夺战的行业中,我们也时常能见到这个词。在创业场景中,推介给创始人提供了机会。创始人需要在初次会谈的短暂时间内向投资者展示他们的商业理念并让投资者相信自家企业的优势所在。如果这次推介成功了,创始人就很可能会赢得投资者的青睐并与投资者作进一步的详谈。

知识产权和投资条件

投资者如果对知识产权驱动的企业感兴趣，就会与企业进行一系列会谈来分析重要的知识产权资产以及如何对其加强保护。投资者会特别关注与知识产权使用和货币化相关的风险。其分析结果将会在很大程度上影响投资条款的谈判和条款清单（记录投资交易基本权益的书面意向书）的准备。这就会涉及审计、担保、赔偿、责任义务和融资结构，例如与投资基准、投资回报率和其他绩效指标相关的财务条款。

知识产权的商业化

在与风险投资家讨论的过程中，创始人将有机会展示与现有/潜在竞争对手相比他们的发明或创新具有哪些市场优势。潜在投资者感兴趣的点在于发明或创新是否具备显著且持久的优势以及在此基础上建立的创新企业是否有足够的说服力（Cardullo，2004）。在讨论中，投资者会尽可能地去评估该发明或创新的优势，并考察初创团队是否具备成功将创新产品或服务商业化的能力。为了帮助创始人准备知识产权方面的投资会谈，下一节将讨论投资者可能会考虑的问题。

10.3.3 投资者视角的知识产权战略问题

早期投资者常说，初创企业就跟房地产一样，有三种东西最重要：团队、团队、团队。投资者希望能确保在企业发展的各个阶段创始人与其团队都知道如何去管理和使用企业的知识产权。

除了了解企业的现有知识产权外，投资者还会通过商谈知识产权来考察创始人的管理能力和企业的发展前景。尤其是在早期阶段，经验表明，许多企业仍在对其商业计划大改特改，创始人团队完全可以利用这种商谈机会展现他们对行业细节和市场参与者的总体了解以及他们在知识产权战略方面的远见卓识。

对于相对年轻的企业来说，很大一部分的知识产权可能还未创建。因此，在发展迅速、瞬息万变的环境中，一定要向投资者展示出管理团队的能力，即团队知道如何战略性地管理现有和潜在的知识产权——这一点对年轻企业尤为重要。

投资者会考虑以下问题。

知识产权权属

- 这家企业是否拥有自己的知识产权？其团队能否保证他们宣称的所有知识产权都能在公司内部实施？至关重要的是，为了获得风险投资资金，年轻企业必须将保护其技术的知识产权真正地掌握在自己手中。
- 创始人是否从一开始就将知识产权信息记录在案？企业对发明报告的存档是否有严格规定？
- 企业对前雇主、共同发明人或其他第三方是否承担任何义务或受到约束？

知识产权战略
- 管理团队是否具备一套成熟的、以价值为导向的知识产权战略，从而让企业能自信地迎接机遇，有效地管理风险并规划未来的现金流？
- 知识产权战略是否与创始人的商业目标一致？在获取相关行业内的高价值知识产权方面，是否具备前瞻性的计划？
- 创始人是如何将知识产权融入其整体商业战略中的？企业将如何从中获取收益？
- 创始人能否描述出其知识产权的发展前景？创始人能否证明他们了解初创企业成长的必要驱动力？其相关说法是否可信？
- 创始人与其团队能否优先考虑正确的开发方向？
- 创始人与其团队能否在控制"烧钱率"的前提下区分有价值与无价值的构想？
- 创始人打算如何将其知识产权的被侵权风险降到最低？
- 创始人能否为其产品开辟市场并实现较高的市场渗透率？
- 如果一项发明涉及海外市场，初创团队能否提前考虑到在国际范围内申请知识产权保护？
- 创始人与其团队是否计划建立战略合作伙伴关系并将其知识产权许可给其他企业？

产品和竞争对手
- 知识产权的显著优势在哪里？企业是如何将其融入产品和服务的？
- 知识产权的优势是否契合目标客户的主要需求？客户是否愿意为此支付适当的费用？
- 创始人了解其竞争对手吗？与现有和潜在竞争对手相比，初创企业的知识产权将如何适应市场？
- 创始人有没有想过其产品是否真的优于竞争对手，是否能在市场上盈利？
- 无论初创企业的业务流程如何，其知识产权资产能否减少或阻止行业竞争？
- 当潜在的新竞争者进入市场时，是否存在初创企业的知识产权被侵权的风险？

知识产权的可实施性

● 知识产权保护具备可实施性吗？如果知识产权是影响初创企业成功的关键因素，风险投资家尤其希望能确保知识产权对企业的实际保护力度。

● 专利的权利要求范围是否过宽或过窄？竞争对手能否轻易地规避该专利？

● 申请知识产权的成功率如何？如果一家企业的专利申请屡次被驳回，其知识产权可能无法为企业提供真正意义上的保护，投资者对于这样的企业可能会格外谨慎。

投资者自然希望创始人已经仔细考虑过企业即将面临的知识产权问题，并且会去了解创始人打算如何在竞争环境中使用其知识产权。

投资者通常会请独立顾问对企业的专利组合进行一番仔细的检查，以免创始人提交的专利申请出现明显问题。在这方面，初创企业的创始人可以给予投资者额外的安全保障，即聘请享有良好声誉的专业知识产权顾问为企业的战略实施提供支持。投资者知道（不幸的是，往往是从惨痛的教训中总结出来的）只有经过充分准备的专利申请才能经受住专利有效性相关的诉讼或其他法律程序挑战。

上述清单主要适用于早期融资轮次。在未来更大的融资轮次中，重点将转向对各项独立知识产权的审计，特别是在制药、生物技术和医疗技术领域，其审计过程可能会非常仔细。

当然，总的来说，每个投资者都有自己的特色，每个投资机会也各不相同。初创团队遇到的投资者，其关注的问题和优先事项也很可能与此处描述的不同。建议创始人更多地去了解潜在投资者，看其是否已经在知识产权方面有过积极或消极的经验。下一节将对此进行更多的介绍。

10.3.4 评估——知识产权的影响

由于其跨专业特性，知识产权的评估非常困难，也难怪会有很多种不同的知识产权估值方法。讲到对初创企业的评估，有许多方面都超出了本章的讨论范围。下面只对部分一般性问题和一些知识产权相关的要点加以讨论。

一般来说，在评估一家企业时，创始人和初始投资人（如家族成员和商业天使）都会面临这样一个事实：对于不同的投资人或买家而言，同一家企业及其知识产权确实可能具有不同的价值。初创企业估值与其说是科学，不如说是一门艺术。至于要如何让这门艺术更科学，第9章中已有详细的说明。

如果是一家已经建立起来的成长型初创企业，要确定其价值可能还相对简单。尽管肯定会存在意见分歧,但至少有现金流、增长率和其他财务比率来帮助投资者确定企业的价值。

但是,如果遇到一家年轻的科技公司,其几乎没有或根本没有营业额,甚至可能都没有原型产品,那该怎么办?估值的复杂性也随着无形资产的增多而大大增加。因此,当初创企业仍处于起步阶段时,投资者很难确定其确切的价值,因为无论其知识产权的质量如何,成功或失败都可能发生,一切充满了不确定性。自然而然地,投资者和初创企业就对企业的估值产生了分歧。

投资者过往的经历在知识产权评估中也起着重要的作用。创始人可能会遇到各式各样的观点。尤其是在早期阶段,一旦涉及知识产权和它对企业估值的影响,潜在投资者可能会有截然不同的看法。

下面给出几个例子:
- 如果一家以前的投资组合公司通过知识产权许可或转让给投资者带来了丰厚的回报,那么该投资者将来就会对知识产权以及拥有强大知识产权组合的企业更感兴趣。
- 知识产权的价值是与背景信息密切相关的,它在很大程度上取决于知识产权所有者及其对知识产权资产的使用方式。金融投资者(比如风险投资家)或战略投资者(比如具有相关市场地位的集团)可能会与上述资产有其他关联——这也是因为他们能通过各自不同的方式将知识产权资产与其持有的其他资产结合使用。
- 如果投资者遭遇过负面的知识产权经历,比如其投资组合公司发生了法律纠纷,投资者为此付出了昂贵的代价后,之后就会特别关注初创企业产品或方法是否可能对第三方知识产权造成侵权。
- 如果投资者曾因商业秘密类的知识产权(比如与制造相关的专有技术或是待开发产品的设计方案)而有过积极的体验,那就可能对这类知识产权拥有其独到的评估标准。
- 假如投资者以前的投资组合公司在出售时,其估值因知识产权获得了显著提升,该投资者之后就会更加重视知识产权的战略发展,也会更加积极地为知识产权保护投入资金。
- 另外,如果投资者根据其过往经验认为知识产权保护无法真正得到实施,只会白白消耗成本,该投资者可能就更愿意将稀缺的资金投向技术迭代和快速的产品-市场匹配。

➢ 对企业来说,哪些类型的知识产权是最重要的?应该在什么时候进行知识产权保护?有哪些可用的财务资源?在未来的增资中,知识产权是否有助于提高公司估值?创始人与其投资者应该对这些问题加以讨论。

➤ 在动态环境中，理性的人往往容易在缺乏数据支撑的事情上产生分歧。重要的是，不要在这上面浪费过多时间，要明智一点，好好地利用这些讨论互动来相互学习，并就未来大家共同支持和推进一个知识产权战略达成一致。

一家初创企业成为公司，最终，该公司会根据实际价值指标来获得估值。总有一天，它会拥有客户、收入和利润。而投资者会想"我愿意由于那家公司获得若干年的利润而投资吗？"投资者将根据该公司的业务基本面，应用市盈率数据来进行估值，而不会说"可能是多少""可以是多少"。

风险资本家、种子基金和天使投资人会在从假设价值到实际价值的过程中赚钱或亏钱。❶

最后一点：在选择合适的投资者时：企业估值应当始终只是众多考虑因素之一。其他重要因素，比如投资合同中的部分有利/不利条款、产业知识和市场人脉等，通常要比风险投资融资轮中多卖出的那几个百分点的股份重要得多。

10.4 知识产权战略：正面案例和负面案例

许多精通知识产权的创始人和风险投资人都会从过往经验中获知：企业估值高度依赖于企业的知识产权，例如专利、商标、计算机软件、著作权或商业秘密。如果方法得当，对知识产权保护的投资和正确的保护举措可以提升企业的价值，进而回馈给初创企业一个积极主动的知识产权管理文化。但若是方法不当，则可能会白白浪费资源，使初创企业错失良机，蒙受资产损失，甚至更易遭受竞争对手的攻击。

以下分别是初创企业在知识产权管理方面的一些正面和负面的案例。

正面案例

案例 10-1

Nest

温控器初创企业 Nest 极具先见之明，很早就为其智能温控器申请了多项专利。由于其专利的质量很高，Nest 在与财富 100 强企业、家用电器制造商霍尼韦尔（Honeywell）的专利侵权诉讼中防卫成功，赢得了诉讼。

---

❶ WILSON F. Hypothetical Value to Real Value [EB/OL]. (2019-08-25) [2019-12-12]. https://avc.com/2019/08/hypothetical-value-to-real-value/.

10 从知识产权到首次公开募股——投资者视角下的知识产权

Nest 还通过获得其他企业的专利许可建立了自己的专利组合。

→ 专利能够在竞争对手发起的专利诉讼中保护初创企业。

(https://techcrunch.com/2013/12/11/tony-fadell-says-nest-has-100-patents-granted-200-filed-and-200-more-ready-to-file/。2019 年 12 月 12 日访问)。

案例 10-2

OneTrust

很少有科技公司能够在早期融资中获得超过 10 亿美元的估值。OneTrust 在 A 轮融资中以 13 亿美元的公司估值筹集了 2 亿美元资金，获得了行业独角兽地位。OneTrust 拥有 50 项授权专利，还另有 50 项专利申请处在审查过程中。

→ 专利可以帮助初创企业战胜新老竞争对手，并对其估值产生巨大的积极影响。

(https://www.forbes.com/sites/kenrickcai/2019/07/11/privacy-startup-onetrust-reaches-13-billion-valuation-from-series-a-funding-round/#3bffb0eb5fd0。2019 年 12 月 12 日访问)。

负面案例

案例 10-3

Ordrx（前 Ordr.in）

该公司（由 Google Ventures 提供支持）是一家餐饮电子商务平台，可供餐厅上传菜单并接受在线订单。由于在商标侵权诉讼（网站名称）中资金耗尽，公司最终只好倒闭。

→ 忽视了商标申请情况且未能进行必要的知识产权检索，因无法抵抗"专利鲨鱼"❶的攻击，公司以失败告终（根据创始人的说法）。

(https://domainnamewire.com/wp-content/ordrin.pdf；https://www.cbinsights.com/research/on-demand-startup-failures/。2019 年 12 月 12 日访问)。

案例 10-4

Phytelligence

农业科技初创企业 Phytelligence 在产品发布的前几个月无奈停止运

---

❶ Patent Troll，又称"专利蟑螂"，指那些没有或几乎没有实体业务、主要通过积极发动专利侵权诉讼来营利的公司。——译者注

营。该企业为华盛顿州立大学（Washington State University，WSU）的衍生企业，因一种名为"Cosmic Crisp"的创新苹果品种的生产技术与华盛顿州立大学陷入技术争议，被华盛顿州立大学起诉。最终，该企业在这场涉及经营"未来的苹果"的纠纷中落败。

→ 一个悲伤的故事：公共科研机构与从大学衍生出来的初创企业在合同谈判中可能发生冲突。

（https://www.geekwire.com/2019/agriculture-tech-startup-phytelligence-shuts-lossing-dispute-cosmic-crisp-apple-variety/。2019年12月12日访问）。

10.5 风险投资资助进入海外市场——全球知识产权保护

若要全面讨论德国初创企业在海外面临的知识产权挑战，就大大超出了本章的内容范围。因此，下文仅以中国为例，对海外知识产权保护的相关内容进行一个初步的概述。

中国于2001年12月加入世界贸易组织时，缔结了《与贸易有关的知识产权协定》，使中国的知识产权立法达到国际最低标准。此后，中国加强了法律框架建设，修改了知识产权保护相关的法律法规，从而更好地与国际接轨。

对于期望实现经济发展的国家来说，一个符合当地需求条件、健全有效的知识产权制度是至关重要的。中国复杂的创新体系是其经济发展的催化剂，而知识产权保护则是其中的重要组成部分。尽管仍存在一些问题，但中国已进入经济转型的关键阶段，加强知识产权保护符合其国家利益，而近年来中国也的确在这一方面取得了重大进展。类似的转变同样发生在20世纪70年代的日本和20世纪80年代的中国香港、中国台湾地区，以及新加坡和韩国——当然，几十年前的德国和美国也是如此（Assafa，1996：120；Kingston，2005：70，658）。

在过去的十年中，中国政府力图从低成本的制造业经济转向创新型经济。科技出版物的增多以及专利数量和质量的不断提高都推动了经济和社会的深刻变革。

2018年，中国国家知识产权局受理的专利申请量创历史新高，达到154万件，占全球专利申请总量的46.4%，几乎相当于世界排名第2~11名的主管局受理的申请量总和（WIPO，2019f）。

在过去的40年里，中国企业家从零开始建立了一个个行业。发展至今，一些中国企业甚至成为全球范围内的行业领军者。中国市场为企业提供了大量的增长机会。而且近年来，许多初创企业逐渐开始从中国向海外进军，其海外市场业务已经处于运营初期。

世界各地的企业争相进入中国，试图在中国庞大的消费市场中分一杯羹；而中国初创企业的企业家们也不再满足于征服国内市场，而是越来越希望在全球范围内赢得胜利。中国初创企业的"走出去"将增强中国的经济竞争力，与此同时，也给风险投资资助下的初创企业带来了额外的重大挑战。

字节跳动❶是成功获得国际关注的中国公司之一，其 TikTok 应用程序在全球范围内大受欢迎。随着越来越多像字节跳动这样的企业到海外开展业务，中国初创企业逐渐成为创新的输出者。从中长期来看，中国企业家将处于与国内外竞争对手进行知识产权诉讼的中心。

由于海外市场的多样性，"走出去"对寻求在全球开展业务的中国创新初创企业提出了非同寻常的挑战。许多企业已经在按照各国最佳实践方式来保护其全球知识产权。企业逐渐意识到高质量的知识产权组合是保持其全球竞争力的关键，知识产权许可和诉讼的数量也在随之增加（Taylor，2018）。

希望在海外开展业务的中国企业能够考虑到中国的知识产权法律制度与外国法律制度是不一样的。从计划走出国门的第一天起，至关重要的一点就是要熟悉体系之间的差异，制定并实施全面的知识产权战略，从而在全球范围内保护企业的知识产权。

为了在海外取得成功，中国初创企业应该制定一套综合性的全球知识产权保护战略。该战略应基于企业对其内部目标和资源的现实评估，并能反映知识产权问题的性质和等级。除了产品的本地化之外，企业还要在不违反任何法律或规则的前提下平稳扩展到另外的国家或地区。因而，企业应当从一开始就与了解全球市场的知识产权专家合作，确保企业遵守各个国家或地区不同的法律法规。同时，专家还能为企业提供知识产权相关的工具和知识，这些对企业未来在国际市场上的成功或许能起到关键性的作用。

总而言之，企业要想在竞争激烈的全球市场上大展身手，将中国本土创新转化为成功的全球业务，关键就在于及早考虑全球知识产权保护。

10.6 总结和结束语

知识产权是经济发展的一项关键因素——适当的知识产权管理是对新兴行业的基本要求。

---

❶ 已于 2022 年 5 月更名。——译者注

对于年轻的初创企业来说，知识产权保护可以成为保障企业增长和获取风险投资的有力工具。知识产权保护往往与更高的融资和商业成功率息息相关。尽管知识产权的获取和维护需要一定成本，可能会给初创企业造成一些困扰，但从未来筹资和企业寿命的角度来看，这方面的投资通常会带来正回报。坚实的知识产权组合也会给初创企业未来的销售带来帮助。

投资初创企业存在很大的风险。即使企业拥有强大的知识产权，也可能出现资本损失。在评估投资标的时，企业的知识产权情况以及其创始人保护和管理知识产权的方式必定会出现在潜在投资者的问题清单上。

专利，抑或其他知识产权，并不是企业获得融资或成功出售的先决条件。具备独特客户受益价值的商业模式仍然是创始人的主要关注点。然而，事实证明，良好的知识产权战略是一件强大的工具：在初创企业的早期阶段，它能够凸显企业的价值和潜力以及创始人的战略思维；从中长期来看，它也能够对企业形成有效的保护。

参考文献

Aldrich, H. /Auster, E. R. (1986): Even dwarfs started small: Liabilities of age and size and their strategic implications. In: Research in Organizational Behavior 8, S. 165 – 198.

Bagley, C. E. (2008): Winning legally: The value of legal astuteness. In: The Academy of Management Review 33, 2, S. 378 – 390.

Bagley, C. E. (2010): What's law got to do with it?: Integrating law and strategy. In: American Business Law Journal 47, 4, S. 587 – 639.

Bagley, C. E. /Dauchy, C. E. (2018): The entrepreneur's guide to business law. Fifth edition. Boston, MA: Cengage Learning.

Baron, J. N. /Hannan, M. T. (2002): Organizational blueprints for success in high – tech start – ups: Lessons from the stanford project on emerging companies. 44, 3, 31.

Baum, J. A. C. /Silverman, B. S. (2004): Picking winners or building them? Alliance, intellectual, and human capital as selection criteria in venture financing and performance of biotechnology startups. In: Journal of Business Venturing 19, 3, S. 411 – 436.

Beck'sche Online – Formulare Vertrag, 50. Edition 2019, Benedikt Pfisterer, 20.3 Share Deal

Beisel D. /Andreas F. (2017): Beck 'sches Mandatshandbuch Due Diligence. 3. Auflage. München.

Berkery, D. (2008): Raising venture capital for the serious entrepreneur. New York: McGras – Hill.

Beyer, S. (2008): Grundsätze zur Bewertung immaterieller Vermögenswerte (IDW S 5). In: WPg: 61 (8).

Blank, S. /Dorf, B. (2012): The Startup Owner's Manual. Pescadero, CA.

Bloomberg (2017): Silicon Valley's $400 Juicer May Be Feeling the Squeeze. https://www.bloomberg.com/news/features/2017 – 04 – 19/silicon – valley – s – 400 – juicer – may – be – feeling – the – squeeze. Accessed 16 December 2019.

Bonakdar, A. et al. (2017): Capturing value from business models: The role of formal and informal protection strategies. In: International Journal for Technology Management 73, 4.

Brassell, M. /and King, K. (2013): "Banking on IP?: The role of intellectual property and intangible assets in facilitating business finance." published by The Intellectual Property Office of the United Kingdom. https://assets.publishing.service.gov.uk/government/uploads/system/uploads/attachment_data/file/312008/ipresearch – bankingip. pdf. Accessed 13 December 2019.

Bundesanzeiger Verlag （2019）：Immaterielle Wirtschaftsgüter zutreffend erfassen und abschreiben. https://www. bundesanzeiger – verlag. de/xaver/bilanzplus/start. xav？ start ＝% 2F% 2F ＊% 5B% 40attr_id%3D% 27bilanzplus_15003304075% 27% 5D#_bilanzplus_% 2F% 2F ＊% 5B% 40attr_id% 3D% 27bilanzplus_15003304075% 27% 5D_1568983715362. Accessed 20 September 2019.

Bundesministerium für Wirtschaft und Energie Öffentlichkeitsarbeit （2017）：WIPANO – Wissens – und Technologietransfer durch Patente und Normen. Ostbevern：MKL Druck GmbH & Co. KG, Programminformation.

BVK VC Studie （2018）："Treibstoff Venture Capital – Wie wir Innovation und Wachstum befeuern", Bundesverband Deutscher Kapitalbeteiligungsgesellschaften e. V. https://www. bvkap. de/sites/default/files/news/vc_studie_von_ief_bvk_roland_berger_treibstoff_venture_capital. pdf Accessed 13 December 2019.

Cable, A. J. B. （2011）：Fending for Themselves：Why Securities Regulations Should Encourage Angel Groups. 3 U. PA. J. BUS. L. 107.

Cardullo, M. W. （1999）：Technological Entrepreneurism：Enterprise Formation, Financing and Growth, Research Studies Press Ltd. , Baldock.

Castedello, M. et al. （2018）：Bewertung und Transaktionsberatung：betriebswirtschaftliche Bewertung, Due Diligence, Fairness Opinions u. a. Düsseldorf.

CB Insights （2019a）：The Global Unicorn Club. Current Private Companies Valued At $1B + （including whisper valuations）. https://www. cbinsights. com/research – unicorn – companies. https://www. cbinsights. com/research – unicorn – companies Accessed 9 September 2019.

CB Insights （2019b）：The Top 20 Reasons Startups Fail. https://www. cbinsights. com/research/startup – failure – reasons – top/）. Accessed 16 December 2019.

CB Insights （n. d. a）：Fayteq. Patents. https://www. cbinsights. com/company/fayteq – patents. Accessed 22 August 2019.

CB Insights （n. d. b）：Oculus VR. Patents. https://www. cbinsights. com/company/oculus – vr – patents. Accessed 23 August 2019.

Chambers, Clem （2014）. Tesla giving away its patents makes sense. https://www. forbes. com/sites/investor/2014/06/13/tesla – giving – away – its – patents – makes – sense/Accessed 09 May 2019.

Chandler, A. D. （1962）. Strategy and structure：Chapters in the history of the industrial enterprise. Cambridge, Mass：M. I. T. Press.

Christensen, C. M. /Raynor, M. E. （2003）：The innovator's solution：creating and sustaining successful growth. Boston, MA.

Coding VC （2016）：How to De – Risk a Startup. https://www. codingvc. com/how – to – de – risk – a – startup. Accessed 16 December 2019.

Conti, A. /Thursby, M. /Rothaermel, F. T. （2013）：Show Me the right stuff：Signals for high –

tech startups. In: Journal of Economics & Management Strategy 22, 2, S. 341 – 364.

De Leon, I./Fernandez D, J. (2017): Innovation, startups and intellectual property management. Cham: Springer International Publishing.

De Wilton, A (2011): Patent value: A business perspective for technology startups. In: Technology Innovation Management Review 1, 3, S. 1 – 11.

DesignG = Designgesetz vom 24. Februar 2014 (BGBl. I S. 122), das zuletzt durch Artikel 15 des Gesetzes vom 17. Juli 2017 (BGBl. I S. 2541) geändert worden ist.

Diabetes Atlas (2019): www.diabetesatlas.org. Accessed 16 December 2019.

Dodgson, M./Gann, D. M./Phillips, N. (2014): The Oxford Handbook of Innovation Management. Oxford, UK.

DPMA (2019a): Markenschutz im Ausland. https://www.dpma.de/marken/markenschutz_ausland/index.html. Accessed 12 December 2019.

DPMA (2019b): Designschutz im Ausland. https://www.dpma.de/designs/designschutz_ausland/index.html. Accessed 12 December 2019.

Dreßler, A. (2006): Patente in technologieorientierten Mergers & Acquisitions. Nutzen, Prozessmodell, Entwicklung und Interpretation semantischer Patentlandkarten. Wiesbaden.

DURAN H. (2016): Wie gewinnt man einen mehrjährigen Patentstreit? In: StartUPDate 2, 1, 7.

Eilenberger, G./Haghani, S. (Hrsg.) (2008): Unternehmensfinanzierung zwischen Strategie und Rendite. Heidelberg 2008.

Elsbach, K. D. (1994): Managing organizational legitimacy in the California cattle industry: The construction and effectiveness of verbal accounts. In: Administrative Science Quarterly 39, 1, S. 57 – 88.

Engel, C. (2010): Aktivierung (bilanzielle) von Schutzrechten. https://patentschutzengel.de/die – kanzlei/schutzrecht – wiki/aktivierung – bilanzielle – von – schutzrechten/. Accessed 20 September 2019.

Engel, D./Keilbach M. (2007): Firm – level implications of early stage venture capital investment—an empirical investigation. Journal of Empirical Finance, 14 (2), S. 150 – 167.

Erk, P. (2018): Patente Strategien: Ein Patent ist für ein Startup viel wert! https://www.deutsche – startups.de. Accessed 20 May 2019.

Facebook (2014): Facebook to Acquire Oculus. https://newsroom.fb.com/news/2014/03/facebook – to – acquire – oculus/. Accessed 23 August 2019.

Fisher, G./Kotha, S./Lahiri, A. (2016): Changing with the times: An integrated view of identity, legitimacy, and new venture life cycles. In: Academy of Management Review 41, 3, S. 383 – 409.

Frankfurter Allgemeine Zeitung (2014): Facebook kauft Oculus. Milliarden für Visionen. https://www.faz.net/aktuell/wirtschaft/netzwirtschaft/milliarden – deal – facebook – kauft – oculus –

12865286. html. Accessed 16 December 2019.

Freytag, R. (2019): Strategic negotiations: three essentials for successful partnerships with startups. In: Strategy & Leadership 47 (1), S. 19 – 25. https://doi.org/10.1108/SL – 11 – 2018 – 0115. Accessed 1 November 2019.

Freytag, R./Weibel, B. (2019): Why digitalization needs value – driven intellectual property strategies. In: Les Nouvelles Dec. 2019, S. 268 – 273.

Gabler Wirtschaftslexikon (2017): Start – up – Unternehmen. https://wirtschaftslexikon.gabler.de/definition/start – unternehmen – 42136/version – 189893. Accessed 16 December 2019.

Gaibraith, J. (1982): The stages of growth. In: Journal of Business Strategy 3, 1, S. 70 – 79.

Galloway (2019): Yogababbel. https://www.profgalloway.com/yogababble. Accessed 16 December 2019.

Garud, R., Schildt, H. A./Lant, T. K. (2014): Entrepreneurial storytelling, future expectations and the paradox of ligitimacy. In: Organization Science 25, 5, S. 1479 – 1492.

Gassmann, O./Bader, M. A. (2011): Patentmanagement – Innovationen erfolgreich nutzen und schützen. Heidelberg/Dordrecht/London/New York.

Gilbert, B (2018): Facebook just settled a $500 million lawsuit over virtual reality after a years – long battle – here's what's going on. https://www.businessinsider.de/facebook – zenimax – oculus – vr – lawsuit – explained – 2017 – 2? r = US&IR = T. Accessed 26 August 2019.

Gompers, Paul/Lerner, J. (2001): The Venture Capital Revolution. Journal of Economic Perspectives, 15 (2) . S. 145 – 168.

Gornall, W./Strebulaev, I. A. (2015): The economic impact of venture capital: Evidence from public companies. Stanford University Working Paper.

Greiner, L. E. (1997): Evolution and revolution as organizations grow: A company's past has clues for management that are critical to future success. In: Family Business Review 10, 4, S. 397 – 409.

GTAI (2019): Start – Ups in den USA. https://www.gtai.de/GTAI/Navigation/DE/Trade/Maerkte/Trends/Update – StartUps/Land – USA/trend – land – usa.html#2188952. Accessed 15 May 2019.

Günther, T./Ott, C. (2008): Behandlung immaterieller Ressourcen bei Purchase Price Allocations. In: WPg, 11. Jg., 2008, H. 1, S. 71 – 93.

Hadzima, J./Bockmann, B./Butler, A. (2010): IP in early stage commercial and investment success, INTELLECTUAL ASSET MGMT., Mar. – Apr. 2010, 49.

Haeussler, C./Harhoff, D. and Mueller, E. (2014): How patenting informs VC investors—the case of biotechnology,' Research Policy, 43, S. 1236 – 1298.

Hahn, C. (2014): Finanzierung und Besteuerung von Start – up – Unternehmen. Wiesbaden.

Hall, B. H. (2019): "Is there a role for patents in the financing of new innovative firms?". Industrial and Corporate Change, vol 28 (3), S. 657 – 680.

Hall, B. H./Link, A. N./Scott, J. T. (2001): Barriers inhibiting industry from partnering with universities: Evidence from the advanced technology program. In: The Journal of Technology Transfer 26, 1/2, S. 87–98.

Hans Böckler Stiftung (2011): Rechnungslegung nach den International Financial Reporting Standards (IFRS). https://www.boeckler.de/pdf/mbf_ifrs_kapitel2.pdf. Accessed 20 September 2019.

Harhoff, D./Scherer, F. M./Vopel, K. (2003): Citations, Family Size, Opposition and the Value of Patent Rights. In: Research Policy, 32, S. 1343–1363.

Harhoff, D./Wagner, S. (2009): The Duration of Patent Examination at the EPO Management Science 55 (12), pp. 1969–1984.

Harris, R./Jenkinson, T./Kaplan, S. (2014): Private Equity Performance: What do we Know? Journal of Finance, 69 (5), S. 1851–1882.

Harris, R., Jenkinson, T./Kaplan, S. (2016): How Do Private Equity Investments Perform Compared to Public Equity? Journal of Investment Management 14, S. 1–24.

Heath, A. (2017): Mark Zuckerberg reveals that Facebook paid more than we thought for Oculus VR. https://www.businessinsider.de/facebook-actually-paid-3-billion-for-oculus-vr-2017-1?r=US&IR=T. Accessed 23 August 2019.

Hellmann, T./Puri, M. (2002): Venture capital and the professionalization of start-up firms: Empirical evidence. In: The Journal of Finance 57, 1, S. 169–197.

Henn. G./Pahlow, L. (2017): Patentvertragsrecht. 6. Auflage. Heidelberg.

Hermans, J. P. (1991): Strategies for Protection of Innovations, the Case of a Research-Intensive Multinational Corporation. In: Träger, U./Witzleben, von A. (Hrsg.): Patinnova '90 – Strategies for the Protection of Innovation. Brüssel, S. 83–88.

Hommel, M./Buhleier, C./Pauly, D. (2007): BILANZRECHT UND BETRIEBSWIRTSCHAFT – Bewertung von Marken in der Rechnungslegung – eine kritische Analyse des IDW ES 5. In: Betriebs-Berater (BB) 62 (7), S. 371.

Horowitz, B. (2010): How Angel Investing Is Different Than Venture Capital. BUSINESS INSIDER, Mar. 2, 2010. http://www.businessinsider.com/how-angel-investing-is-different-than-venture-capital-2010-3. Accessed 13 December 2019.

Hüsing, A. (2018): Searchmetrics entwickelt sich gut! Heftiger US-Patentstreit führt aber zu 14,4 Millionen Verlust. https://www.deutsche-startups.de/2018/08/14/searchmetrics-patentstreit/Accessed 10 May 2019.

IDW (2015): IDW S5 Grundsätze zur Bewertung immaterieller Vermögenswerte. In: WPg Supplement 3/2011: 98ff., FN-IDW 7/2011: 467ff., WPg Supplement 3/2015: 16f., FN-IDW 8/2015: 447f.

IGE (2019): ip-search. https://www.ige.ch/de/ip-search.html. Accessed 12 December 2019.

Islam, M./Fremeth, A./Marcus, A. (2018): Signaling by early stage startups: US government research grants and venture capital funding. In: Journal of Business Venturing 33, 1, S. 35 – 51.

IT Finanzmagazin, 2020. VideoIdent: Langer Rechtsstreit zwischen IDnow und WebID beendet [online]. IT Finanzmagazin. Available from: https://www.it-finanzmagazin.de/videoident-recht-idnow-webid-104505/. Accessed 19 May 2021.

Jonsson, S./Greve, H. R./Fujiwara – Greve, T. (2009): Undeserved loss: The spread of legitimacy loss to innocent organizations in response to reported corporate deviance. In: Administrative Science Quarterly 54, 2, S. 195 – 228.

Kalantary, A. (2012): Fair Value – Bewertung immaterieller Vermögenswerte nach IFRS. Frankfurt am Main.

Kaplan, S. N./Lerner, J. (2010): It ain't broke: the past, present, and future of venture capital. Journal of Applied Corporate Finance, 22 (2), S. 36 – 47.

Kaplan, S. N./Stromberg, P. (2001): Venture Capitals As Principals: Contracting, Screening, and Monitoring. American Economic Review, 91 (2), S. 426 – 430.

Kasperzak, R./Nestler, A. (2010): Bewertung von immateriellem Vermögen. Anlässe, Methoden und Gestaltungsmöglichkeiten. Weinheim.

Kazanjian, R. K. (1988): Relation to dominant problems to stages of growth in technology – based new ventures. In: Academy of Management Journal 31, 2, S. 257 – 279.

KfW – Gründungsmonitor (2019). KfW Gründungsmonitor 2019: https://www.kfw.de/PDF/Download-Center/Konzernthemen/Research/PDF-Dokumente-Gr%C3%BCndungsmonitor/KfW-Gruendungsmonitor-2019.pdf. Accessed 9 December 2019.

Kingston, W. (2005): An Agenda for Radical Intellectual Property Reform. In K. E. Maskus/J. H. Reichman (Hrsg.): International Public Goods and Transfer of Technology Under a Globalized Intellectual Property Regime, Cambridge: Cambridge University Press, S. 70, 658.

Kirsch, H. – J. (2008): Einführung in die internationale Rechnungslegung nach IFRS. Herne.

Kloyer, M. (2004): Methoden der Patentbewertung. In: Horváth, P./Möller, K. (Hrsg.): Intangibles in der Unternehmenssteuerung. Strategien und Instrumente zur Wertsteigerung des immateriellen Kapitals. München, S. 419 – 431.

Knyphausen, D. Z. (1993): Why are Firms different? Der Ressourcenorientierte Ansatz im Mittelpunkt einer aktuellen Kontroverse im Strategischen Management. In: Der Betrieb, 53. Jg., 1993, H. 6, S. 771 – 792.

Kollmann, T./Henesellek, S./Jung, P. B./Kleine – Stegemann, L. (2018): Deutscher Startup Monitor 2018. Neue Signale, klare Ziele. Berlin.

Kyriasoglou, C. (2017): Facebook kauft das Erfurter Startup Fayteq. https://www.gruenderszene.de/allgemein/facebook-ubernahme-fayteq. Accessed 23 August 2019.

Lemley, M. A. (2000): Reconceiving Patents in the Age of Venture Capital, 4 Journal of Small and Emerging Business Law 137 (2000).

Long, C. (2002): Patent Signals, University Of Chicago Law Review, Vol. 69, No. 2 (2002).

Mann, R. J./Sager, T. W. (2007): Patents, venture capital, and software start-ups. In: Research Policy 36, 2, 193–208.

MarkenG = Markengesetz vom 25. Oktober 1994 (BGBl. I S. 3082; 1995 I S. 156; 1996 I S. 682), das zuletzt durch Artikel 1 des Gesetzes vom 11. Dezember 2018 (BGBl. I S. 2357) geändert worden ist.

Marx, Matt/Singh, Jasjit/Fleming, Lee (2015): Regional Disadvantage? Employee non-compete agreements and brain drain. Research Policy 44, 2, 394–404.

Mazzoleni, R./Nelson, R. R. (1998): The benefits and costs of strong patent protection. A contribution to the current debate. In: Research Policy, 27. Jg., 1998, H. 3, S. 273–284.

Morris, M./Schindehutte, M./Allen, J.: The entrepreneur's business model: toward a unified perspective. In: Journal of Business Research. Nr. 58 (6) 2012, S. 726–735.

Moser, U. (2011): Bewertung immaterieller Vermögenswerte. Grundlagen, Anwendung, Bilanzierung und Goodwill. Stuttgart.

Musk, E., 2014. All our patent are belong to you [online]. Available from: https://www.tesla.com/de_DE/blog/all-our-patent-are-belong-you. Accessed 9 May 2019.

Narayanan, V. K./Yang, Y./Zahra, S. A. (2009): Corporate venturing and value creation: a review and proposed framework. Research Policy 38 (1), S. 58–76. https://doi.org/10.1016/j.respol.2008.08.015. Accessed 01. November 2019.

Nestler, A. (2008): Ermittlung von Lizenzentgelten. In: Betriebs Berater, 63. Jg., 2008, H. 37, S. 2002–2006.

Omio (2019): GoEuro will become Omio. https://www.omio.com/press-releases?_ga=2.183454755.448615423.1557477125-327963341.1557477125. Accessed 3 December 2019.

Orozco, D. (2010): Legal knowledge as an intellectual property management resource. In: American Business Law Journal 47, 4, S. 687–726.

Osterwalder, A./Pigneur, Y. (2019): Business Model Generation. Hoboken, N. J.

Papendick, U./Schmalholz, C. G. (2002): Viel gewagt – und viel verloren. In: Manager Magazin, Nr. 6., 32. Jg (2002), S. 126–132.

PatG = Patentgesetz in der Fassung der Bekanntmachung vom 16. Dezember 1980 (BGBl. 1981 I S. 1), das zuletzt durch Artikel 4 des Gesetzes vom 8. Oktober 2017 (BGBl. I S. 3546) geändert worden ist.

Pellens, B. et al. (2017): In: Internationale Rechnungslegung. Stuttgart.

Pollock, T. G. and Rindova, V. P., 2003. Media legitimation effects in the market for initial public offerings. Academy of Management Journal, 46 (5), 631–642.

Project A Services GmBH & Co KG (2017): Qunomedical sammelt mit neuem Namen weitere Millionen ein und baut seine Präsenz auf dem deutschen Markt aus. https://www.project-a.com/de/media/pressemitteilungen-news/qunomedical-raises-2-million-dollars-and-changesits - name - to - strengthen - brand. Accessed 3 December 2019.

Reimsbach, D. (2011): Immaterielles Vermögen in der Unternehmensanalyse. Bewertungsmethodik und Entscheidungsrelevanz. Wiesbaden.

Richtlinie (EU) 2016/943 des Europäischen Parlaments und des Rates vom 8. Juni 2016 über den Schutz vertraulichen Know - hows und vertraulicher Geschäftsinformationen (Geschäftsgeheimnisse) vor rechtswidrigem Erwerb sowie rechtswidriger Nutzung und Offenlegung (ABl. L 157 vom 15. 06. 2016), S. 1.

Ries, E. (2011): The Lean Startup: How today's entrepreneurs use continuous innovation to create radically successful businesses. Crown Publishing Group.

Rothaermel, F. T./Agung, S. D./Jiang, L. (2007): University entrepreneurship: A taxonomy of the literature. In: Industrial and Corporate Change 16, 4, S. 691 - 791.

Sahlmann, W. A. (1997): How to Write a Great Business Plan. In: Harvard Business Review July/August 1997, S. 98 - 108.

Schilling, K. (2014): Forschen - Patentieren - Verwerten: Ein Praxisbuch für Naturwissenschaftler mit Schwerpunkt Life Sciences. Berlin/Heidelberg.

Schlenk, C. T. (2017): IDnow gewinnt vor Gericht gegen Wettbewerber WebID. https:// www. gruenderszene. de/allgemein/idnow - webid Accessed 16 June 2019.

Schwarz, S./Kruspig, S. (2017): Computerimplementierte Erfindungen - Patentschutz von Software? Köln.

Schwarzkopf, C. (2016): Fostering innovation and entrepreneurship: Entrepreneurial ecosystem and entrepreneurial fundamentals in the USA and Germany. Wiesbaden: Springer Gabler.

Shane, S. (2004): Academic entrepreneurship: University spinoffs and wealth creation. Cheltenham, UK/Northampton, MA: E. Elgar.

Siegrist, L./Stucker, J. (2007): Die Bewertung von immateriellen Vermögenswerten in der Praxis - ein Erfahrungsbericht. In: Zeitschrift für internationale Rechnungslegung H, 4, S. 243 - 249.

Siemens (2019): Siemens Technology Accelerator, www. siemens. com/sta Accessed 1 November 2019.

Smith, G./Parr, R. (2000): Valuation of Intellectual Property and Intangible Assets. 3. Aufl., New York.

Startup Guide Ionos (2018): Rechnungslegungsstandards: Nationale und internationale Vorgaben. https://www. ionos. de/startupguide/unternehmensfuehrung/rechnungslegungsstandards - nach - hgb - und - ifrs/. Accessed 21 September 2019.

Stinchcombe, A. L. (1965): Social structures and organizations. In: March, J. G. (Hg).: Handbook of Organizations. Chicago, S. 142 - 193.

Stoi, R. (2003): Controlling von Intangibles - Identifikation und Steuerung der immateriellen Werttreiber. In: Controlling, 15. Jg., 2003, H. 3/4, S. 175 - 182.

Suchman, M. C. (1995): Managing legitimacy: Strategic and institutional approaches. In: The Academy of Management Review 20, 3, S. 571.

Suddaby, R. /Bitektine, A. /Haack, P. (2017): Legitimacy. In: Academy of Management Annals 11, 1, S. 451 – 478.

Süddeutsche Zeitung (2011): Wer hat's erfunden? https://www. sueddeutsche. de/wirtschaft/krieg – um – patente – fuer – smartphones – wer – hat – s – erfunden – 1. 1134483. Accessed 16 December 2019.

Süddeutsche Zeitung (2014): Facebook kauft Experten für virtuelle Realität. https://www. sueddeutsche. de/digital/milliarden – uebernahme – von – oculus – vr – facebook – kauft – experten – fuer – virtuelle – realitaet – 1. 1921728. Accessed 23 August 2019.

Symeonidou, N. /Bruneel, J. /Autio, E. (2017): Commercialization strategy and internationalization outcomes in technology – based new ventures. In: Journal of Business Venturing 32, 3, S. 302 – 317.

Taylor, D. O. (2018): Patent Reform, Then and Now. SMU Dedman School of Law Legal Studies Research Paper No. 400; 2019 Mich. St. L. Rev. 431.

Technology Readiness Level (TRL), oder Reifegrad einer Technologie: https://de. wikipedia. org/wiki/Technology_Readiness_Level: Accessed 3 December 2019.

Tian, X. /Wang, T. Y. (2014): Tolerance for Failure and Corporate Innovation, REV. OF FIN. STUD. 211 (2014).

TU Ilmenau (n. d.): Diminished Reality. https://www. tu – ilmenau. de/vwds/forschung/diminished – reality/. Accessed 23 August 2019.

Unger, A. (2016): So lange brauchen Einhörner bis zur ersten Milliarde. https://www. impulse. de/gruendung/gruender – news/start – up – wachstum/3160677. html. Accessed 9 September 2019.

Universität Heidelberg (n. d.): Umgang von Universitäten mit privaten Drittmittelgebern: https://www. uni – heidelberg. de/de/forschung/forschungsservice/industrie – und – sonstige – foerdermittelgeber. Accessed 3 December 2019.

US – China Business Council (2015): Best – Practices: Intellectual Property Protection in China, 2015). https://www. uschina. org/reports/best – practices – intellectual – property – protection – china. Accessed 13 December 2019.

USPTO (n. d.): USPTO's Prioritized Patent Examination Program. https://www. uspto. gov/patent/initiatives/usptos – prioritized – patent – examination – program. Accessed 12 December 2019.

Wasserman, N. (2012): The founder's dilemmas: anticipating and avoiding the pitfalls that can sink a startup. Princeton, NJ: Princeton University Press.

Weibel, B. (2013): Strategisches IP Management – Aufgaben und Integration in die Wertschöpfungskette. In: Schweizer IP Handbuch. Basel, S. 153 – 177.

Weitnauer, W. (2016): Handbuch Venture Capital. 5. Auflage. München.

Wingfield, N. /Isaac, M. (2017): Mark Zuckerberg. Suit, Testifies in Oculus Intellectual Property Trial. https://www. nytimes. com/2017/01/17/technology/mark – zuckerberg – oculus – trial –

virtual – reality – facebook. html. Accessed 24 August 2019.

WIPO (2019a): Patent Cooperation Treaty. https://www. wipo. int/pct/en/texts/articles/atoc. html. Accessed 12 December 2019.

WIPO (2019b): PCT – Patent Prosecution Highway Pilot (PCT – PPH and Global PPH). https://www. wipo. int/pct/en/filing/pct_pph. html. Accessed 12 December 2019.

WIPO (2019c): International applications and national security considerations. http://www. wipo. int/pct/en/texts/nat_sec. html. Accessed 12 December 2019.

WIPO (2019d): Facts and Figures. https://www. wipo. int/edocs/infogdocs/en/ipfactsandfigures2018/. Accessed 12 December 2019.

WIPO (2019e): Paris Convention for the Protection of Industrial Property. https://www. wipo. int/treaties/en/ip/paris/. Accessed 12 December 2019.

WIPO (2019f): World Intellectual Property Indicators: Filings for Patents, Trademarks, Industrial Designs Reach Record Heights in 2018. https://www. wipo. int/pressroom/en/articles/2019/article_0012. html Accessed 13 December 2019.

Wolfe, J. (2017): Facebook virtual reality unit Oculus faces lawsuit over imaging patent. https://www. reuters. com/article/us – facebook – lawsuit/facebook – virtual – reality – unit – oculus – faces – lawsuit – over – imaging – patent – idUSKBN17920T. Accessed 23 August 2019.

Wurzer, A./Reinhardt, D. (2006): Bewertung technischer Schutzrechte. Praxis der Patentbewertung. Köln.

Wurzer, A. J./Grünewald, T./Berres, W. (2016): Die 360° IP – Strategie. München.

Zider, B. (1998): How Venture Capital Works, HARV. BUS. REV., Nov. – Dec. 1998, at 131, 132.

Zimmerman, M. A./Zeitz, G. J. (2002): Beyond survival: Achieving new venture growth by building legitimacy. In: The Academy of Management Review 27, 3, S. 414.

索　　引

（索引中页码为本书英文版页码）

arbitration 仲裁 64，78－79
artificial intelligence 人工智能 14，20
Asia 亚洲
　　see also China 另见"中国"
　　employee inventions 雇员发明 55，79，82－83
　　IP management trends 知识产权管理趋势 260
　　venture capital sector 风险投资领域 241－242
Avast Software 爱维士 215

background IP 背景知识产权 139
blueprint trap 既定蓝图陷阱 207－208
bootstrapping 自我积累 236
bound inventions see service inventions 受约束发明，参见"职务发明"
bridge financing 过桥融资 244
budgets for IP strategies 知识产权战略预算 17
business angels 商业天使 27，107，113
business models 商业模式
　　business model canvas 商业模式画布 170－171，248
　　customer value, role of 客户受益价值的作用 160－163，166
　　development 发展 10－12

digital business models 数字商业模式 215－217
　　influences on 受到的影响 165，215
　　IP protection, exclusion from 不受知识产权保护的 41
　　prioritization, phases of 优先级排序 162－165，177
　　regional variations 地区差异 11－12
　　types of 类型 215
　　value-driven strategies, and 价值驱动的战略 159－162
business plans 商业计划
　　confidential information, disclosure of 机密信息的披露 250
　　IP strategy inclusion in 知识产权战略融入 247－250
　　overview 概述 248－249

Canada 加拿大
　　employee inventions 雇员发明 55
Chandler, Alfred D. 艾尔弗雷德·D.钱德勒 193
China 中国
　　employee inventions 雇员发明 55，79，82
　　IP management strategies for start-ups in 初创企业知识产权管理战略 260－261
　　IP rights protection generally 知识产权保

护概述 259－260
 patent applications trends 专利申请趋势 259
 WTO membership 世界贸易组织成员身份 259
choice of law rules 法律规则的选择 55
civil law systems 大陆法系 208－209
collaborations 合作 206－207
commercialization stage of venture development 企业发展的商业化阶段
 collaborations 合作 206－207
 IP challenges during 期间的知识产权挑战 202－207
 legal services, choice of 法律服务的选择 202－203
 overview 概述 194－195
 trade－offs 权衡取舍 202－207
common law systems 英美法系 208
company valuation 企业估值
 cash－flow forecasts 现金流预测 217－219
 intangible assets 无形资产 218－221
 methods of 方法 217
competition 竞争力
 assessments of 评估 121－122
 intangible assets, role of 无形资产的作用 215－216, 233
 IP rights, importance of 知识产权的重要性 127
 IP strategies, influences of 知识产权战略的影响 211, 214
 monitoring 监控 23, 29－31
 non－compete agreements 竞业禁止协议 209
 patent searches 专利检索 29－31
 unfair advantage 不公平优势 122
computer－implementable processes 计算机可

实施过程 13, 16－17, 20－21
conception stage of venture development 企业发展的孵化阶段
 institutional research 机构的研究 201－202
 IP challenges during 期间的知识产权挑战 197－202
 overview 概述 194－195
 technology transfer 技术转让 201－202
 trade－offs 权衡取舍 198－202, 212
confidentiality 保密
 see also trade secrets 另见"商业秘密"
 know－how, of 技术秘密 33
 non－compete agreements 竞业禁止协议 209
 non－disclosure agreements 保密协议 28－29, 249－250
contracts 合同
 cooperation agreements 合作协议 28－29
 employee inventions 雇员发明 142－146
 freedom－to－operate searches 自由实施调查 131－132
 freelance contracts 与自由职业者的合同 141－142
 investor agreements 与投资者的协议 147－150
 licence agreements see licensing 许可协议, 参见"许可"
 non－disclosure agreements 保密协议 28－29
 R&D contracts see R&D contracts 研发合同, 参见"研发合同"
 sale of company, for 以企业出售为目的 150－154
 sale of IP rights, for see IP sales contracts 以知识产权出售为目的, 参见"知识产权出售合同"
 service inventions of managing directors/

索引

executives 总经理/执行机构成员的职务发明 57 – 58，145 – 146
university partnership agreements 与大学的合作协议 100 – 102

copyright 著作权
 overview 概述 2，7 – 8
 software 软件 9 – 10，181 – 182

cost – oriented approach 以成本为导向的手段 226 – 227

customer value 客户受益价值 160 – 163，166

design – around modifications 规避设计 39

design rights 外观设计权 2，6，219

diagnostic methods，patentability 诊断方法的可专利性 16 – 17，41

diamond structure 钻石结构 19 – 20

digital services，patentability 数字服务的可专利性 20 – 21

digitization，implications of 数字化的影响 185

directors 总经理
 IP rights 知识产权 57 – 58，145 – 146
 service invention contracts 职务发明合同 145 – 146

distribution management 分销管理 119 – 120

domain names 域名 10

due diligence 尽职调查 40 – 42，129 – 131
 checklists 清单 131，151
 company purchaser，by 企业收购者所作的 151 – 154
 domestic law variations 国内法律差异 132 – 133
 freedom – to – operate searches 自由实施调查 151，153
 importance of 重要性 115，132
 investment agreements 投资协议 148
 licensing 许可 136

proof of ownership 所有权证明 130，134，136
sale of company 企业出售 151 – 154
sale or purchase of IP rights 知识产权的出售或购买 129 – 135
third – party IP rights，contracts for use of 第三方知识产权使用合同 129 – 131

E – scooter（case study）电动滑板车（案例研究）
 business models 商业模式 158 – 159，170 – 172
 customer value 客户受益价值 161 – 162
 practical issues 实操问题 179 – 182
 product overview 产品概述 157 – 158
 third – party rights，remedial actions 针对第三方权利的补救措施 167 – 168

electric cars 电动汽车 206 – 207

employee inventions 雇员发明
 Canada, in 加拿大 55
 China, in 中国 55，79，82
 choice of law rules 法律规则的选择 55
 contracts for 合同 142 – 146
 cross – border start – ups, implications for 对跨境初创企业的影响 55，79 – 80
 directors or executives, by 总经理或执行机构成员的职务发明 57 – 58，145 – 146
 domestic patent filing requirement 国内专利申请要求 79 – 80
 foreign filing licenses 向外申请许可 80
 France, in 法国 79，81 – 82
 Germany, in see Employee Inventions Act 德国，参见"德国雇员发明法"
 hired to invent provisions 受雇发明条款 80
 India, in 印度 79，82

information trade-offs 信息的权衡 198-199

inventors, identification of 发明人身份的确认 127

IP ownership 知识产权所有权 9, 27-29

Italy, in 意大利 79

Japan, in 日本 82-83

overview 概述 54-55, 79-80

remuneration for（雇员发明的）奖酬 28

rights and responsibilities 权利和义务 143-145

Russia, in 俄罗斯 79

service inventions 职务发明 57-58, 142-146

shop rights 商店使用权 80

South Korea, in 韩国 55, 83-84

Spain, in 西班牙 79

UK, in 英国 55, 80-81

US, in 美国 55, 79-80

Employee Inventions Act（Germany）德国雇员发明法

applicability 适用性 55-58

arbitration 仲裁 64, 78-79

background 背景 54

challenges 挑战 53

claiming of invention rights procedure 要求转让发明权的程序 54

contractual freedom, limits of 合同自由的限制 76-77

directors or executives, inventions by 总经理/执行机构成员的发明 57-58, 145-146

documentation 证明文件

　　acknowledgment of receipt 接收确认 87-88

　　invention disclosure form 发明报告表 85-87

　　notification of intention to abandon reservation of right of use 放弃知识产权申请但保留使用权的意向通知 90-91

　　release of service for foreign countries 放弃职务发明的外国申请 89-90

　　release of service invention 放弃职务发明 88-89

employee non-competition obligations 雇员的竞业禁止义务 66

employee reporting obligations 雇员的报告义务 58-59, 77-78

employment relationships 雇佣关系 56-57, 66

free inventions 自由发明 58-59, 68

freelancers, inventions by 自由职业者的发明 57-58

invention disclosure 发明报告

　　legal effects of 法律效力 63-64

　　obligations 义务 58-59

mandatory prohibitions 强制性禁令 54-55

material scope 实质性适用范围 55-56

non-exclusive right to use 非独占性使用权 59

personal scope 人员范围 56-58

purpose 目的 54

qualified technical improvement proposals 合格的技术改进建议 55-56

remuneration for 奖酬

　　calculation formula 计算公式 72-76

　　employer risk and liability for 雇主的风险和义务 69-71

　　generally 概述 28-29, 64

　　invention value 发明价值 72-75

　　license analogy 许可类比法 73-74

索 引

on the merits 优点 69
monopoly principle 垄断原则 69
provisional remuneration 临时奖酬 71
reference value 参数 73
service inventions 职务发明 66-76
share factor 份额系数 75-76
university inventions 大学发明 78
use or exploitation, on basis of 基于职务发明的使用或实施 70, 72-74

service inventions 职务发明
    claiming periods 要求转让的期限 64-65
    definition 定义 58, 60-61
    disclosure form 报告表 85-87
    employee costs 雇员要承担的费用 67
    employee rights 雇员的权利 65
    employer entitlements 雇主的权利 66-68
    employer obligations 雇主义务 63-64, 66-68, 77
    employment relationships, and 雇佣关系 59-60
    foreign release of 在外国转让 66-67
    non-exclusive right to use 非独占性的使用权 67-68
    pending IP rights, abandonment of 放弃在审的知识产权 67-68, 90-91
    release of 转让 65-69, 88-90
    remuneration for 奖酬 66-76
    reporting obligations 报告义务 61-63, 77-78
    transfer of rights to the invention itself 转让发明本身的相关权利 54, 60, 64-65
    university inventions 大学发明 77-78
    waiver of rights 放弃权利 68
    temporary employees, inventions by 临时雇员的发明 57
    time limits 期限 59, 68
    trade secrets 商业秘密 63-64
    university inventions 大学发明 77-78

employees 雇员
    employment relationships, interpretation 雇佣关系解读 56-57
    flexible arrangements, IP implications of 灵活安排在知识产权方面的意义 27-28
    IP as incentives for 知识产权作为激励 119
    IP rights of 知识产权相关权利 27-29
    named inventors, as 作为发明人 119
    non-compete agreements 竞业禁止协议 209
    temporary employees, inventions by 临时雇员的发明 57

equity finance 股权融资 112-113
European Intellectual Property Office (EUIPO) 欧盟知识产权局 6
European Patent Convention 欧洲专利公约 41
European Patent Office 欧洲专利局
    patent applications 专利申请 4-5, 23, 203-204
    patent fees 专利费用 4-5
executives 执行机构成员
    IP rights 知识产权相关权利 57-58, 145-146
    service invention contracts 职务发明合同 145-146

experience inventions *see* service inventions 经验发明，参见"职务发明"

Facebook 脸书 112，216 – 217，220
Fayteq（公司名）216 – 217
Federal Ministry of Education and Research（BMBF）（Germany）德国联邦教育和研究部 103
fees 费用
 licensing 许可 137 – 138
 patents 专利 4 – 5，17，22，38
 trademarks 商标 7
financing 融资
 bridge financing 过桥融资 244
 business angels，role of 商业天使的角色 27，107，113
 challenges 挑战 236
 expansion financing 扩张融资 244
 forms of 形式 112 – 113
 internal financing 内部融资 236 – 237
 leveraged buy – outs 杠杆收购 244
 lifecycle 生命周期 245
 management buy – ins 管理层买入 244
 management buy – outs 管理层收购 244
 patent valuation 专利估值 221
 patents as financing instrument 专利作为融资工具 245 – 246
 phases 阶段 240，243 – 246
 private equity funds 私募股权基金 237
 replacement financing 重置资本 244
 seed financing 种子融资 243 – 244
 sources 来源 236 – 237
 startup financing 创业融资 244 – 245
 3F financing "3F" 融资 240
 turnaround financing 周转融资 244
 venture capital *see* venture capital 风险资本，参见"风险资本"

foreground IP 前景知识产权 139 – 141
foreign filing licenses 向外申请许可 26，80
founders 创始人
 confidential information，disclosure of 机密信息的披露 250
 investment agreement guarantees 投资协议担保 147 – 150
 IP rights management 知识产权管理
  blueprint trap 既定蓝图陷阱 207 – 208
  importance of 重要性 126
  transfer process 转让过程 127 – 128
 IP strategies *see* IP strategies 知识产权战略，参见"知识产权战略"
 personal liabilities of 个人赔偿责任 150
 start – ups，challenges of 初创企业的挑战 125
France 法国
 employee inventions 雇员发明 79，81 – 82
FRAND terms FRAND 条款 168
freedom – to – operate 自由实施
 management of 管理 39 – 40
 R&D contracts，and 研发合同 139
 searches 检索调查 121，131 – 132
  due diligence，and 尽职调查 151，153
  investment agreements 投资协议 148
 value – driven strategies，role in 价值驱动战略的角色 166 – 167，177 – 179
freelancers 自由职业者
 contracts 合同 141 – 142
 IP rights of 知识产权相关权利 28，57 – 58

German Research Foundation（DFG）德国研究基金会 103
Germany 德国
 accounting standards 会计准则 228 – 229
 copyright 著作权 7 – 8

索 引

design rights 外观设计权 6
employee inventions see Employee Inventions Act 雇员发明，参见"德国雇员发明法"
intangible assets, valuation of 无形资产的估值 228 - 229
patents 专利
 applications 申请 5，22，38，203 - 204
 enforcement 实施 26
 first - to - file principle "在先申请"原则 208 - 209
 scope of protection 保护范围 4，16，25，41
R&D funding organizations 研发基金组织 103 - 104
trademarks 商标 7
utility models 实用新型 5
venture capital sector 风险投资领域 241 - 243
Goethe University 法兰克福大学 94 - 95
goodwill 商誉 231
Google 谷歌 112
grants and subsidies 赠款和补贴 112
growth potential 增长潜力 111，215
growth stage of venture development 公司发展的增长阶段
 common and civil law context 英美法和大陆法语境下 208 - 209
 employee management 雇员管理 209 - 210
 international IP management 国际知识产权管理 110 - 111
 IP challenges during 知识产权挑战 207 - 211
 overview 概述 194 - 196
 trade secrets 商业秘密 209 - 210
guarantees 担保

 breach of, liabilities for 违反担保的追责 149 - 150，153 - 154
 investment agreements, in 投资协议担保 147 - 150
 sales contracts, in 销售合同担保 134 - 135

hired to invent provisions 受雇发明 80

IDnow（公司名）206
imitation, prevention of 防止模仿 166 - 169，177 - 179
incubators 孵化器 236 - 237
India 印度
 employee inventions 雇员发明 79，82
infringement of IP rights 侵犯知识产权
 avoidance measures 规避措施 29 - 31，34
 consequences of 后果 132
 freedom - to - operate searches 自由实施调查 121，131 - 132，149
 prosecutions, budgeting for 诉讼预算 17
Innovectis Gmbh 94 - 95
insolvency, of licensor 许可人破产 138
intangible assets 无形资产
 accounting for IP rights 知识产权的会计处理 227 - 333
  amortization periods 摊销期限 230 - 233
  capitalization 资本化 230 - 234
  depreciation 折旧 232 - 233
  impairment tests 减值测试 232
  international accounting standards 国际会计准则 221，228 - 231，234
  national accounting standards 国家会计准则 227 - 229
  research costs vs. development costs, treatment differences 研究费用和开

发成本的区别处理 229 – 231，234
  subsequent valuation/ revaluation 后续估值/重新估值 231 – 233
 characteristics 特点 218
 competition and competitiveness, influences on 对竞争与竞争力的影响 215 – 216，233
 goodwill 商誉 231
 international accounting standards 国际会计准则 221，228 – 231，234
 IP rights 知识产权
  accounting for 会计处理 227 – 233
  duration of IP protection 知识产权保护期限 219，232
  role of 作用 218 – 221
 national accounting standards 国家会计准则 228 – 229
 recoverability of 可恢复性 215 – 216，230
 useful life, determination of 有效期的确定 231 – 233
 valuation 估值 216，218 – 221，233 – 234
  accounting measures 会计计量 227 – 233
  approaches 手段 223 – 227
  cost – oriented approach 以成本为导向的手段 226 – 227，234
  market – oriented approach 以市场为导向的手段 223
  net present value – oriented approach 以净现值为导向的手段 224 – 226
  reasons for 原因 221 – 223
  subsequent valuation/ revaluation 后续估值/重新估值 231 – 233
International Accounting Standards 国际会计准则 228 – 234
International Financial Reporting Standards 国际财务报告准则 221，228，234

invention value 发明价值 72 – 75
inventory assessment, importance of 库存评估的重要性 8 – 10
investment agreements 投资协议
 due diligence 尽职调查 148
 founders' personal liabilities 创始人个人的赔偿责任 149 – 150
 participation agreement provisions 投资协议条款 148 – 150
 shareholder guarantees 股东担保 147 – 150
investments 投资
 IP rights as loan collateral 知识产权作为贷款抵押品 36
 pitches, content of 推介的内容 250 – 254
 risk assessments 风险评估 114 – 122
investors 投资者
 agreements with see investment agreements 协议，参见"投资协议"
 business angels 商业天使 27，107，113
 challenges for 挑战 246
 choice of, influences on 对选择的因素影响 255 – 257
 due diligence 尽职调查 114 – 115
 financing phases 融资阶段 243 – 246
 importance of 重要性 110
 incentives for, IP as 知识产权作为激励 110，121，128
 incubators 孵化器 236 – 237
 investment decisions, influences on 对投资决定的影响 114 – 122
 IP strategies, perspectives on 投资者视角下的知识产权战略 246 – 257
  business plans, integration in 整合到商业计划中 247 – 250
  commercialization opportu – nities 商业化机会 251
  IP evaluation 知识产权评估 254 –

— 212 —

索 引

257
　　IP ownership 知识产权所有权 252
　　IP rights and investment conditions 知识产权和投资条件 251
　　IP rights enforceability 知识产权的可实施性 253 – 254
　　patent portfolios 专利组合 254
　　products and competitors 产品和竞争对手 253
　　pitches to, content of 推介的内容 250 – 254
　　risks, perceptions of 对风险的理解 121
　3F financing "3F" 融资 240
　　venture capital see venture capital 风险资本, 参见"风险资本"
　　venture legitimacy, and 企业合规性 193 – 197
IP infringement see infringement of IP rights 知识产权侵权, 参见"侵犯知识产权"
IP management 知识产权管理
　　business strategies, links with 与商业战略的联系 211 – 212
　　collaborations 合作 206 – 207
　　commercialization stage, during 商业化阶段 194 – 195, 202 – 207
　　common and civil law context 英美法和大陆法语境 208 – 209
　　conception stage, during 孵化阶段 194 – 195
　　cross – border issues 跨境问题 210 – 211
　　flexibility, need for 对灵活度的需求 191 – 192, 211 – 212, 214
　　functions of 作用 193, 211
　　growth stage, during 在成长阶段 194 – 196, 207 – 211
　　importance of 重要性 155
　　international IP management 国际知识产

权管理 210 – 211
　　IP blueprint trap 知识产权的既定蓝图陷阱 207 – 208
　　legal and expert advice 法律及专家建议 202 – 203, 213 – 214
　　patent development strategies 专利发展策略 124 – 125
　　processes for 流程 122 – 125, 127 – 128
　　risk reduction strategies 风险降低策略 114 – 122
　　start – ups, importance for 对初创企业的重要性 191
　　trade – offs see trade – offs 权衡取舍, 参见"权衡取舍"
　　venture legitimacy, and 企业合规性 192 – 193, 196 – 197
　　venture lifecycle models 企业生命周期模型 193 – 197
IP portfolios 知识产权组合 93 – 94, 155 – 156, 254
IP protection 知识产权保护
　　assessment, models for 评估模型 19 – 21
　　budgeting 预算 17
　　challenges of 挑战 41
　　competitors, monitoring patent activity of 监控竞争对手的专利活动 19 – 31
　　contractual arrangements 合同约定 28 – 29
　　cooperation agreements 合作协议 28 – 29
　　country – specific restrictions 特定国家的限制 16 – 17
　　digital services 数字服务 20 – 21
　　limitations on 限制 40
　　non – disclosure agreements 保密协议 28 – 29, 249 – 250
　　options, identification 识别选项 14 – 15
　　patent searches 专利检索 29 – 31
　　patentable inventions, assessment models

可申请专利的发明创造的评估模型 19–21

purpose 目的 32

region–specific strategies 区域性保护策略 24–27

scope of 范围 16

start–ups, benefits for 对初创企业的好处 1, 8–10

third–party patent activity, monitoring 监控第三方专利活动 29–31

timescales 时间进度 22–23

trade secrets 商业秘密 10, 21–22

who/what should be protected against 应针对谁/针对什么来进行保护 15–17

IP rights, generally 知识产权概述

copyright see copyright 著作权, 参见"著作权"

design rights 外观设计 2, 6, 219

documentation 文件 37

employee inventions see employee inventions 雇员发明, 参见"雇员发明"

functions of 作用 32

inventor's right of personality 发明者的人格权 32

loan collateral, as 作为贷款抵押品 36

patents see patents 专利, 参见"专利"

trademarks see trademarks 商标, 参见"商标"

transfer to start–up companies 转给初创企业 128

types of 类型 2–8

utility models 实用新型 2, 5, 219

valuation methods 估值方法 133–134

IP sales contracts 知识产权出售合同

documentary obligations 书面义务 135

exit sales, for 以资本退出为目的出售 150–154

due diligence of buyer 买方的尽职调查 151–153

warranties 保证 152–154

freedom–to–operate searches 自由实施调查 131–132

guarantees 担保 134–135

IP due diligence 知识产权尽职调查 129–131, 134

buyer, of 买方的尽职调查 151–153

checklist for 清单 131

know–how, sales of 技术秘密的出售 133

ownership rights 所有权 134–135

purchase price assessments 购买价格评估 133–134

seller obligations 卖方义务 134–135

IP strategies 知识产权战略

agile development processes, and 敏捷开发流程 21

business models 商业模型 10–12, 41

business plan, inclusion in 整合到商业计划中 247–250

commercialization of IP rights 知识产权的商业化 251

competitive advantage, influences on 对竞争优势的影响 211, 214

due diligence 尽职调查 40–42

freedom to operate 自由实施 39–40

generally 概述 36

income generation 收益 35

invention–driven strategies goals 发明驱动战略目标 183–184

value–driven strategies, differences from 与价值驱动战略的差异 182–188

inventory assessments 库存评估 8–10

investor perspectives 投资者的角度 246–

257

IP rights as loan collateral 知识产权作为贷款抵押品 36

licensing 许可 35

market reach of protection 保护的市场范围 37－38

necessary safeguards 必要的保障措施 37－39

obtaining third－party IP rights 获得第三方知识产权 35

patent attorneys 专利代理人 17－18

patent workshops 专利研讨会 18－19

PCT applicationsPCT 申请 38

product or service exclusivity 产品或服务的排他性 35

protection options, identification of 保护选项的识别 14－15

region－specific approaches 区域性方法 24－27

reputation－building 建立声誉 34

SAILS method SAILS 法 19

SceneMark（case study）"影标"（案例研究）42－45

start－up considerations 初创企业的许可回报 33－34

strategic goals 战略目标 34－35

Sugarlight（case study）"糖光"（案例研究）45－52

trademark registration 商标注册 39－40

value－driven strategies see value－driven strategies 价值驱动的战略，参见"价值驱动的战略"

who/ what should be protected against 应针对谁/针对什么来进行保护 15－17

IP valuation 知识产权估值

see also patent valuation, 另见"专利估值"

challenges of 挑战 254－255

influences on 影响 255

investor experience, roleof 投资者过往经验的作用 255－256

IP5 PPH IP5 专利审查高速路 24

IPOs 首次公开募股

venture capital financing for 风险资本融资 238

Italy 意大利

employee inventions 雇员发明 79

Japan 日本

employee inventions 雇员发明 82－83

Juicero Press 果蔬榨汁机 117

know－how, contracts for sale of 技术秘密出售合同 133

layer model 层次模型法 19－21

leveraged buy－outs 杠杆收购 244

liabilities 赔偿责任

breach of guarantee, for 违反担保 149－150, 153－154

founders, personal liabilities 创始人个人的赔偿责任 150

sale of company, exclusions 公司出售排除卖方责任的条款 153－154

licensing 许可 120

due diligence 尽职调查 136

fees 费用 137－138

FRAND terms FRAND 条款 168

generally 概述 136

insolvency of licensor 许可人破产 138

proof of ownership 所有权证明 136

purchase, differences from 与购买专利的区别 129－130

types of license 许可类型 136－137

loan capital 贷款资本 112

215

macroeconomic forces, influences on 对宏观经济力量的影响 165
management buy-ins 管理层买入 244
management buy-outs 管理层收购 244
market-oriented approach, patent valuation 以市场为导向的专利估值手段 223
market research 市场研究 117-118
market size 市场规模 120
medical procedures, patentability 医疗方法的可专利性 16-17, 41
monopoly principle 垄断原则 69

Nest（公司名）257
net present value-oriented approach 以净现值为导向的手段 224-226
non-compete agreements 竞业禁止协议 209
non-disclosure agreements 保密协议 28, 249-250

obligation inventions see service inventions 义务发明，参见"职务发明"
Oculus VR 傲库路思 215-217, 220-221
Omio（旅游平台名）210
OneTrust 257-258
Open Invention Network 开源发明网络 31
open source software 开源软件 10, 31, 181-182
opportunity capital see venture capital 机会资本，参见"风险资本"
Ordrx/Ordr. in（公司名）258

Paris Convention for the Protection of Intellectual Property《保护工业产权巴黎公约》38
patent attorneys 专利律师 17-18, 177
Patent Cooperation Treaty（PCT）《专利合作条约》22, 27
　applications 申请 38, 203-204
Patent Prosecution Highway（PPH）专利审查高速路 24
patent searches 专利检索 29-31
patent valuation 专利估值
　approaches 手段 133-134, 223-227
　cost-oriented approach 以成本为导向的手段 226-227, 234
　exploitation 利用 223
　gross lease method 总租赁法 225-226
　incremental cash-flow method 增量现金流法 224-225
　legal indicators 法定指标 222
　licence price analogy method 许可价格类比法 224
　market-oriented approach 以市场为导向的手段 223
　multi-period excess earnings method 多期超额收益法 225-226
　net present value-oriented approach 以净现值为导向的手段 224-226
　patent strategy and purpose 专利战略和目的 222-223
　reasons for 原因 221-223
　relief from royalty method 提成率法 224
　return on asset method 资产回报率法 226
patent workshops 专利研讨会 18-19
patents 专利
　accelerated applications 加速申请 23-24
　AI 人工智能 14, 20
　applications 申请 4-5, 23-24, 38, 203-204
　business models, and 商业模型 41
　computer-implementable processes 计算机可实施过程 13, 16-17, 20-21
　costs 费用, 成本 26

索引

device patents 装置专利 37
divisional applications 分案申请 23
duration of protection 保护期限 219, 232
European patent applications 欧洲专利申请 4-5
excluded categories 不受保护的类别 41
fees 费用 5, 17, 22, 38
filing trade-offs 申请的权衡取舍 199, 212
financing instrument, as 作为融资工具 245-246
first registration requirements 首次注册要求 26
first-to-file principle "先申请"原则 208-209
import restrictions 进口限制 25
international protection 国际保护 4-5, 24-27
limitations of 限制 40-41
medical procedures 医疗方法 41
non-exploitation 未实施 222-223
novelty or inventiveness 新颖性或创造性 17
overview 概述 2-5
ownership, proof of 所有权证明 134
patent claim categories 专利权利要求的类别 37
Patent Cooperation Treaty (PCT)《专利合作条约》22, 27, 38, 203-204
Patent Prosecution Highway (PPH) 专利审查高速路 24
patent searches 专利检索 29-31
patentable inventions, assessment models 可专利发明的评估模型 19-21
patentable subject-matter 可专利主题 12-13, 41
procedural timescales 流程时间 22-23, 38
process patents 方法类专利 37
purpose 目的 4, 16, 25, 219-223
region-specific strategies 区域性策略 24-27
renewal 年费,续展 5
sale and purchase of 出售和购买 133-134
standard-essential patents 标准必要专利 134, 204
technical contribution 技术贡献 14
valuation see patent valuation 估值,参见"专利估值"
Phytelligence 258
products 产品
　　development, waterfall process "瀑布式"产品开发 14-15
　　product/market fit 产品-市场匹配 117-118
　　quality 质量 118

Qunomedical (公司名) 210

R&D 研发
　　contracts 合同 139
　　　　background IP 背景知识产权 139
　　　　foreground IP 前景知识产权 139-141
　　　　freedom-to-operate, and 与自由实施 139
　　　　trade secrets 商业秘密 139
　　　　transfer risk avoidance 转让风险规避 140
　　financing 融资 27, 102-107
　　intangible assets, IP rights accounting 无形资产的知识产权会计处理 229-231, 234
　　universities, in 大学

　　　　cooperation agreements 合作协议
　　　　101-102
　　　　third-party financing 第三方融资
　　　　102-106
　　　　'valley of tears' funding gap "泪之
　　　　谷"资金缺口 104-106
region-specific IP protection 区域性知识产
　　权保护
　　　　patent applications 专利申请 47-49
　　　　strategies 战略 24-27
remuneration, for employee inventions 雇员发
　　明的奖酬
　　　　calculation formula 计算公式 72-76
　　　　employer risk and liability for 雇主承担
　　　　的风险和赔偿责任 69-71
　　　　generally 概述 28-29, 64
　　　　invention value 发明价值 72-75
　　　　licence analogy 许可类比法 73-74
　　　　on the merits 视具体情况 69
　　　　monopoly principle 垄断原则 69
　　　　national law provisions 国家法律规定
　　　　80-84
　　　　provisional remuneration 临时奖酬 71
　　　　reference value 参考值 73
　　　　service inventions 职务发明 66-76
　　　　share factor 份额系数 75-76
　　　　university inventions 大学发明 78
　　　　use or exploitation, on basis of 在使用或
　　　　实施的基础上 70, 72-74
replacement financing 重置资本 244
reputation 声誉 220-221
risk assessments 风险评估
　　　　investments and investors 投资和投资者
　　　　114-122
risk capital see venture capital 风险资本, 参
　　见"风险资本"
risk reduction strategies 风险降低策略 114-

122
　　　　competition assessments 竞争评估 121-
　　　　122
　　　　distribution management 分销管理 119-
　　　　120
　　　　freedom-to-operate searches 自由实施
　　　　调查 121
　　　　funding 资金 121
　　　　market research 市场研究 117-118
　　　　market size assessments 市场规模评
　　　　估 120
　　　　overview 概述 114-116
　　　　product/market fit analysis 产品-市场
　　　　匹配 117-118
　　　　product quality 产品质量 118
　　　　team, quality of 团队质量 118-119
　　　　unfair advantage 不公平优势 122
Russia 俄罗斯
　　　　employee inventions 雇员发明 79

SAILS method "SAILS" 法 19
sale of company 公司出售
　　　　breach of guarantee or warranty 违反担保
　　　　或保证 153-154
　　　　contracts 合同 150-154
　　　　liability exclusions 赔偿责任的例外情况
　　　　153-154
　　　　warranties 保证 152-154
sale of IP, contracts for see IP sales contracts
　　知识产权出售合同, 参见"知识产权出
　　售合同"
SceneMark (case study) "影标"（案例分
　　析）
　　　　business models 商业模型 42-44
　　　　design rights or copyright 外观设计或著
　　　　作权 44-45
　　　　IP protection strategies 知识产权保护策

略 43 – 45
    trademarks 商标 44
seed financing 种子融资 243 – 244
service inventions 职务发明 57 – 58, 142 – 146
    claiming periods 要求转让发明的期限 64 – 65
    definition 定义 58, 60 – 61
    directors or executives, by 总经理/执行机构成员的职务发明 57 – 58, 145 – 146
    disclosure form 报告表 85 – 87
    employee costs 雇员要承担的费用 67
    employee rights 雇员的权利 65
    employer entitlements 雇主的权利 66 – 68
    employer obligations 雇主的义务 63 – 64, 66 – 68, 77
    employment relationships, and 与雇佣关系 59 – 60
    foreign release of 在外国转让 66 – 67
    non – exclusive right to use 非独占性的使用权 67 – 68
    pending IP rights, abandonmentof 放弃在审的知识产权 67 – 68, 90 – 91
    release of 转让 65 – 69, 88 – 90
    remuneration for 奖酬 66 – 76
    reporting obligations 报告义务 61 – 63, 77 – 78
    transfer of rights to the invention itself 转让发明本身的相关权利 54, 60, 64 – 65
    university inventions 大学发明 77 – 78
    waiver of rights 放弃权利 68
share factor 份额系数 75 – 76
shareholders 股东
    investment agreement guarantees 投资协议担保 147 – 150
shop rights 商店使用权 80
smallest marketable unit 最小可销售单元 37
social media companies 社交媒体公司 112

socio – economic trends 社会经济趋势 165
software 软件
    computer – implementable processes, patentability 计算机可实施过程的可专利性 13, 16 – 17, 20 – 21
    copyright protection 著作权保护 9 – 10, 181 – 182
    open source software 开源软件 10, 31, 181 – 182
    third – party rights, monitoring 监控第三方权利 30 – 31
South Korea 韩国
    employee inventions 雇员发明 55, 83 – 84
Spain 西班牙
    employee inventions 雇员发明 79
standard – essential patents 标准必要专利 134, 204
start – up companies, generally 初创企业概述
    challenges for 挑战 1 – 2, 125
    definition 定义 111 – 112
    employee relationships 雇员关系 27
    exit sale agreements 以资本退出为目的的协议 150 – 154
    growth potential 增长潜力 111
    inventory assessments 库存评估 8 – 10
    IP rights, acquisition and use of 知识产权的获取和利用 128 – 129
        benefits of 好处 1 – 2
        due diligence 尽职调查 129 – 131
        employee inventions 雇员发明 9
        freedom – to – operate searches 自由实施调查 131 – 132
        initial transfer 初次转让 128
        management, importance of 管理的重要性 126
        purchasing *vs.* licensing 购买 vs. 许可 129

third-party rights 第三方权利 128
startup financing see financing 初创企业融资，参见"融资"
SugarLight（case study）"糖光"（案例分析）
 contractual strategies 合同策略 50-51
 financing and investment 融资与投资 114
 IP management 知识产权管理 52, 122-125
 IP strategies 知识产权战略 45-52, 123
 non-patent rights protection 非专利相关权利的保护 50
 patent applications 专利申请 47-49
 patent searches 专利检索 49, 51-52
 product overview 产品概述 113-116
sweat equity 汗水股权 236
Swiss Federal Institute of Intellectual Property（IGE）瑞士联邦知识产权局 30, 52

tactics see IP strategies 策略，参见"知识产权战略"
teams, quality of 团队质量 118-119
technical and regulatory developments, influences on 技术和监管发展受到的影响 165
temporary employees 临时雇员 57
Tesla 特斯拉 206-207
third-party patents 第三方专利
 implications of 影响 40
 software 软件 30-31
 source of information, as 作为信息来源 32
third-partyrights 第三方权利
 contracts for use of 使用第三方权利的合同 129-131
 freedom-to-operate searches, and 与自由实施调查 131-132
 infringement avoidance measures 侵权规避措施 29-31, 34
 obtaining, benefits of 获得第三方权利的好处 35
 remedial action regarding 补救措施 167-169
trade-offs 权衡取舍
 conception phase, during 在构思（孵化）阶段 197-202, 212
 enforcement trade-off 权利实施的权衡取舍 205-206
 generally 概述 211-214
 information trade-off 信息的权衡取舍 198-199, 212
 legal counsel trade-off 法律咨询服务的权衡取舍 202-203
 patent application trade-off 专利申请的权衡取舍 199, 212
 patent registration trade-off 专利注册的权衡取舍 203-204
 patent scope trade-off 专利保护范围的权衡取舍 204-205
 resource trade-off 资源的权衡取舍 199-200, 212
 timing trade-off 时机的权衡取舍 200-201, 212
trade secrets 商业秘密 10, 21-22
 disclosure of 披露 250
 employee inventions 雇员发明 63-64
 IP management, and 与知识产权管理 209-210
 non-compete agreements 竞业禁止协议 209
 non-disclosure agreements 保密协议 28-29, 249-250
 prior art, as 作为在先技术 64
 R&D contracts 研发合同 139
trademarks 商标

delimitation agreements 共存协议 39
duration of protection 保护期限 219
fees 费用 7
first-to-file vs. first-to-use principle 先申请 vs. 先使用原则 208-209
overview 概述 2，7
registration 注册 7，39
turnaround financing 周转融资 244

unfair advantage 不公平优势 122
unicorn status 独角兽地位 215-216
unique customer value 独特客户价值 160-163，166，262
unique selling point 独特卖点 11
United Kingdom 英国
 employee inventions 雇员发明 55，80-81
United States 美国
 common law system 英美法系 208
 employee inventions 雇员发明 55，79-80
 first-to-file system 先申请体系 208-209
 patents Track One procedure 专利"优先审查"程序 23
 venture capital sector 风险投资领域 240-243
universities 大学
 employee inventions see university inventions 雇员发明，参见"大学发明" 240-243
 IP management 知识产权管理
  applied research 应用型研究 107-108
  conception stage, during 孵化阶段 201-202
  contracts with industrial partners 与工业合作伙伴的合同 100-102
  corporate cooperation agreements 企业合作协议 101-102
  cumulative work, confidentiality of 累积型工作的秘密性 97-98
  fundraising 筹款 102
  importance of 重要性 107-109，201-202
  information flows, control over 信息流控制 97-99
  innovation assessment 创新评估 94-95
  invention to patent implementation processes 从发明到专利实施的过程 95
  outsourcing 外包 100-101
  patent portfolio development 专利组合的发展 93-94
  R&D funding gap 研发资金缺口 102-106
  scientific consultancy 科学咨询 101
patents 专利
 patent structures, roof vs. wall patents "屋顶专利" vs. "围墙专利"结构 100
 portfolios 专利组合 93-94
profit-sharing 利润分享 9
publication 出版物
 lecture and conference materials 讲座或会议资料 99
 patents, compared with 与专利的比较 96-97
 student theses and dissertations 学生论文 97-98
 trends 趋势 96
R&D 研发
 cooperation agreements 合作协议 101-102
 third-party financing 第三方融资

102–106
  "valley of tears" funding gap "泪之谷"资金缺口 104–106
research funds 研究资金
  challenges 挑战 104–106
  fundraising approaches 筹款方法 102–104
royalties 许可费 9
startups and spinoffs 初创企业与从大学中衍生的企业 9
  business experience 商业经验 108–109
  challenges 挑战 104, 106–107
  industrial partners, expectations of 工业合作伙伴的期望 106
  IP management, importance of 知识产权管理的重要性 107–109
  public funding 公共资金 104
  royalties and profit-sharing 许可费与利润分享 9
  university premises and facilities, use of 对大学场地和设施的使用 107–109
  technology transfer, generally 技术转让概述 9, 93–95, 201–202
university inventions 大学发明
  German Employee Inventions Act 德国雇员发明法 77–78, 93–94
  invention to patent implementation processes 从发明到专利实施的过程 95
  university teacher privilege 大学老师的特权 93
US–China Business Council 美中贸易全国委员会 260
utility models 实用新型 2, 5, 219

'valley of tears' (R&D funding gap) "泪之谷"（研发资金缺口）104–106
valuation of IP *see* IP valuation; patent valuation 知识产权估值，参见"知识产权估值""专利估值"
value-driven strategies advantages of 价值驱动的战略
  advantages of 优点 188–190
  business model canvas 商业模式画布 170–172
  corporate competence 企业竞争力 175
  corporate partnerships 企业合作伙伴关系 175–176
  cost structure 成本结构 176–177
  customer management 客户管理 171–174
  customer value 客户受益价值 160–163, 166
  development 发展 155–156
  freedom-to-operate 自由实施 166–167, 177–179
  future business model prioritization 未来商业模式的优先级排序 162–165, 177, 183–184
  goals 目标 166–169, 172, 183–184
  imitation, prevention of 防止模仿 166–169, 177–179
  information channels 信息渠道 173
  invention-driven strategies, differences from 与发明驱动的战略的差异 182–188
  organizational implementation 组织实施 182–188
  overview 概述 159–160, 169, 188–190
  practical issues 实际问题 169–182
  resource management 资源管理 174–175
  revenue streams 收入流 174
  value propositions 价值主张 172
venture capital 风险资本
  Asia, in 亚洲 241–242

Europe, in 欧洲 241－243

functions of 功能 238－239

IP development, role in 知识产权发展的作用 210－211

IP rights ownership 知识产权所有权 129

IP strategies 知识产权战略

 influences of 影响 235－236, 245－246

 investor perspectives on 投资者观点 246－257

IPO co-financing 首次公开募股共同出资 238

non-disclosure agreements 保密协议 249－250

operating models 运营模式 238－240

overview 概述 235, 237－240, 261

performance 表现 238－239

risk tolerance 风险承受能力 240

territorial preferences 地域偏好 208

US, in 美国 240－243

venture legitimacy, influences of 企业合规性的影响 193－197

venture legitimacy 企业合规性

legal services, choice of 法律服务的选择 202－203

legitimacy, definition 合规性的定义 196－197

legitimacy threshold 合规性门槛 197, 211－212

venture life cycle models 企业生命周期模型 192－197

venture life cycle models 企业生命周期模型

 commercialization stage 商业化阶段 194－195

 concept development 概念发展 193－194

 conception stage 孵化阶段 194－195

 growth stage 增长阶段 194－196

 venture legitimacy 企业合规性 192－193, 196－197

warranties 保证 152－154

waterfall process "瀑布式"产品开发 14－15

WebID（公司名）206

WiVoPro（项目名）104

ZeniMax Media（公司名）221

各章摘要及关键词

第1章摘要：初创企业的知识产权基础

知识产权是许多初创企业的基本资产。本章详述了初创企业关注并保护知识产权的必要性以及实现知识产权保护的方式方法。首先，本章对不同类型的知识产权进行了基本介绍：发明专利和实用新型保护技术发明，商标保护公司和产品的名称与图形等，外观设计专利保护产品外观。本章还讨论了域名、著作权（作为保护软件的一种手段）和秘密技术的保护。一个周全的知识产权战略对于确保初创企业的经济价值至关重要——它可以向投资者表明他们的资产正在受到适当的照管。这种战略不仅包括保护初创企业在所有相关市场中已有和将有的知识产权资产的方法，也涵盖了有关风险的应对策略，诸如规避侵犯第三方知识产权等。

关键词：知识产权；初创企业；可专利性；专利研讨会；区域性保护策略；侵权

第2章摘要：初创企业知识产权战略的基础与构建

本章展示了专利、实用新型、外观设计和商标在实践中的正确应用方式。首先我们介绍了基本的战略问题，随后又围绕示例公司讨论了可以加以保护的方案和可能的商业模式。在启动阶段，首先要确定未来公司知识产权的影响力，并将知识产权的初始存量记录在案。其中既包括创始人的构想，也包括公司购入或获得实施许可的知识产权。重要的是，初创企业自身要尽可能将更多的权利握在手中，也可选择对专有技术（尤其是未来销售的产品中那些非显而易见的部分）进行严格保密。此外，企业还应开展自由实施调查，以便未来的产品能够以最大的确定性流入市场，不受第三方权利的影响。

关键词：知识产权战略；知识产权；库存；区域焦点；策略；知识产权管理

第3章摘要：发明人法的基本原则及其与初创企业的关联

如果雇员进行发明，雇员和雇主通常都有一定的权利和义务。不同国家和司法管辖区的具体法律框架差异很大。任何涉及发明的初创企业都必须确保对相关规定有很好的理解，并实施健全的程序以满足法律要求。在德国，有关雇员发明的法律原则被编入德国雇员发明法。德国雇员发明法的核心原则是雇主可以对雇员的职务发明要求权利，但必须让雇员通过分享发明的经济利益来获得回报。这种交易有着严格的要求，对初创企业来说既是机会也是挑战。本章概述了该法并为了解其要求提供了基本指导。本章还着眼于跨国运营的初创企业，简要概述了其他国家的法律状况。

关键词：雇员发明法；职务发明；发明报告；报酬；仲裁；向外申请许可

第4章摘要：大学的专利申请及其衍生企业

本章介绍了作者在德国法兰克福大学的研发项目经验及作为初创企业联合创始人的经验。本章基于医疗技术领域面向应用的研究，对知识产权部门的建立和初创企业的成立流程进行描述。本章特别介绍了大学处理应用型研究的方式、工业合作伙伴的参与及大学职员成立初创企业的过程，同时也会探讨学生参与及其完成的论文（如学士、硕士和学术论文）所扮演的角色。本章还对科研经费的获取及不同类型的资助者进行了介绍。大学聘任的科学家面临的具体情况在不同大学和不同国家之间有很大差异。

关键词：大学；衍生企业；初创企业；科研经费；泪之谷

第5章摘要：知识产权帮助初创企业在各轮融资中吸引投资者

为了初创企业的成功发展，创始人必须克服多重挑战，还要特别注意企业的资本化。为了解投资项目，外部投资者会对企业进行调查并评估各种风险因素，以此作出风险预测。知识产权是降低投资风险从而带来积极投资决策的有力工具。对于创始人或总经理来说，知识产权的构建和管理具有战略意义，可以通过统一的企业准则对其加以规范。以清晰的企业准则为基础，初创企业可以建立起一套可操作的流程，将知识产权战略的实践常态化，从而不断开发出新的知识产权。最终，初创企业自身也会受益于此。如果投资风险降低，企业和创始人的整体风险也会相应降低。

关键词：创始人；团队；外部投资者；风险降低；融资；知识产权管理

第6章摘要：以知识产权为重点的初创企业合同起草

在公司起草合同时，初创阶段、资本的增资和退出（例如出售、首次公开募股）、知识产权及公司持有的份额、不受第三方权利的约束是至关重要的内容。这具体涉及发明人的正确指定、知识产权所有者的正确命名以及知识产权的法律效力。这些要么由采购方核查（知识产权尽职调查），要么由卖方提供担保。透明地处理特许使用费和雇员发明补偿也非常重要。

关键词：合同；出售；首次公开募股；担保；尽职调查；许可

第7章摘要：用价值驱动的知识产权战略保护未来业务

企业的任务是通过提供优于竞争对手的独特客户价值来赢得客户满意，因此，客户价值是每个企业商业战略的正确目标。这种商业战略也叫作"价值驱动的商业战略"，相应的知识产权战略叫作"价值驱动的知识产权战略"。通过价值驱动的知识产权战略有效保护未来业务及其潜在的替代方案意味着两件事："确保自由经营"和"防止模仿"。在初创企业中，"商业模式画布"通常被用作构建商业模式的工具。初创企业必须考虑所有类型的知识产权，包括发明专利、实用新型、外观设计、商标和著作权，还必须以前瞻性的眼光考虑区域申请策略。追求价值驱动知识产权战略的初创企业即使随着时间的推移成长为规模更大的成熟企业，也不必改变其知识产权战略。

关键词：客户价值；商业模式；价值驱动的商业战略；价值驱动的知识产权战略；保护未来业务

第8章摘要：初创企业生命周期中的知识产权管理

新企业在其生命周期中会面临一系列知识产权挑战。本章回顾了管理、战略和法律方面的学术文献，并从中提炼出三项实际相关的研究发现。第一，知识产权管理是一个不断变化的指标，在企业的生命周期中是不断发展的。第二，知识产权管理与企业合法性是交织在一起、密不可分的。这点对于不具有长期成功业绩影响力的初创企业来说极有价值。第三，知识产权管理的复杂性还源于国际化知识产权管理的需求——这需要企业家调整自己的知识产权管理蓝图。本章探讨了与知识产权相关的困境在初创企业生命周期中的作用，并讨论了创始人在其知识产权战略中所面临的最常见的权衡取舍。

关键词：知识产权管理；企业生命周期模型；构思；商业化；成长；权衡取舍

第9章摘要：关于初创企业估值：重点关注无形资产，尤其是知识产权

数字化时代，无形资产变得越来越重要。因此，知识产权可以为企业提供决定性的竞争优势。为确保这些被归类为无形资产的资产也对投资者可见，企

业应将它们反映在资产负债表中。然而，不仅债务融资，会计相关的估值和争议价值的确定都是专利估值的原因。这里的价值驱动主要是产权的战略、功能和利用。无形资产的估值有多种手段。年度财务报表可以根据国家或国际标准（国际财务报告准则）编制，其中国家法律要求大多已适应国际财务报告准则的会计规则。例如，无形资产不仅可以在购买时资本化，而且在某些情况下，如果它们是内部创建的，也可以资本化。

关键词：专利估值；市场导向法；净现值导向法；成本导向法；国际财务报告准则；无形资产

第 10 章摘要：从知识产权到首次公开募股——投资者视角下的知识产权

对于年轻的初创企业来说，知识产权保护可以作为保障未来增长和获取风险资本的有力工具。当然，获得和保护知识产权所牵涉的成本可能会给初创企业造成困难，但从未来筹资和企业寿命的角度来看，这方面的投资通常能够带来正回报。良好的知识产权还会为企业未来的销售带来助益。当潜在投资者对投资对象进行评估时，企业的知识产权以及创始人对知识产权的保护和管理都在其考虑范围之中。创始人必须始终将具有独特客户利益的商业模式作为主要关注点。但事实证明，良好的知识产权战略同样是一种有利的工具——它不仅能够彰显初创企业的价值和潜力，表明创始人的战略思维，还可以在中长期阶段对企业起到有效的保护作用。

关键词：首次公开募股；知识产权；风险投资；投资者；融资

译 后 记

《初创企业知识产权战略：实用指南》是德国各领域专家合著的一本针对初创企业知识产权管理的指导性书籍。这些专家认识到，无论是在德国还是在中国，初创企业总是面临着一些共同的困惑与问题，在知识产权方面尤其如此。因此在原著德文版刚刚出版后不久，作者方就诚邀中国专利代理（香港）有限公司（以下简称"港专"）研讨中文版翻译出版事宜，以期为中国的创业者们提供借鉴和参考。

考虑到本书的实用价值及对我国初创企业的指导作用，我们与知识产权出版社取得了联系，得到了卢海鹰主任、王祝兰老师的大力支持，为本书争取到了在中国出版的机会。本书有幸获批加入了知识产权出版社"知识产权经典译丛"项目，在此由衷感谢知识产权出版社及两位老师的帮助与付出。

本书原是以德文写成，随后出版了英文版。考虑到翻译的难度和成本，我们决定以英文版为标准完成中文翻译。港专组建了以深圳代表处王丹青主任为组长、北京申请部奚薇副经理为副组长的专业翻译团队，团队成员包括文员李梦洁、王璞、刘希妍、颜昱晔、刘畅等。翻译团队成员均毕业于北京大学、北京外国语大学、上海外国语大学等知名院校的英语专业，兼具翻译专业技能及专利相关工作经历，其中多人在知识产权领域深耕数年，具备丰富的专业知识和实践经验。

本着严谨的工作态度，本书由翻译团队成员分工完成各章节翻译，随后共经过两轮统稿和两轮审校，并由港专德国代表处首席代表邓明博士根据德文原版进行了中德文本校准，最终由港专熊延峰副总经理终稿审核。翻译及审校流程的具体分工如下：

翻译工作：原版序、缩略语表、第 1 章由刘希妍负责；第 2 章、第 10 章、原书贡献者名单、索引由王璞负责；第 3 章、第 9 章由颜昱晔负责；第 4 章、第 7 章由刘畅负责；第 5 章由王丹青负责；第 6 章由李梦洁负责；第 8 章由奚薇负责。第一轮统稿由李梦洁负责，第二轮统稿由邓明、王丹青、王璞负责。第一轮审校由邓明、王丹青、王璞负责，终稿审校统稿由王璞负责。终稿审稿

译 后 记

人为熊延峰。

　　本书是面向一般创业者的一本知识产权管理指南，对于原文中的英文长难句，我们尽量在不改变作者原意的基础上将句式简化、变形，使其表达方式更加通俗易懂，也更加贴合中文读者的阅读习惯。在翻译过程中，我们尽量从读者的角度来考虑问题，对于作者提到的一些专业概念，如"专利鲨鱼"、"3F"投资、敏捷训练等，均添加了说明性脚注，便于读者理解。知识产权出版社编辑老师的反馈也从不同角度为我们带来了很多启发和帮助，正是各位编辑老师的一丝不苟、严谨细致的辛勤付出，最终促成了本书在国内的面世，谨在此表示衷心感谢！

　　同时，非常感谢在整个翻译及审校过程中提供大力支持的邓明博士和德国西门子公司奥利弗·普法芬柴勒（Oliver Pfaffenzeller）博士。两位博士不仅亲身参与了全书的审校过程，给出许多宝贵的修改意见，还发挥了极为重要的沟通桥梁的作用，为帮助翻译团队与作者团队讨论确认书中的各类细节，付出了大量的时间和精力，我们都深受感动。

　　最后，感谢各位读者对本书的支持，希望本书能够为您的企业或创业计划提供些许参考。由于译者知识和水平有限，译文难免存在错误与不妥，敬请各位读者朋友谅解并不吝指正！

王丹青
2023 年 9 月 30 日